Gasztronómia és turizmus
Válogatott tanulmányok

Szerkesztette:

Rátz Tamara

Füreder Balázs

Kodolányi János Főiskola

Székesfehérvár, 2016

Lektorálta: Dr. Sándor Dénes egyetemi docens
Budapesti Gazdasági Egyetem, Kereskedelmi, Vendéglátóipari és Idegenforgalmi Kar,
Vendéglátás Intézeti Tanszék

Kiadja a Kodolányi János Főiskola

Felelős kiadó: Dr. h. c. Szabó Péter PhD rektor

ISBN 978-615-5075-35-3

„*Az asztal örömeit minden életkorban, minden társadalmi helyzetben, minden országban és minden nap lehet élvezni; ez az élvezet társa lehet minden egyéb gyönyörűségünknek, és az utolsó, mely megmarad és vígasztal akkor, mikor a többi örömünket már elvesztettük.*"

Anthelme Brillat-Savarin (1755-1826)

TARTALOM

BEVEZETÉS

RÁTZ Tamara[1] – FÜREDER Balázs[2]

A gasztronómia a táplálkozás létfenntartást biztosító szerepén túl hedonista élményt kínál (Michalkó 2007), amely a turizmusban való részvétel során számos különböző formában testesülhet meg, csillapítva a vendég fizikai és szellemi étvágyát. Bár a táplálkozás rítusa az emberiség közös kulturális örökségének része, a különböző népek és térségek eltérő kulináris szokásai és értékei, illetve a sokféle alapanyag és ételkészítési technika lehetőséget biztosít arra, hogy az utazók változatos formákban tapasztalhassák meg a helyi ízeket (Könyves 2015). Egy adott desztináció gasztronómiai kínálata meghatározó szerepet játszhat a turista elégedettségének befolyásolásában (Richards 2011), hiszen az étel- és italfogyasztás a leggyakoribb turisztikai tevékenységek közé tartozik, az egyedi gasztronómiai értékek pedig hozzájárulhatnak egy versenyképes, megkülönböztethető desztináció-identitás kialakulásához és a regionális fejlődés katalizátorai lehetnek (Hall et al. 2003).

Jelen kötet célja, hogy betekintést nyújtson a gasztronómia és a turizmus kapcsolatrendszerének sokszínű világába, gondosan kiválasztott hazai és nemzetközi példákon, jó gyakorlatokon keresztül. A fejezetek között egyaránt szerepel empirikus kutatásra épülő közlemény és esettanulmány, a feldolgozott témakörök pedig a magyaros vendéglátástól a lakásétteremig számos aktuális gasztroturisztikai problémát és trendet magukban foglalnak.

A könyv első fejezete, nemzetközi példákkal gazdagon illusztrálva, bemutatja a gasztronómia és a turizmus kapcsolódásának legfontosabb megjelenési formáit, illetve a gasztroturizmus fogalmát, elméleti keretet nyújtva ezáltal a kötet további, empirikus kutatási eredményeket és esettanulmányokat bemutató fejezetei számára.

---

[1] Kodolányi János Főiskola, tratz@kodolanyi.hu
[2] Kodolányi János Főiskola, bfureder@kodolanyi.hu

A második fejezet a magyaros vendégszeretet és vendéglátás jellemzőit vizsgálja egy hazai felmérés alapján, párhuzamosan elemezve az otthoni és a vendéglátóhelyen történő vendégfogadás sajátosságait. A kutatásból kirajzolódik a barátokkal, családtagokkal való bensőséges együttlét igénye, a tényleges fogyasztási szokások azonban arra is utalnak, hogy ez az igény számos esetben csak potenciális kereslet formájában manifesztálódik a hazai vendéglátóipar számára.

A 3-4. fejezetek két európai desztináció, a székelyföldi Gyimesek völgye, illetve Svájc kulináris örökségébe és gasztroturisztikai kínálatába nyújtanak betekintést. A turisták érdeklődésére számot tartható ételeket és italokat részletesen bemutató tanulmányok, bár eltérő fejlettségű helyszíneket tárgyalnak, kiválóan demonstrálják azt, hogy milyen turisztikai fejlesztési lehetőségeket rejt a gasztrokultúra attrakcióként való hasznosítása. Megfelelő tervezés és megvalósítás esetén a gasztronómia és az erre épülő szolgáltatások lehetséges bekapcsolódási pontot jelentenek a periférián található, illetve a turizmusban eddig kevésbé érdekelt desztinációk számára is. A változatos ételek és italok, a hagyományos ételkészítési technikák, illetve a gasztronómiára épülő szolgáltatások és attrakciók egyúttal a desztinációs marketingstratégia meghatározó elemévé is válhatnak, mind lokális, mind nemzeti szinten.

Az 5-7. fejezetek a gasztronómiához szorosan kapcsolódó italok – a pálinka és a sör – turizmusban játszott szerepét vizsgálják, egyrészt hazánkban, másrészt a nemzetközi turisztikai piacon. Bár a borturizmus jelentősebb szakmai múltra tekint vissza és a nagyközönség körében is jobban ismert turisztikai termék, a kötetben szereplő tanulmányokból egyértelműen kiderül az olvasó számára, hogy mind a pálinka, mind pedig a sör változatos formában, különböző szegmensek számára hasznosítható turisztikai vonzerőként, köszönhetően az italok kulturális és élvezeti értékének. A szerzők által bemutatott jó gyakorlatok, illetve a kutatások alapján megfogalmazott fejlesztési javaslatok inspirációul szolgálhatnak a hazai szakemberek számára.

Szintén elgondolkodtató és szakmailag izgalmas attrakciót tárgyal a 8. fejezetben olvasható esettanulmány is. A Casa Artusi és a helyszínéül szolgáló Forlimpopoli elemzése bemutatja a világhírű olasz gasztronómiai identitás születését és azt, hogy hogyan képes egy kisváros a gasztronómiát marketingtevékenysége fókuszába állítva nemzetközi szinten is versenyképes márkát építeni. A desztináció menedzsmentje sikeres együttműködést alakított ki számos piaci szereplővel – környékbeli kistermelőktől étteremtulajdonosokon át gasztrotörténészekig –, igazolva azt, hogy a gasztroturizmusban is a siker előfeltétele az integrált szemléletmód.

A kötet zárófejezete a gasztroturizmus egyik legkorszerűbb és egyben legmerészebb trendjét, a lakásétterem mint turisztikai és szabadidős jelenség fejlődését vizsgálja. A lakáséttermekben megtestesülő kreativitás, a szolgáltatás személyességével és autentikus mivoltával párosulva kifejezetten vonzó élményígéretet kínál a rendhagyó, újszerű tapasztalatokat kereső turisták számára, így várhatóan a jövőben növekedni fog ezen szolgáltatás piaci részesedése.

A könyv szerkesztése során törekedtünk arra, hogy a beválogatott tanulmányok lehetőséget nyújtsanak a gasztronómia és a turizmus kapcsolatrendszerének alaposabb megismerésére. A jó gyakorlatok és a követendő példák bemutatásának célja, hogy a kötet elősegítse mind a téma szakemberei, mind a felsőoktatási hallgatók szakmai tudatosságának fejlesztését, szemléletének formálását. A kötet fejezetei ezen túl hasznos és remélhetőleg érdekes olvasmányt kínálnak mindazoknak, akik általában érdeklődnek a gasztronómia iránt: az egyes témák gyakorlatorientált bemutatása, a gazdagon illusztrált fejezetek elősegítik azt, hogy ne csak a turisztikai és vendéglátóipari szakemberek számára legyen befogadható és élvezetes a gyűjtemény.

Felhasznált irodalom

- Hall, C. M. – Mitchell, R. – Sharples, L. (2003): Consuming places: the role of food, wine and tourism in regional development. In: Hall, C. M. – Sharples, L. – Mitchell, R. – Macionis, N. – Cambourne, B. (Eds.): *Food tourism around the world. Development, management and markets.* Butterworth-Heinemann, Oxford, pp. 25-59.
- Könyves, E. (szerk.) (2015): *Gasztronómia és marketing: Best practice tanulmánykötet.* Debreceni Egyetem, Gazdaságtudományi Kar, Debrecen.
- Michalkó, G. (2007): *A turizmuselmélet alapjai.* Kodolányi János Főiskola, Székesfehérvár.
- Richards, G. (2011): Gastronomy: an essential ingredient in tourism production and consumption? In: Hjalager, A-M. – Richards, G. (Eds.): *Tourism and gastronomy.* Routledge, Oxon, pp. 3-20.

1. HELYEK ÉS ÍZEK TALÁLKOZÁSA – A GASZTRONÓMIA ÉS A TURIZMUS KAPCSOLATRENDSZERE

FÜREDER Balázs[3] – RÁTZ Tamara[4]

Bevezetés

Bár a turizmus több évezredes története során a vendéglátás folyamatosan az utazók által a lakóhelyükön kívül leggyakrabban igénybe vett szolgáltatások közé tartozott, az elmúlt évtizedekben egyre összetettebbé vált a gasztronómia és a turizmus kapcsolatrendszere. Szerepet játszik ebben a folyamatban egyrészt a globalizálódó turisztikai piacon a lokális kulturális vonzerők felértékelődése, hiszen egy desztináció kulináris kínálata egyúttal az adott hely kulturális örökségének is hangsúlyos eleme (Baldacchino 2015). Másrészt megfigyelhető, különösen a tapasztalt turisták körében, hogy a turisztikai fogyasztási döntések egyre inkább az érintettek életstílusának és tényleges vagy elérni kívánt státuszának a kifejezését szolgálják, a gondosan megválogatott gasztronómiai élmények pedig kiválóan alkalmasak ennek a célnak az elérésére (Richards 2002).

A kínálati oldalról nézve megállapítható, hogy egyre több desztináció fedezi fel a helyi gasztronómia egyediségében rejlő piaci versenyelőny lehetőségét (Sándor 2012), illetve számos turisztikai szolgáltató törekszik arra, hogy emlékezetes kulináris élményt nyújtson vendégei számára, megfelelve egyúttal a felelősségteljes turizmus alapelveinek is. Az utazók gasztronómiai tudatosságának és igényességének növekedése a szolgáltatói szféra széles spektrumában teremt lehetőségeket a turizmusba való bekapcsolódásra, a látogatóattrakcióként működő agrárgazdaságoktól kezdve a hagyományos, tájjellegű ételeket felvonultató

---

3 Kodolányi János Főiskola, bfureder@kodolanyi.hu
4 Kodolányi János Főiskola, tratz@kodolanyi.hu

rendezvényeken át a főzőiskolákig és a Michelin-csillagos éttermekig (Everett 2012, Szabó 2013).

Jelen tanulmány célja, hogy áttekintést adjon a gasztronómia és a turizmus kapcsolatának néhány fontos aspektusairól, mintegy elméleti keretül szolgálva a kötet további, empirikus kutatási eredményeket és esettanulmányokat bemutató fejezetei számára.

1. Gasztronómia és gasztroturizmus

A Larousse gasztronómiai lexikon szócikkéből a következőket tudhatjuk meg a gasztronómiáról: *„A gazdagon megvendégelés művészete"*, amit Charles Monselet a XIX. század végén így határozott meg: *„ami élvezetet nyújt minden helyzetben és minden életkorban".* A lexikon alapján a szó 1801-től vált elfogadottá, amikor Joseph Berchoux *„La Gastronomie ou l'Homme des champs à table"* című munkája megjelent; ezt követte Croze Magnan *„Le Gastronome à Paris"* című műve. A francia Akadémia pedig 1835-ben fogadta el hivatalosan a szót azzal, hogy felvette szótárába. *„Az igazi ínyesmester az, aki becsüli a konyhaművészet legrafináltabb teljesítményeit is, de csak módjával él velük. A mindennapokban a legegyszerűbb ételeket akarja elkészíteni, de azokat, amelyeknek a tökéletes elkészítése a legnehezebb."* (Balázs 2016:310). Brillat-Savarin szerint: *„A gasztronómia rendszeres ismerete mindannak, ami az ember táplálkozására vonatkozik. Célja az ember életének a lehető legjobb táplálék által, a lehető legtovább való fenntartása."* (Brillat-Savarin 1912:42). Maga a szó görög eredetű, jelentése ínyencség, az ételek és italok kifinomult élvezése, szakértő ismerete, az étkezés művészete. További jelentése szakácsművészet, ínyencmesterség, tágabb értelemben a terítés, a felszolgálás művészete, illetve az étkezés kultúrája (Csizmadia 1993, Tusor – Sahin-Tóth 2005).

Amikor a gasztronómiai élvezetekért képesek vagyunk elhagyni lakóhelyünket, akkor válunk gasztroturistává. Gasztroturistának tekinthető tehát az az utazó, aki csak azért felkeres egy, a mindennapi térpályáin kívül eső (Michalkó 2012) hentesboltot, hogy frissen sütött, ropogós kolbászt reggelizhessen egy kis oldalas társaságában, de az is, aki márciusban kiruccan a legközelebbi erdőbe, hogy teleszedje a tarisznyáját az éppen akkor kibújó illatos medvehagymával. A tipikus gasztroturista általában közép- vagy felső osztálybeli, magas költési hajlandóságú, magas iskolai végzettségű (TIAA & Edge Research 2006, Sánchez-Cañizares – López-Guzmán 2012), aki egyúttal az életstílusát és az ízlését is demonstrálja a gasztroturizmusban való részvétellel (Fields 2002). A különlegeset, az egyedit keresi, tudatos fogyasztó, aki felismerte, hogy a jó minőségű ételek fogyasztása és az utazás az egészségmegőrzés legkellemesebb módjai közé tartozik. Elsősorban olyan termékek fogyasztását részesíti előnyben, amelyeket helyi, szezonális nyersanyagok felhasználásával a meglátogatott desztinációban állítottak elő, kiváló minőségűek, hagyományos módszerrel készültek és a hely szelleme is áthatja őket (Füreder et al. 2011:103). A gasztroturizmus így turizmuselméleti szempontból *„olyan utazásokat foglal magában,* *melynek elsődleges motivációja az ételek, italok, illetve étkezési alapanyagok termelőinek, feldolgozóinak felkeresése, gasztronómiai fesztiválokon való részvétel, éttermek és más vendéglátóhelyek látogatása, és/vagy a gasztronómiájáról híres desztináció felkeresése a helyi ételek, italok megkóstolása, előállításának megismerése céljából"* (Könyves – Vargáné Csobán 2015:95).

A gasztroturizmus nem új keletű elfoglaltság, nem a XX. század elején született meg, hanem egyidős az emberiséggel. Köztudott például, hogy Apicius, az ókor legismertebb ínyence mindig arrafelé vette az irányt, ahol valamiféle gasztronómiai nevezetességet találhatott (Németh 2005). Nincs ez másképp a XXI. században sem, csak az a különbség, hogy nagyobb a választék, könnyebb utazni és gyorsabban terjed az információ.

2. A gasztroturizmus leggyakoribb megjelenési formái

A gasztronómia mind elsődleges, mind másodlagos attrakcióként jelentős szerepet játszik a turizmusban, hiszen egyaránt hathat a desztináció-választásra, illetve az utazás során végzett tevékenységekre vagy meglátogatott attrakcióikra. A hedonista jellegű étel- és italfogyasztáson (Michalkó 2012) túl a kulináris turizmus résztvevői számos egyéb módon szerezhetnek élményeket, köszönhetően a termékfejlesztésben megtestesülő kreativitásnak. A következőkben a teljesség igénye nélkül, röviden bemutatjuk a gasztroturizmus legfontosabb kínálati elemeit.

Az asztali örömök elképzelhetetlenek a kiváló minőségű nyersanyagok nélkül, amelyekért akár az otthonunkat is érdemes elhagyni. Ezek közé tartozhatnak az *alapnyersanyagok* és a *szezonális finomságok*. Szerencsére napjainkban már nem számít kuriózumnak, ha két tucat tanyasi tojásért elugrunk a szomszéd faluba, ahol még egy kis házi mangalicaszalonnát is csomagoltathatunk magunknak. A szezonális finomságok egy részét szabadon begyűjthetjük (például a szedret, a csipkebogyót vagy a vargányát), a többit pedig termelőktől szerezhetjük be (például a spárgát, az epret vagy az újkrumplit). A *speciális nyersanyagok* megvásárlása lényegesen egyszerűbb lett az elmúlt évtizedek alatt, de egyértelmű, hogy ezek *„utaztatása"* nem vált előnyükre. Így ajánlott a tomatillót Mexikóban, a duriánt pedig Malajziában megízlelnünk (a kanadai juharsziruppal természetesen más a helyzet). Az *egyedi termékek*, mint például a modenai balzsamecet, a dijoni mustár, vagy a stájer tökmagolaj igazi kuriózumnak számítanak (Case 2009), ebből adódóan többen gondolják, hogy ezeket a szülőföldjükön a legkifizetődőbb beszereznünk, mivel ott pontosan betekinthetünk akár egy üveg ecet vagy egy flaska olaj múltjába és előállítási módjába.

A nyersanyagok beszerzése a termelők mellett leginkább híres *áruházakban*, *csemegeboltokban* (például a berlini KaDeWe, a londoni Paxton and Whitfield vagy a moszkvai Eliszejevszkij delikátesz), illetve a *piacokon*, *vásárcsarnokokban* (például a firenzei Mercato Centrale, a barcelonai La Boqueria vagy a koppenhágai

Torvehallerne KBH) a legkellemesebb. Az utóbbi esetében – a vásárlás mellett – ténylegesen belemélyedhetünk az adott ország gasztrokultúrájába.

1. kép

Vidéki piac Ecuadorban

Fotó: Rátz Tamara

Minden gasztroturista tudja, hogy a tradicionális piaci miliő egyszerűen leírhatatlan (1. kép). Ilyenkor magunkba szívhatjuk a különböző illatokat, gyönyörködhetünk a tarka színekben, beszélgethetünk az árusokkal, és akár megkóstolhatjuk az adott hely legismertebb *nemzeti/régiós ételeit* is. Dániában például ez egyértelműen a *smørrebrød*[5], míg New Englandben az amerikai homár[6], Bécsben pedig a Wiener Schnitzel (Füreder 2016).

A gasztronómia számos esetben jelentős hatást gyakorol egy desztináció imázsára, akár országos, akár regionális, akár helyi szinten (Gačnik 2012). Míg a kisebb települések esetében gyakran egyetlen központi elem köré épül a gasztronómiai imázs (például a paprika Kalocsán vagy a kolbász Békéscsabán) (Smith – Jusztin 2014, Kim – Ellis 2015), a nagyvárosok elsősorban kulináris sokszínűségükkel vonzzák a látogatókat, rendszerint lehetőséget nyújtva a nemzeti

---

[5] strosine.blog.hu/2014/12/26/olcson_finomat_koppenhagaban (letöltve: 2016.05.20.)
[6] strosine.blog.hu/2015/07/01/az_amerikai_homar_hol_es_hogyan_egyuk (letöltve: 2016.05.20.)

vagy regionális gasztronómiai örökség széles skálájának a megkóstolására. Az ínyenc utazók számos *gasztrometropolisz* közül válogathatnak: New Orleanst például az izgalmas cajun konyha, Buenos Airest a szaftos steakek, míg Pekinget a sokszínű kínai konyhakultúra miatt érdemes meglátogatnunk (Admas – Barrett 2010).

Az éttermi szolgáltatások mellett a nagyvárosok *street food* – azaz utcán, kézből, gyorsan elfogyasztható ételek – kínálata is egyre hangsúlyosabban jelenik meg a gasztroturisták által keresett élmények között, akár szervezett formában is (2. kép). Míg Berlinben a currywurst és a döner a *"kötelező"* menü, Szarajevóban inkább bureket válasszunk hamburger helyett. A tömegmédia – döntően a mozifilmek vagy tévésorozatok – által alakított (Irimiás 2009) kulináris városkép azonban nem minden esetben esik egybe a realitással. A new yorki street food szcéna például jelentősen túlmutat a hot dog – bagel – fánk (esetleg cupcake) kínálaton, amit az is jelez, hogy a *food truckok* vagy *food cartok* minőségét díjazó Vendy kupát 2015-ben egy juharszirupos ételeket kínáló, helyi, szezonális és fenntartható módon termelt alapanyagokból dolgozó cég nyerte[7].

2. kép

Szervezett street food séta egyik állomása New Yorkban

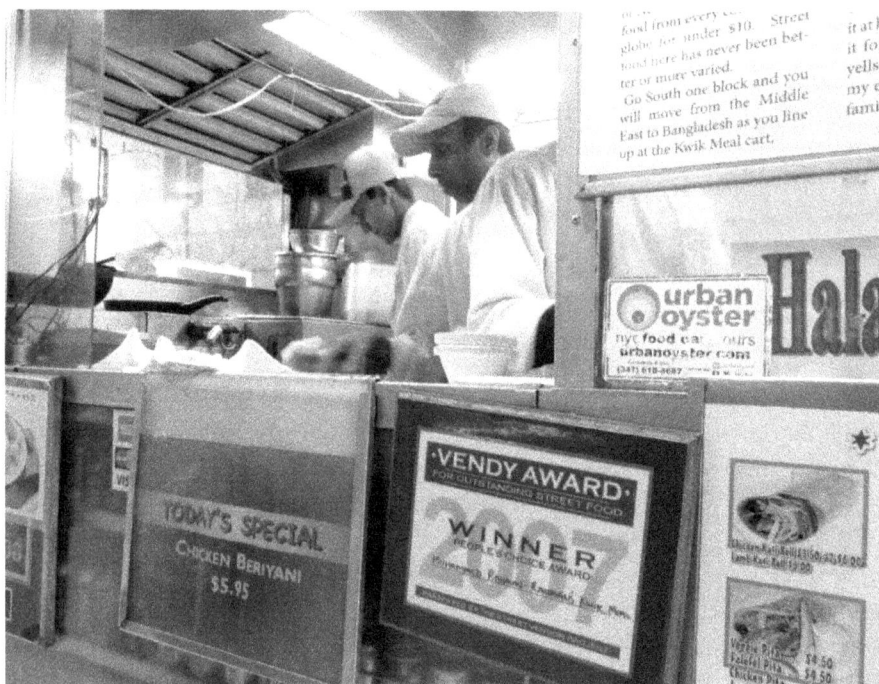

Fotó: Rátz Tamara

---

[7] www.vendyawards.streetvendor.org/newyorkcity (letöltve: 2016.09.18.)

Különleges turisztikai szerepe lehet a street foodnak abban az esetben, ha a desztináció gasztronómiai kultúrája jelentős mértékben eltér a fő küldőpiacok étkezési szokásaitól. A kínai utcai árusok standjain kínált sült bogarak vagy skorpiók például a nyugati turisták szemszögéből nézve, a kulturális különbségekből adódóan, inkább tekinthetők bizarr kulináris kihívásnak, mint étvágygerjesztő ínyencfalatnak (Csanádi 2013) (3. kép). Az *extrém gasztroturizmus* azonban nem korlátozódik az utcai étkezésre: mint ahogy a norvégiai *Smalahove* (sózott, füstölt és főtt birkafej) turisztikai hasznosításának elemzése is mutatja (Gyimóthy – Mykletun 2009), a szokatlan kulináris élményt nyújtó, meghökkentő ételek új turisztikai szegmenst – kalandvágyó gasztroturistákat – vonzhatnak egy desztinációba, innovatív márkaépítésre lehetőséget nyújtva.

Az átlagos jó helyek mellett az éhes utazó számos *különleges étterembe* betérhet. Aki olcsó, autentikus helyi fogásokra vágyik, annak érdemes valamelyik havannai lakáséttermet felkeresnie. Az extrém helyek kedvelőinek az ibizai Sublimotion lehet az egyik kedvence, az haute cuisine szerelmeseinek pedig Párizs vagy Tokió csillagos éttermei között érdemes csemegéznie *(*Admas – Barrett 2010).

3. kép

Extrém ételek Pekingben

Fotó: Rátz Tamara

15

Amíg a gasztronómia fővárosa sokak véleménye alapján Párizs (Serventi 2013), addig az *édességeké* Bécs (Grynstock et al. 2008), legalábbis a bécsiek szerint. Finom süteményeket szerencsére ma már szinte mindenütt kóstolhatunk Londontól Barcelonáig, *kávéházak és cukrászdák* tekintetében azonban a császárváros tényleg lenyűgöző. A XIX. század végének, XX. század elejének európai kávéházi kultúrája különböző formákban él tovább: a lenyűgöző belsőépítészetű, magas árakon magas minőséget kínáló klasszikus intézmények jelentős számban vonzanak turistákat (Kleidas – Jolliffe 2010), a kávéház kulturális találkozóhely-funkciója azonban nem csak az örökség értékként számon tartott létesítményekben jelenik meg, hanem akár napjaink romkocsmáiban is (Gábor 2014). A kávéházak és cukrászdák számos jellemzőjükkel vonzhatják a látogatókat: a budapesti New York Kávéház például a világon a legszebb – legalábbis a UCityGuides toplistája szerint[8] –, a velencei Caffè Florian terasza látványos kilátást nyújt a Szent Márk Bazilikára, a lisszaboni Pastéis de Belémben 1837 óta a Szent Jeromos kolostor receptje alapján készítik az ország ikonikus édességét, a vaníliakrémmel töltött levelestészta-kosárkát, míg a buenos aires-i Café Tortoniban tangóesteket tartanak (4. kép).

4. kép

Kávéházak mint kulturális-gasztronómiai attrakciók: a budapesti New York Café és a buenos aires-i Café Tortoni

Fotó: Rátz Tamara

---

[8] www.ucityguides.com/cities/top-10-cafes.html (letöltve: 2016.09.23.

Ételekkel, italokkal nemcsak éttermekben találkozhatunk, hanem *gasztronómiai fesztiválokon* (Horváth et al. 2016), illetve *vásárokon/kiállításokon* is (Björk – Kauppinen-Räisänen 2014). Az európai viszonylatban is különleges Budapest Borfesztivált például több tízezer látogató keresi fel minden év szeptember elején, hogy megkóstolhassa a legjobb magyar borokat a Budavári Palotában. Az 1996 óta megrendezett, az eltelt évtizedek alatt helyi közösségi eseményből országos szintű turisztikai attrakcióvá vált Bajai Halfőző Fesztiválon remek halászleveket készítenek és fogyasztanak a résztvevők (Fehér et al. 2010). Sajátos, a gasztroturizmushoz csak a felhasznált nyersanyag kapcsán sorolható fesztivál a spanyolországi Buñolban minden év augusztusában óriási tömegeket vonzó *„La Tomatina"*, amit nyugodtan nevezhetünk *„paradicsomháborúnak"*. Ennél lényegesen nyugodtabb a stuttgarti vásárközpontban minden tavasszal lebonyolított *„Markt des guten Geschmacks – Slow Food Messe Stuttgart"*, ahol számtalan európai termelő kínálja kézműves termékeit: az olajoktól kezdve a sajtokon, borokon, sonkákon át, minden beszerezhető és megkóstolható a kilátogatók legnagyobb örömére[9].

A gasztronómiai *kampányok, események, ünnepek* szintén megmozgatják a kulináris örömökre vágyókat. A Magyar Turizmus Zrt. „Nagy Ízutazás 2006" kampányév gazdag programkínálata újból ráirányította az ország figyelmét a gasztronómiára. A kampányévhez kapcsolva született meg, a napjainkban is népszerű, a farsang végét jelző *„Torkos Csütörtök"* (Füreder – Rátz 2009). Az eredetileg hamvazószerdát megelőző héten lévő napot, nálunk hamvazószerda utáni csütörtökre helyezve élesztették újjá, amikor is az akcióhoz csatlakozó éttermekben fél áron lakhatnak jól a vendégek (Panyik et al. 2011). Az ünnepnapok alatt nem valamely valláshoz kapcsolódó étkezési szokásra kell gondolni, hanem egy gasztronómiai termék ünnepére. Az elmúlt években egyre nagyobb figyelmet kap hazánkban a Márton-napi újbor ünnepe, azonban Európában Franciaországban van a legnagyobb hagyománya az újborkóstolásnak, ami a Beaujolais-hoz köthető. Már 1941-ben törvényben rögzítették, hogy az újbor minden év november harmadik csütörtökétől, legkorábban november 15-től kerülhet csak forgalomba.[10] Ettől kezdve az egész ország lázban ég és mindenki várja, hogy megízlelhesse az újbort a helyi bisztrókban. Természetesen a szállítmány megérkezését a figyelmes szakemberek azonnal jelzik is az ablakra felfirkálva a következő mondatot: *„Le Beaujolais nouveau est arrivé!"*, azaz *„az új Beaujolais megérkezett!"* (Dominé – Beer 2010). Németországban ezzel szemben április 23-án találkozhatunk hasonlóan nagy országos ünneppel, azaz a német sör napjával, ami az 1516. április 23-án Ingolstadtban kihirdetett a *Sörtisztasági Törvényhez* köthető.[11]

A *tematikus túrákat* – amelyek gyakran tudatosan fejlesztett tematikus utak mentén valósulnak meg – két nagyobb kategóriába sorolhatjuk. Az *italtúrák* során

---

[9] http://strosine.blog.hu/2015/04/15/slow_food_messe_stuttgart (letöltve: 2016.05.20.)
[10] http://www.beaujolaisnouveauday.com/ (letöltve: 2016.05.20.)
[11] http://strosine.blog.hu/2016/04/24/500_eves_a_reinheitsgebot (letöltve: 2016.05.20.)

általában érdeklődő, szomjas felnőtteknek kínálnak minőségi nedűket megfelelő körítéssel (Bujdosó – Szűcs 2012, Csapó – Wetzl 2016). Nem meglepő, hogy például Bamberget a sör[12], Elzászt pedig a bor[13], miatt érdemes felkeresnünk. Azonban azt viszonylag kevesen sejtik, hogy a borairól és söreiről egyaránt híres Baden-Württembergben két whiskytúrát is találhatunk (Schwäbischer Whisky-Walk és Bodensee-Whisky-Tour), amelyeket vétek kihagyni. Az italtúrák nem feltétlenül családbarát programok, gyerekekkel ezért inkább sajt- vagy csokoládétúrára jelentkezzünk, esetleg barangoljuk be Pármát, miközben megkóstoljuk a város méltán híres sonkáját és sajtját.

A *gyárlátogatások* azoknak lehetnek izgalmasak, akiket nemcsak a késztermék, hanem az előállításának folyamata is érdekel (Silverman 2001). Az ausztriai Riegersburgban működő Zotter Csokoládégyárban a látogatás mellett „betegre" kóstolhatjuk magunkat a gyár termékeiből.[14] Az egykori Hansa város Stralsundban a friss halételek mellett igazán különleges sörök is készülnek.[15] A Störtebeker Sörfőzdében az alapanyagok bemutatásával indul a túra a történelmi főzőházban, ezt követően lépésről lépésre végigkövethetjük a sörfőzés munkafolyamatait a palackozásig bezáróan, majd egy kisebb sörkóstoló során megízlelhetjük a főzde legjobb termékeit.

A *gasztronómiai múzeumok* és *látogatóközpontok* témájuk bemutatása során eltérő mértékben fókuszálnak a múltra és a jelenre, közös azonban arra irányuló törekvésük, hogy a kulináris utazóknak hiteles, de egyúttal szórakoztató élményt nyújtsanak (5. kép) (Cho 2013). A budapesti Magyar Kereskedelmi és Vendéglátóipari Múzeum mindent gyűjt, ami a vendéglátáshoz, kereskedelemhez kapcsolódik. Az állandó kiállítások mellett a látogatóknak több időszaki tárlattal kedveskednek, a kutatók munkáját pedig a múzeum könyvtára, valamint a gazdag étlap, itallap és menükártya gyűjteménye is segíti. A plzeňi Sörfőző Múzeum ezzel szemben egyetlen témára koncentrál, mégpedig a plzeňi sörfőzésre. Az eredetileg malátázónak használt épületben, a sörfőzéshez nélkülözhetetlen eszközök mellett számos „életképet" sikerült a muzeológusoknak kialakítaniuk. Külön érdekesség, hogy a belépőjegy mellé még egy pohár frissen csapolt Pilsner Urquellt is kap az érdeklődő gasztroturista.[16] A gunsbachi munster sajtmúzeum abszolút megfelel a XXI. század követelményeinek. Miután megváltottuk a belépőjegyet, egy igazi interaktív múzeum képe tárulkozik ki előttünk. Elsőnek egy rövidfilm bemutatja a helyi pásztorok nem könnyű, embert próbáló munkáját, majd egy kisebb tehenészetbe csöppenünk, ahonnan egy termelő sajtüzembe vezet az utunk. Itt a tej feldolgozását követően a sajt érési folyamata az orrunk előtt megy végbe. Ezt

---

[12] http://strosine.blog.hu/2015/04/27/bamberg_a_sor_igazi_fovarosa (letöltve: 2016.05.20.)
[13] http://www.route-des-vins-alsace.com/fr (letöltve: 2016.05.20.)
[14] http://www.zotter.at/de/schoko-laden-theater/preise-schoko-tour.html (letöltve: 2016.05.20.)
[15] http://strosine.blog.hu/2014/08/18/stralsund_a_fustolt_hal_es_a_minosegi_sor_varosa (letöltve: 2016.05.20.)
[16] http://strosine.blog.hu/2015/06/22/cseh_gasztrotura_plze (letöltve: 2016.05.20.)

követően a folyamatról még egy előadást is meghallgathatunk és végezetül a múzeum éttermében megkóstolhatjuk a tradicionális helyi sajtételeket.[17]

5. kép

A berlini Deutsches Currywurst Museum

Fotó: Rátz Tamara

A gasztronómia fanatikusai turistaként *főzőiskolák/tanfolyamok* elvégzésével képezhetik tovább magukat (Sharples 2003). Az intézmények közül az egyik leghíresebb a párizsi központú, ma már 20 országban, több mint 50 iskolával működő *Le Cordon Bleu*.[18] Az olasz Forlimpopoliban található Casa Artusi (amelyet részletesebben jelen kötet 8. fejezete mutat be) inkább a családias légköre miatt lehet vonzó, itt a tanfolyamok mellett könyvtár és étterem is várja a tanulni vágyókat. A gasztronómiai oktatás legmagasabb szintjét képviselik a témával foglalkozó BA és MA programok, főiskolai vagy egyetemi tanszékek, illetve az Olaszországban működő UNISG – Gasztronómiai Tudományok Egyeteme, amelyek az oktatási turizmushoz kapcsolódva, illetve a hivatásturizmus

---

[17] http://www.maisondufromage-munster.com/ (letöltve: 2016.05.20.)
[18] https://www.cordonbleu.edu/home/en (letöltve: 2016.05.20.)

(konferenciaturizmus) keretében és annak határterületein (például kutatói mobilitás) (Slocum et al. 2015) generálnak tágabb értelemben vett gasztroturisztikai keresletet.

A gasztroturisták érdeklődését a különböző *versenyek* is felkeltik (Smith – Costello 2009). Ezek fókuszálhatnak egy adott termékre, például: sör- vagy borverseny, ahol az adott év/évjárat legjobbját keresi a zsűri. Az előbbieknél lényegesen több érdeklődőt vonzanak a *főző-, szakács-, és evőversenyek.* A főzőversenyek általában családias hangulatúak és népünnepély jellegűek, ahol a résztvevőknek a közös főzés öröme, többet jelenthet a győzelemért járó díjnál, legyen az akár egy francia grillező vagy egy balatoni pörköltfőző verseny (Mishler 1983). A profik megmérettetése alapjaiban különbözik az előbbiektől. A lyoni központú Bocuse d'Or vagy az erfurti Szakácsolimpia rengeteg időt, energiát és anyagi befektetést követel meg az indulóktól, a sikeres szereplés azonban az egyéni dicsőség mellett egyúttal nemzeti, szimbolikus értékkel is bír (Ferguson 2010), elősegítve az adott ország kulináris presztízsének a javulását, illetve a gasztroturisztikai kereslet növekedését. Az evőversenyek az Egyesült Államokban, Kanadában és Japánban a legnépszerűbbek, és általában arról szólnak, hogy adott idő alatt mennyit tud felfalni a jelölt a verseny „tárgyából", legyen az hot dog, pizza, hamburger, vagy almás pite (Nerz 2006).

Következtetések

A gasztroturizmus, mint láthattuk, minden olyan utazást magában foglal, amelynek köze van az ételekhez és az italokhoz. A termék kínálati palettája rendkívül összetett és változatos: egyaránt szerepelnek rajta események és állandó attrakciók, populáris és elitista szolgáltatások, helyhez kötött és helytől független termékek. Alapvetően jellemző azonban a lokális és a szezonális erőforrások felértékelődése, az egészségtudatosság egyre markánsabb megjelenése a turisták fogyasztási döntéseit meghatározó tényezők között, valamint a fair trade és a slow food mozgalmak fokozatos térnyerése.

A gasztronómiai élmények jelentős mértékben befolyásolhatják a turisták elégedettségét és visszatérési szándékát, illetve megfelelő termékfejlesztés és marketingtevékenység esetén hatékonyan hozzájárulhatnak egy desztináció vagy szolgáltató versenyképességének a növeléséhez. Az élménygazdaság erősödése, illetve a teljes keresletből növekvő részarányt képviselő tapasztalt turisták igényeinek átalakulása a gasztronómiai turizmus fejlődését is elősegíti. A turisztikai piac globalizálódása ugyan a vendéglátás területén is megfigyelhető, az ebből következő homogenizáció azonban a változatosságigény által motivált utazók körében, éppen ellentétes hatást elérve, a helyi ízek felértékelődéséhez vezethet. Ez a trend pedig egyúttal azt is eredményezi, hogy tudatos fejlesztéssel, átgondolt szegmentációs stratégiával számos kisebb desztináció is sikeres, vonzó gasztronómiai termékkínálatot alakíthat ki egy-egy niche szegmens számára.

Felhasznált irodalom

- Admas, J. - Barrett, M. (2010): *400 kulinarische Reisen, die Sie nie vergessen werden: Von der Auvergne bis zum Zuckerhut.* National Geographic Deutschland, Hamburg.
- Balázs, É. (főszerk.) (2016): *Larousse gasztronómiai lexikon.* Geopen Könyvkiadó, Budapest.
- Baldacchino, G. (2015): Feeding the rural tourism strategy? Food and notions of place and identity. *Scandinavian Journal of Hospitality and Tourism* 15(1-2):223-238.
- Björk, P. – Kauppinen-Räisänen, H. (2014): Culinary-gastronomic tourism – a search for local food experiences. *Nutrition & Food Science* 44(4):294-309.
- Brillat-Savarin, A. (1912): *Az ízlés fiziológiája.* Singer és Wolfner Kiadása, Budapest.
- Bujdosó, Z. – Szűcs, Cs. (2012): Beer tourism – from theory to practice. *Academica Turistica* 5(1):103-111.
- Case, F. (főszerk.) (2009): *1001 étel, amit meg kell kóstolnod, mielőtt meghalsz.* GABO Kiadó, Budapest.
- Cho, H. (2013): Fermentation of intangible cultural heritage: interpretation of kimchi in museums. *Museum Management and Curatorship* 28(2):209-227.
- Csanádi, P. (főszerk.) (2013): Top lista gasztronómia 2013. Street Food. *Dining Guide* IV.(1).
- Csapó, J. – Wetzl, V. (2016): Possibilities for the creation of beer routes in Hungary: A methodological and practical perspective. *European Countryside* 8(3):250-262.
- Csizmadia, L. (1993): *Gasztronómiai lexikon.* Mezőgazda Kiadó, Budapest.
- Dominé, A. – Beer, G. (2010): *Francia kulinária.* Vince Kiadó, Budapest.
- Everett, S. (2012): Production places or consumption spaces? The place-making agency of food tourism in Ireland and Scotland. *Tourism Geographies* 14(4):535-554.
- Fehér P. – Füreder B. – Várvizi P. (2010): A magyar gasztronómia és vendéglátás helyzete napjainkban. *Turizmus Bulletin* 14(4):34-43.
- Ferguson, P. P. (2010): Culinary nationalism. *Gastronomica* 10(1):102-109.
- Fields, K. (2002): Demand for the gastronomy tourism product: motivational factors. In: Hjalager, A-M. – Richards, G. (Eds.): *Tourism and gastronomy.* Routledge, Oxon, pp. 36-50.
- Füreder, B. (2016): *Bécs – A császárváros sokszínű gasztronómiája.* Holnap Kiadó, Budapest.
- Füreder, B. – Irimiás, A. – Michalkó, G. (2011): Az ízek összehoznak: Szicília gasztroturizmusa. In: Michalkó, G. – Rátz, T. (szerk.): *A turizmus dimenziói:*

humánum, ökonómikum, politikum. Turizmus Akadémia 5. Kodolányi János Főiskola, Székesfehérvár. pp. 97-107.

- Füreder B. – Rátz T. (2009): *Gasztronómiai örökség és identitás Magyarország turisztikai marketingjében.* In: Aubert A. – Berki M.(Szerk.): *Örökség és turizmus.* PTE TTK Földrajzi Intézet, Pécs. pp. 321-328.
- Gábor, D. G. (2014): „Underground vendéglátás": Budapest új attrakciói, a romkocsmák. *E-CONOM* 3(1):107-124.
- *Gačnik, A. (2012):* Gastronomy heritage as a source of development for gastronomy tourism and as a means of increasing Slovenia's tourism visibility. *Academica Turistica* 5(2):39-60.
- Grynstock, L. – Schmidt, P. – Morgenbesser, V. (2008): *Süsses Wien, Cafés, Konditoreien, Confiserien und mehr.* Umschau, Neustadt an der Weinstraße.
- Gyimóthy, Sz. – Mykletun, R. J. (2009): Scary food: Commodifying culinary heritage as meal adventures in tourism. *Journal of Vacation Marketing* 15(3):259-273.
- Horváth, A. – Jónás-Berki, M. – Szeidl, K. – Aubert, A. (2016): Nemzetiségi gasztrofesztiválok a Dél-Dunántúlon – Stifoldertől a Babfőző Fesztiválig. *Turisztikai és Vidékfejlesztési Tanulmányok* 1(1):33-45.
- Irimiás, A. (2009): Az olasz filmek hatása a turisztikai desztináció kiválasztására: a kulturális turizmus új aspektusai. *Turizmus Bulletin* 13(2):32-38.
- Kim, S. – Ellis, A. (2015): Noodle production and consumption: from agriculture to food tourism in Japan. *Tourism Geographies* 17(1):151-167.
- Kleidas, M. – Jolliffe, L. (2010): Coffee attraction experiences: A narrative study. *Tourism: An International Interdisciplinary Journal* 58(1):61-73.
- Könyves, E. – Vargáné Csobán, K. (2015): *Gasztronómia és turizmus. Elméleti jegyzet.* Debreceni Egyetem. Debrecen.
- Michalkó, G. (2012): *Turizmológia: elméleti alapok.* Akadémiai Kiadó, Budapest.
- Mishler, C. (1983): The Texas chili cook-off: an emergent foodway festival. *The Journal of Popular Culture* 17(3):22-31.
- Németh, Gy. (2005): Utazók és nyaralók Athéntól Rómáig. *História* 27(6-7):26-29.
- Nerz, R. (2006): *Eat this book: a year of gorging and glory on the competitive eating circuit.* St. Martin's Press, New York.
- Panyik, E. – Costa, C. – Rátz. T. (2011): Implementing integrated rural tourism: An event-based approach. *Tourism Management* 32(6):1352-1363.
- Richards, G. (2002): Gastronomy: an essential ingredient in tourism production and consumption? In: Hjalager, A-M. – Richards, G. (Eds.): *Tourism and gastronomy.* Routledge, Oxon, pp. 3-20.
- Sándor, D. (2012): *A gasztronómia szerepe Magyarország idegenforgalmi földrajzában. PhD értekezés.* PTE Földtudományok Doktori Iskola, Pécs.

- Sánchez-Cañizares, S. M. – López-Guzmán, T. (2012): Gastronomy as a tourism resource: profile of the culinary tourist. *Current Issues in Tourism* 15(3):229-245.

- Serventi S. (2013): *Párizs. A gasztronómia fővárosának elegánsan egyszerű konyhája.* Holnap Kiadó, Budapest.

- Sharples, L. (2003): The world of cookery-school holidays. In: Hall, C. M. – Sharples, L. – Mitchell, R. – Macionis, N. – Cambourne, B. (Eds.): *Food tourism around the world: development, management and markets.* Butterworth-Heinemann, Oxford, pp. 102-120.

- Silverman, S. H. (2001): *Pennsylvania snacks: A guide to food factory tours.* Stackpole Books, Mechanicsburg, PA.

- Slocum, S. – Kline, C. – Holden, A. (Eds.) (2015): *Scientific tourism: researchers as travellers.* Routledge, Oxon.

- Smith, M. – Jusztin, M. (2014): Paprika: the spice of life in Hungary. In: Jolliffe, L. (Ed.): *Spices and tourism. Destinations, attractions and cuisines.* Chanel View Publications, Bristol, pp. 53-71.

- Smith, S. – Costello, C. (2009): Culinary tourism: Satisfaction with a culinary event utilizing importance-performance grid analysis. *Journal of Vacation Marketing* 15(2):99-110.

- Szabó, G. (2013): Helyi termékek és terroir termékek, mint attrakciók a turizmusban. In: Gonda, T. (szerk.): *Domaći okusi – Domaće vrijednosti: gastrokulturno nasljeđe Baranje. Helyi ízek – helyi értékek: gasztrokulturális hagyományok a határ mentén. Local tastes – local values: Gastrocultural traditions along the border.* Horvátországi Magyar Vállalkozók Szövetsége, Knezevi Vinogradi, pp. 1-18.

- TIAA & Edge Research (2006): *Profile of Culinary Travelers, 2006 edition.* Travel Industry Association of America, Washington, D.C.

- Tusor, A. – Sahin-Tóth, Gy. (2005): *Gasztronómia. Étel- és italismeret.* Kereskedelmi és Idegenforgalmi Továbbképző Kft., Budapest.

2. A MAGYAROS VENDÉGLÁTÁS ELMÉLETE ÉS GYAKORLATA[19]

KÁTAY Ákos[20]

Bevezetés

Magyarország turisztikai fogadóképességének mennyiségi fejlődése a szállásadó- és vendéglátóegységek tekintetében a szerző véleménye szerint napjainkban már elérte a szükséges és elégséges állapotot. Az Országos Fejlesztési és Területfejlesztési Koncepció megállapítása szerint *„általánosságban véve megfontolandó minden új szálláshely létrejöttének támogatása"* (OFTK 2014:186).

A globalizálódott világban a nemzetihez képest idegen vagy szokatlan új ízek kipróbálása kedvéért ma már nem feltétlenül kell elutazni. Az élmény egy része – főként az urbánus településeken – többnyire helyben is megszerezhető. A gasztronómiai témájú könyvek, folyóiratok, médiaműsorok szakmai alaposságú és/vagy szórakoztató jellegű kínálata rendkívül bőséges, emellett az ételek, italok elkészítéséhez, tálalásához, díszítéséhez szükséges áruk, nyersanyagok és alapanyagok a kiskereskedelmi forgalomban is könnyen beszerezhetők. A fiziológiai szükséglet változatos kielégítésére törekvő, emellett az újdonság irányában nyitott és érdeklődő háztartások alanyai akár az otthonuk elhagyása nélkül is részesülhetnek a kulináris élmény egy részében. Ez a részélmény azonban annak ellenére, hogy rendszeresen megismételhető, érthető módon gyorsan halványul, hiszen szinte kizárólag múlékony tárgyi összetevőkből áll.

Vendégségbe menni, vagy másokat vendégül látni a vendég/vendéglátó várakozásainak, helyváltoztatásának/felkészülésének, a találkozás örömének, a

---

[19] A jelen tanulmányban közzétett kutatási eredmények egy része megjelent már az NFA Füzetek 2013/2 számában közölt *„Milyen a „magyaros" vendéglátás? Vélemények és tények régen és ma"* című tanulmányban (Kátay 2013).

[20] Kodolányi János Főiskola, akatay@kodolanyi.hu

társas együttlét, fogyasztás, a búcsú és az együtt eltöltött idő utólagos értékelésének folyamatát alkotva, racionális és emocionális elemek harmonikus halmazaként az élmény komplexitásának lehetőségét kínálja.

A vendéglátás jellemzően szabad akaratból, önként és szívesen végzett tevékenységek sorozata, így érthető, hogy rendszerint pozitív gondolatok és érzelmek társulnak hozzá. Feltételezhető, hogy a magánéleti gyakorlatban megvalósuló vendégeskedések élmény-érzései és élmény-emlékei a vendéglátást hivatásszerűen végzőknek az élményt pénzért vásároló vendéggel való kapcsolatában is megjelennek, és a racionális elemként elvárható szakmai professzionalizmus kiegészül a fizetővendég részéről látens szükségletként jelentkező vendégszeretet-érzés közvetítésének emocionális megnyilvánulásaival.

Ennek megvalósulása – a fogadóképességet a fogadókészséggel kibővítve és teljessé téve – teszi/teheti megkülönböztethetővé egy adott nemzet vendéglátását másokétól.

A magyar nyelv – számos egyedi sajátossága mellett – gyakran és szívesen, sőt néha túlzó módon használ jelzős szerkezetet, ideértve a más nemzetekhez tartozók sajátos tulajdonságára utaló általánosító szóösszetételeket, például: angol hidegvér, német precizitás, francia elegancia, olasz temperamentum, hindu bölcsesség. A magyaros vendéglátás, vagy a magyaros vendégszeretet viszonylag gyakran használt jelzős szerkezet az identitás egyik lehetséges kifejezéseként anélkül, hogy a tényleges és valós tartalom mindenki számára azonos üzenetet hordozva könnyen és egyértelműen értelmezhető, és ily módon a globális kínálat bőségéből tisztán és világosan azonosítható ismérvei alapján kiemelhető, tudatosan választható lenne. Milyen a magyaros vendéglátás? Mitől magyaros a vendégszeretet? Hogyan vélekednek rólunk mások? Jelen tanulmány ezekre a kérdésekre keresi a választ.

1. A magyarok és vendégeik kapcsolata a vendégszeretet jegyében

1.1. Múltbéli emlékek és felfogások

Anonymus Gesta Hungaroruma a honfoglaló magyarok – elsősorban harci sikerekhez fűződő – lakomázásairól tesz említést, kiemelve azon szokásukat, miszerint ezek a *„magnum aldumas"*-ok több napig tartottak, szívesen fogadták és vendégül látták a szomszéd nemzetek gratulálni érkező képviselőit, sőt gyakran még a foglyaikat is lakomára invitálták (Ballai 1943).

Szent István király felismerte az országába érkezők szíveslátásában rejlő társadalmi, gazdasági és kulturális ismeret és tapasztalatszerzés lehetőségét és az ebben rejlő előnyöket. Imre herceghez intézett, a vendégek befogadásáról és gyámolításáról szóló VI. intelme szerint *„[…] az egy nyelvű és egy szokású ország gyenge és esendő. Ennélfogva megparancsolom neked, fiam, hogy a jövevényeket jóakaratúan gyámolítsad és becsben tartsad, hogy nálad szívesebben tartózkodjanak, mintsem másutt lakjanak."*[21]

Evlia Cselebi török utazó a XVI. századi magyarországi utazásairól szóló útleírásaiban elismerően beszél a magyarok vendégfogadási hajlandóságáról. Említést tesz a lakosok, szomszédok, barátok egymás közötti vendéglátásáról és az idegenek szívélyes fogadtatásáról a fogadósok és a magánszemélyek részéről egyaránt. Több várost is kiemel, például Lippát, Koppányt, Csanádot, Egert, Pestet, ahol a vendégeket, a „jövő-menő"-ket a lakosok a saját házaikban szállásolják el és látják vendégül. Ennek ellenére az infrastruktúra és a biztonság állapotáról, az élelem és a kényelem hiányosságairól szóló mendemondák hatására a magyar vendéglátás megítélése folyamatosan romlott. A kedvezőtlen kép eloszlatásában nagy szerepe volt Johann Lehmann német utazó XVIII. század végi útleírásainak, melyekben kedvező személyes tapasztalatait felsorolva vendéglátásunkat udvariasnak, az ellátást tisztességesnek, az árakat általában méltányosnak nevezve. Megemlíti ugyanakkor, hogy a fogadósok többsége nem magyar, hozzátéve, hogy az önérzetességükből engedő, fogadósnak álló magyarok viszont mindenki másnál különb módon végzik mesterségüket (Mazsáry 1943a).

A XIX. század első felében a bécsi kormány megrendelésére magyarellenes propagandakönyvek készültek (Mazsáry 1943b). Ezek egyikének szerzője August Ellrich, aki művének alapvetően negatív hangneme ellenére leírta, hogy „A magyar kétségkívül a földkerekség legvendégszeretőbb népe" (Ellrich 1831:16).

A századfordulót követő időszak elején a gazdasági válság és a társadalmi átrétegeződés hatására a társasági együttlét külsőségei szerényebbé váltak, a házon kívüli étel és – főként – italfogyasztási szokások az állófogyasztásos üzletek konjunktúrájához, az igényesebb vendéglátó üzletek hanyatlásához vezettek. A Pincérek Lapjának 1904-ben megjelent írása szerint „Magyarország 12.000 templom és 76.000 korcsma hazája" (Gundel 1979:44).

Krúdy (1922) kedvező változás jeleiről tudósít a „magyaros vendégszeretet" alcímet viselő művében. A fogalom újjáéledését azzal magyarázza, hogy a módosabb réteg ráeszmélt a vagyonnal járó társadalmi kötelezettségeire, ideértve a jótékony célú társasági együttlét, a házon kívüli és magánéleti-baráti vendégeskedés közérzetjavító és élményszerző szerepének felismerését: „Nem a legutolsó élvezet az evéstől és ivástól kipirult arcok között házigazdának lenni, [...] eltalálni a vendég óhajtását, kellemetes, mindenkinek hízelgő témákat tartani felszínen..." (Krúdy 1922:159).

Glatz Ferenc (1999, 2000) az ezeréves magyar államról szóló történelmi visszatekintéseiben nemcsak az államot, de kifejezetten a magyar nemzetet is befogadónak minősítette.

A citált vélemények egybehangzóak abból a szempontból, hogy a magyar vendégszerető nép. Így van-e ez ma, a modernnek nevezett, globális hatásoktól befolyásolt korunkban is?

---

[21] mek.niif.hu/00200/00249/00249.htm (letöltve: 2016.03.08.)

1.2. Jelenkori vélemények

Michalkó Gábor (2007) meghatározása alapján a turizmus lényege az élményszerzéssel együtt járó környezetváltozás. A turizmus keresletének végső alanyai – a vendégek – oda mennek szívesen, ahol az előzetes elképzeléseik, várakozásaik, személyes tapasztalataik, vagy más – hitelesnek ítélt – források szerint szívesen látják őket.

A WEF[22] 2007 óta éves felmérései alapján ad tájékoztatást a felmérésekben szereplő országok turizmusának versenyképességéről. A versenyképesség megítélése három fő kategória – 1. szabályozási keretrendszer, 2. üzleti környezet és infrastruktúra, 3. humán, kulturális és természeti erőforrások – és az ezeket alkotó pillérek alapján történik. Jelen tanulmány témájának szempontjából a tágabb értelmezést lehetővé tevő kategóriák közül a harmadik fő kategória összesített értékelési eredménye mellett a humán tényező, ezen belül konkrétan a Magyarországra látogatók fogadásával összefüggő affinitás és attitűd vizsgálatának van relevanciája.

1. táblázat

Magyarország és a szomszédos államok helyezései a humán, kulturális és természeti erőforrások mint fő értékelési kategória tekintetében*

Állam	Helyezés			
	2007 (124)	2009 (133)	2011 (139)	2013 (139)
Magyarország	51.	59.	48.	54.
Ausztria	1.	7.	10.	9.
Szlovénia	53.	61.	53.	52.
Horvátország	11.	43.	43.	42.
Szerbia	13.	96.	94.	109.
Románia	71.	77.	66.	73.
Ukrajna	89.	103.	118.	99.
Szlovákia	18.	55.	52.	55.

* Az évszámok mögött zárójelben az adott évben a felmérésbe bevont összes állam száma szerepel

Forrás: a szerző szerkesztése a WEF adatai alapján

A vendégeskedéssel járó helyváltozatás közege a tér. Az információbőséggel megáldott potenciális vendég utazási döntése többnyire egy tágabb térbeli egységre irányul. A meglátogatott desztináció – földrész, régió, ország, térség vagy egy konkrét település – ígért és ténylegesen nyújtott élményszerzési lehetőségének gyakran használt mértékegysége a vendégéjszaka. A sikeresség értékelése a másokéval – jellemzően az azonosított vagy potenciális versenytársakkal – azonos szempontok alapján összehasonlított eredményeken alapul. Fentiekre való

---

[22] World Economic Forum (Világgazdasági Fórum)

tekintettel az összehasonlítás alapjául a Kárpát-medencén osztozó államok eredményei kerülnek felhasználásra. A három fő kategória együttes értékelésével kialakult rangsorban Magyarország pozíciója még kedvezőnek mondható, lévén, hogy 2007, 2009, 2011 és 2013 viszonylatában időrendi sorrendben a 40., 38., 38. és 39. helyen szerepel a rangsorban. A harmadik fő kategória – humán, kulturális és természeti erőforrások – 2007-ben három, 2009-ben, 2011-ben és 2013-ban pedig négy pillérből állt, aminek az a magyarázata, hogy az utóbbi három évben a kulturális és a természeti erőforrások külön-külön pillért alkottak (Blanke – Chiesa 2007, 2009, 2011, 2013). A kategória tekintetében az országok rangsorában elért helyezéseket az 1. táblázat tartalmazza.

Az adatok összevetése alapján megállapítható, hogy míg az összesített értékelés szerint Magyarország turizmusának versenypozíciója enyhe javulást követően stabil, addig a tárgyalt kategória tekintetében nemcsak gyengébb, de hullámzó is, aminek okai a 2. táblázat adataiban keresendők.

2. táblázat

Magyarország helyezései a turizmus humán, kulturális és természeti erőforrásai szerint

Értékelési szempont	Helyezés			
	2007 (124)	2009 (133)	2011 (139)	2013 (139)
Humán erőforrás	37.	77.	44.	42.
A turizmus nemzeti megítélése	100.	n. a.	n. a.	n.a.
A turizmushoz való affinitás	n. a.	115.	100.	102.
Természeti és	30.	103.	98.	111.
Kulturális erőforrások		31.	29.	30.

* Az évszámok mögött zárójelben az adott évben a felmérésbe bevont összes állam száma szerepel

Forrás: a szerző szerkesztése a WEF adatai alapján

A gyenge helyezés egyik oka a természeti erőforrások alapján történt értékelés, ami azonban geográfiai adottság lévén csak annyiban befolyásolható, hogy képesek vagyunk-e a meglévő természeti értékek megóvására. A gyengeség másik oka a hazai népességnek a turizmushoz és annak alanyához való viszonyulása.

A turizmus versenyképességének értékeléséhez használt mutatórendszer csekély mértékben ugyan, de évről évre módosításra került, a népességnek a külföldi látogatókkal szembeni attitűdje azonban minden alkalommal önálló értékelési szempont volt, azzal a megjegyzéssel, hogy 2007-ben általában a turisták, míg a másik három évben csak a külföldiek alkották a célcsoportot

(Blanke – Chiesa 2007, 2009, 2011, 2013). Az 1. ábrán az adott évben ez az adat került felhasználásra.

A versenytársaink körét az International Tourism Consulting Group, a Magyar Turizmus Zrt. külképviselői, továbbá hazai turisztikai szakértők véleményeinek szintetizálásával kialakított kép szerint Ausztria, Bulgária, a Cseh Köztársaság, Görögország, Horvátország, Lengyelország, Németország, Olaszország, Portugália, Románia, Spanyolország, Szlovákia, Szlovénia és Törökország alkotják (Magyar Turizmus Zrt. 2014).

Az 1. ábra adatai megalapozottá teszik azt a feltételezést, hogy míg a felmérés fő kategóriái közül a fogadóképességgel azonosítható szabályozási keretrendszer, üzleti környezet és infrastruktúra az erősségünknek tekinthető, addig a fogadókészségünket megjelenítő attitűdünk, affinitásunk Szlovákia és 2013-ban Románia kivételével jellemzően kedvezőtlenebb a beutazó turizmus tekintetében a szomszédos országok körében jelen lévő versenytársainkénál.

1. ábra

Magyarország és a szomszédos államok rangsorban elfoglalt helye a népességnek a turistákkal/külföldi látogatókkal szembeni attitűdje szempontjából

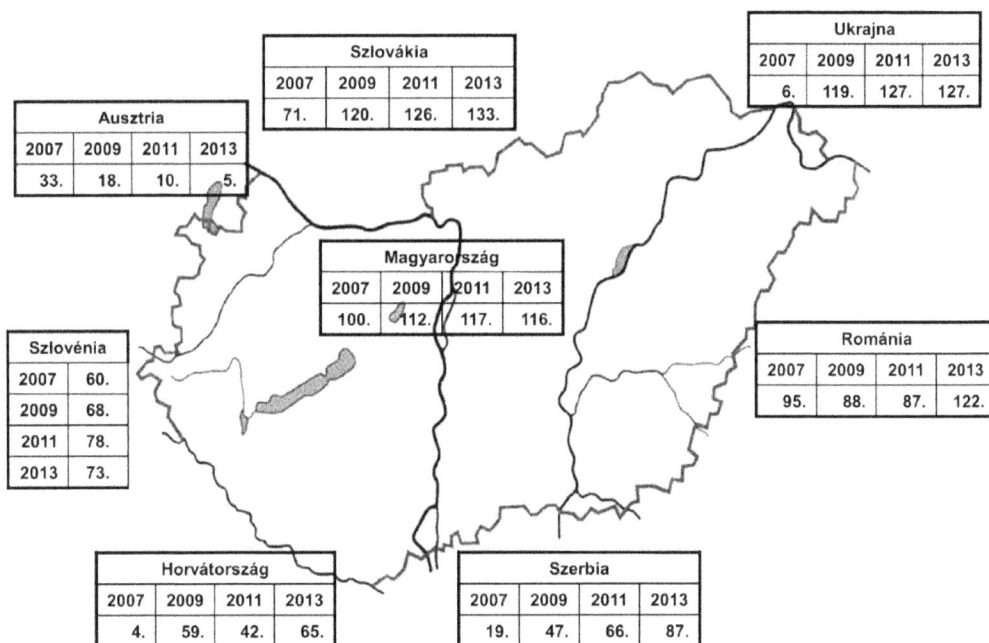

Szlovákia			
2007	2009	2011	2013
71.	120.	126.	133.

Ukrajna			
2007	2009	2011	2013
6.	119.	127.	127.

Ausztria			
2007	2009	2011	2013
33.	18.	10.	5.

Magyarország			
2007	2009	2011	2013
100.	112.	117.	116.

Románia			
2007	2009	2011	2013
95.	88.	87.	122.

Szlovénia	
2007	60.
2009	68.
2011	78.
2013	73.

Horvátország			
2007	2009	2011	2013
4.	59.	42.	65.

Szerbia			
2007	2009	2011	2013
19.	47.	66.	87.

Forrás: a szerző ábrázolása a WEF adatai alapján
Térkép: a szerző szerkesztése Magyarország vaktérképe
(http://lazarus.elte.hu/hun/hunkarta/sajto/muszaki/04.jpg) alapján

Visszautalva a tanulmány bevezetőjében leírtakra, a WEF felméréseinek eredményei – amelyeket természetesen lehet fenntartással fogadni – arra figyelmeztetnek, hogy turizmusunk fenntarthatósága (Puczkó – Rátz 1998, Michalkó 2007) érdekében a minőségre, ezen belül a fogadókészségre és ennek kiemelt elemeként a humán tényezőre (Michalkó 2005) szükséges fókuszálni. Az elérendő cél az, hogy a magyarok és vendégeik kapcsolatáról kialakult és folyamatosan formálódó kép – függetlenül attól, hogy ennek mozaikdarabja egy egyszerű útbaigazítás, vagy egy alkalmat ünneplő asztaltársaság kiszolgálása – kedvező legyen.

A szerző meggyőződése, hogy a hivatásszerű vendéglátás tekintetében a tanulással megszerezhető kompetenciák mellett, sőt ezeket megelőzően meghatározó az empátia és az attitűd, amelyek kialakulásában és formálásában különös jelentőséggel bír a magánéleti vendéglátás tapasztalati úton elsajátított, majd tudatosan fejlesztett gyakorlata.

2. A magyaros vendéglátás gyakorlata napjainkban

2.1. A vizsgálat módszere

A kutatás primer vizsgálati módszerének első elemeként felmérés készült a szerző ismeretségi, baráti körébe tartozó – kiterjedt és rendszeres társasági életet élő – családok, valamint a Kodolányi János Főiskola vendéglátás és szállodamenedzsment szemináriumi csoportok hallgatóinak körében azokról a fogalmakról, kifejezésekről, amelyeket a megkérdezettek – rövid gondolkodási idő után – a magyaros vendéglátáshoz asszociáltak. Ezt követően egy kérdezőbiztosok közreműködésével lebonyolított kérdőíves megkérdezés történt a Közép-Dunántúl turisztikai régió felnőtt lakosságának körében (n=297). A mintavétel földrajzi meghatározásának magyarázata az, hogy a magyar állam és kultúra, valamint ennek részeként a vendégekkel való bánásmód egyházi és világi gyökerei is ehhez a területi egységhez és eredeti székhelyeikhez – Székesfehérvár, Esztergom, Komárom, Veszprém – köthetők.

2.2. Otthoni vendéglátás

2.2.1. Várt vendég

Magánéletünkben számos ok kínálkozik arra, hogy elsődlegesen az örömünket, de a bánatunkat is megosszuk másokkal. A születés, a keresztelő, az avatás, különböző évfordulók és események, a jeles egyházi és világi ünnepek, de még a halál is jogcímet és alkalmat teremt vendégek fogadására és ellátására (Ballai 1943). A 3. táblázat adatai szerint a megkérdezettek közel egyharmada évente több mint 12 alkalommal fogad vendégeket, ami a névnapok, születésnapok és a hagyományosan többgenerációs családi ünnepi összejöveteleken felül további vendégfogadási alkalmakat is jelent. Ennek feltételezhető oka az, hogy az érintettek nemcsak örömüket lelik a vendégek fogadásában, de kifejezetten keresik az örömszerzésnek ezt az önkéntes lehetőségét.

3. táblázat

A vendéglátás éves gyakorisága

	Alkalom				
	1 - 3	4 - 6	7 - 9	10 - 12	> 12
Válaszok megoszlása (%)	16,0	21,0	20,0	13,0	30,0

Forrás: kérdőíves megkérdezés

Ezt a feltételezést erősíti a vendégek célcsoportjára adott válaszok 4. táblázat szerinti megoszlása, melynek adatai azt mutatják, hogy a családtagok után sorrendben a barátok a legszívesebben fogadott vendégek, megelőzve a rokonságot, míg a szükségszerű, ámde nem feltétlenül szívesen vállalt közösséghez tartozást megjelenítő munkatársak és szomszédok mindösszesen 2,4%-át képviselik a válaszadók leggyakoribb vendégkörének.

4. táblázat

A leggyakoribb vendégkör

	Célcsoport					
	Családtag	Rokon	Barát	Szomszéd	Munka-társ	Egyéb
Válaszok megoszlása (%)	40,3	25,9	31,5	0,5	1,9	0,0

Forrás: kérdőíves megkérdezés

A magyar, ha vendégeket fogad, igyekszik kitenni magáért. Míg a mindennapos főétkezések még a XVI. század elején is legfeljebb három fogásból álltak, addig a vendégeket 4-7 fogásból, fogásonként 2-3 választékot tartalmazó valóságos lakomával fogadták. A vendégeskedés kínálatának bőségessége az orvostudomány fejlődésével, gazdasági okokból és nem utolsósorban a házon kívüli vendéglátás lehetőségeinek bővülésével folyamatosan csökkent (Gundel 1979).

Magánéleti vendéglátásunkat a családi szívélyesség jellemzi (Bogdán 2006). A megkérdezettek otthon általában négy fogással várják vendégeiket. A kínálat a közízlésnek és a hazai fogyasztási szokásoknak megfelelően, valamint a költséghatékonyságra törekvés jegyében levesből, háziszárnyasból, sertéshús-ételből, salátából-savanyúságból és desszertből áll (2. ábra).

Az otthoni vendéglátás kínálati elemei*

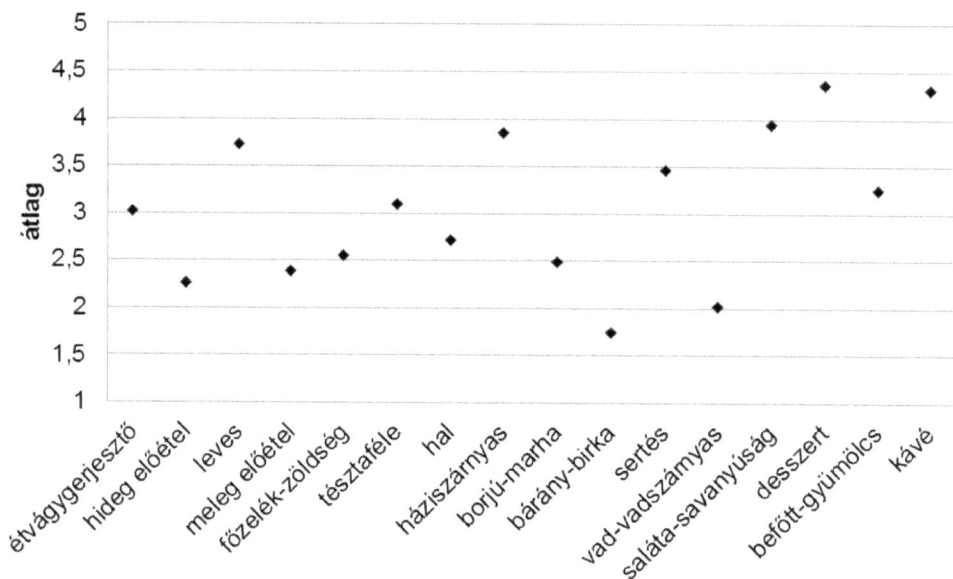

*1= soha, 5= mindig
Forrás: Kérdőíves megkérdezés

A magyaros vendéglátáshoz asszociált fogalmakat két fő csoportra – magatartási és külsőségbeli (3. ábra), valamint gasztronómiai (4. ábra) – osztva, a válaszok átlagértékei alapján az alábbiak állapíthatók meg[23]:

A magyaros vendéglátás során tanúsított magatartást a vendégszeretet és a bőséges mennyiség kínálása jellemzi, kiemelésre érdemes külsőségek nélkül. A zene és a dal közepesnél alacsonyabb átlagértékeiben nem jelenik meg az a nézet, miszerint a magyar nótázva mulató nép lenne. Megjegyzendő, hogy a megkérdezés a minta településtípus szerinti megoszlására nem terjedt ki.

A magyaros vendéglátáshoz asszociált gasztronómiai jellemzők tekintetében megerősítést nyernek azok a törekvések, amelyek a magyar konyhának a nehéz és korszerűtlen ételekkel, élelmi anyagokkal való azonosításának eloszlatására irányulnak.

---

[23] Az „egyéb" válaszlehetőséggel a válaszadók nem éltek.

A magyaros vendéglátás magatartás és külsőségbéli jellemzőihez asszociált fogalmak megítélése*

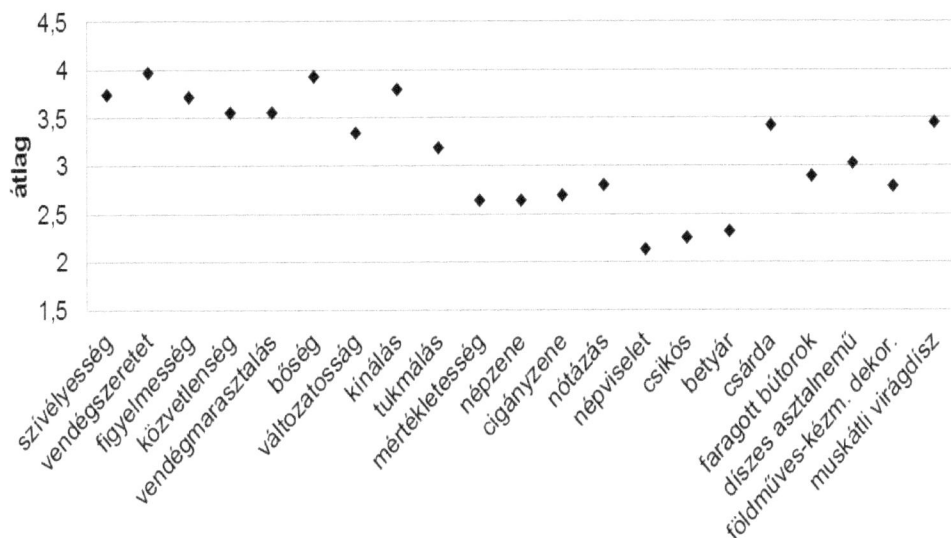

*1= egyáltalán nem jellemző, 5= teljes mértékben jellemző
Forrás: kérdőíves megkérdezés

2.2.2. Váratlan vendég

A társadalom nyitottságát, Szent István hivatkozott intelmével való tudatos vagy tudatalatti azonosulást, a vendég szeretetének, szívesen látásának őszinteségét a szerző véleménye szerint minősíti a váratlanul megjelenő vendéggel való bánásmód. A kutatási eredmények ebből a szempontból feltétlenül pozitívak és megjelenik bennük a magyaros vendéglátás hagyományos térbeli kifejeződése, miszerint minél megbecsültebb a vendég, annál beljebb vezetik (Balázs Kovács et al. 1988-2002). A megkérdezettek közel kétharmada (63%) ugyanott fogadja a váratlanul érkező vendégét, ahol a várt vendéget is szokta, és csupán alig több mint egynegyedük fogadja váratlan vendégét az előszobában (16%), a konyhában (17%), vagy az otthona egyéb (4%) helyiségében.

A vendég megtisztelésének hagyományos gesztusa az érkezésekor végzett munka abbahagyása (Balázs Kovács et al. 1988-2002). A vendéglátás etikettjének ezen íratlan szabálya napjainkban is érvényesül. A megkérdezettek döntő többsége (85,6%) teljes figyelmét és ehhez igazított cselekvéseit is a vendégének szenteli.

A magyaros vendéglátás gasztronómiai jellemzőihez asszociált fogalmak megítélése*

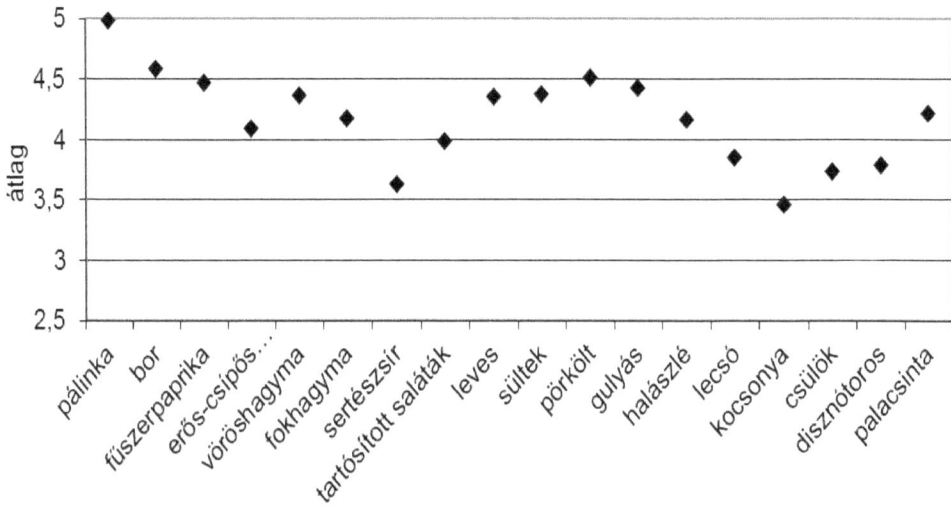

*1= egyáltalán nem jellemző, 5= teljes mértékben jellemző
Forrás: kérdőíves megkérdezés

A váratlan vendég kínálásának elemei

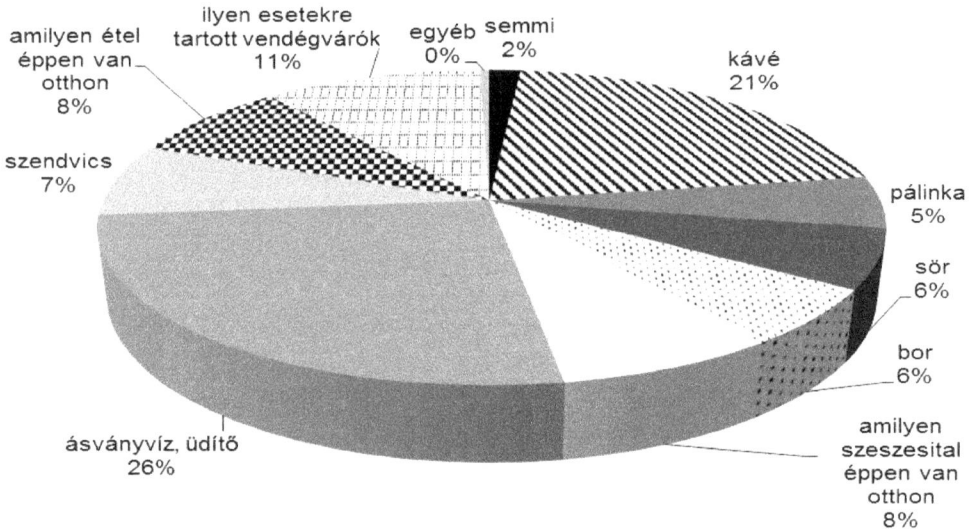

Forrás: kérdőíves megkérdezés

A vendéget mindenkor illett és illik megkínálni. Rendes házat nem érhetett felkészületlenül egy vendég érkezése, így erre a célra mindig tartottak otthon valamit, ideértve az italt, ami a kínálás legfontosabb kelléke (Balázs Kovács et al. 1988-2002). A váratlan vendég kínálása napjainkban is főként itallal történik (5. ábra), a hagyományokhoz képest azzal az eltéréssel, hogy az alkoholos italok dominanciája háttérbe szorult.

2.2.3. Házon kívüli vendéglátás

A házon kívüli vendéglátás helyszínének megválasztásában is kifejezésre jut a magánéleti vendéglátásra jellemző családi szívélyességre törekvés. Az 6. ábra adatai szerint a házon kívüli vendéglátás legnépszerűbb (73%) helyszínei a vendéglő, a magyaros étterem és a csárda. A megkérdezettek olyan üzletekbe hívják meg szívesen a vendégeiket, amelyek méretéhez és kínálatához a típusuk alapján a bensőséges hangulat kialakulásának lehetősége és a magyaros jelleg képzete társítható. Előbbinek ellentmondani látszik a házon kívüli vendéglátásnak az otthonihoz viszonyított időtartamára adott válaszok megoszlása. A válaszadók 77%-a alkalmanként rövidebb időt tölt vendégeivel vendéglátó üzletben, mint az otthoni vendéglátás során. Az ennek okát firtató nyitott kérdésre tartalmi szempontból egybehangzóan az volt a válasz, hogy az otthon kötetlenebb, fesztelenebb és fogyasztási kényszerérzés-mentes együttlétet tesz lehetővé, a távozás időbeli korlátja nélkül.

6. ábra

A házon kívüli vendéglátás helyszínei

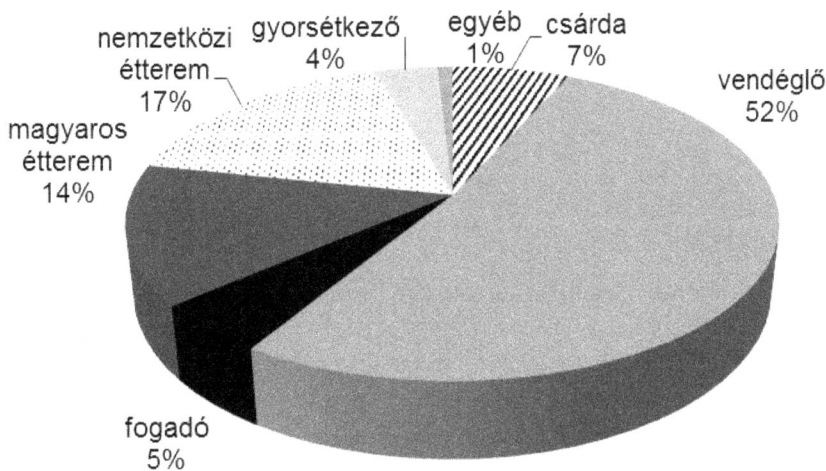

Forrás: kérdőíves megkérdezés

A hivatásszerű vendéglátás kínálta lehetőségek megítélése kérdéskörében (7. ábra) a vendéggel való együttlétre fordítható időt, a kényelmi szempontokat és a vendéglátó üzletekben az otthoni vendéglátáshoz képest szélesebb választékot tartották fontosnak a válaszadók, szinte teljes szinkronban az egyes tényezőkkel való elégedettségük összefüggésével.

7. ábra

A vendéglátó üzletben történő vendégfogadás megítélése*,**

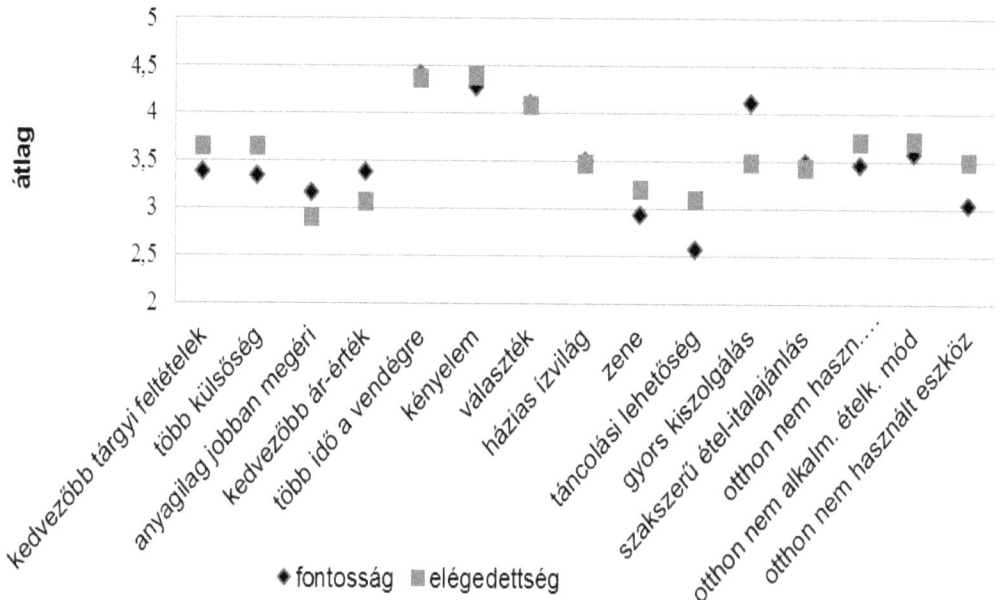

*1= egyáltalán nem fontos, 5= teljes mértékben fontos
**1= egyáltalán nem elégedett, 5= teljes mértékben elégedett
Forrás: kérdőíves megkérdezés

3. Következtetések

A magyaros vendéglátás jelenlegi gyakorlata szerint jellemzően azokat látjuk, fogadjuk szívesen, akiket jól ismerünk. A szomszédolás, feltételezhetően a városiasodás elidegenítő hatására és a felgyorsult, rendszeres időhiányban szenvedő életmód következtében háttérbe szorul.

A vendégfogadás gyakorisága elsődlegesen az ünnepekre, évfordulókra, jeles napokra irányul, ami a vendég és vendéglátó közötti kapcsolat ünnepélyes jellegét erősíti és ez előny abból a szempontból, hogy alacsony gyakorisága miatt kiemelt eseményként jelenik meg a társas kapcsolatok emlékei és a tervei között. Összevetve azzal a kutatási eredménnyel, hogy a váratlan vendég fogadását és ellátását az udvariasság kötelezettség-érzése vezérli, az alkalmak ritkasága hátrányként is értékelhető. Így ugyanis kevésbé van lehetőség a kevesebb protokolláris elemet tartalmazó együttlét magatartásformáinak kialakulására, amelyek viszont lényegesek az addig ismeretlenekkel, az idegenekkel való kapcsolat elfogadása és megteremtése szempontjából.

Az otthoni vendéglátást továbbra is a bőség és a házon kívülinél hosszabb időtartam jellemzi, ami a bensőséges, zavartalan társas együttlét igényére utal.

A magyaros vendéglátásról alkotott képzetekben a szívesen látott vendég által érzékelhető pozitív emocionális és a hagyományőrzéssel vegyes haladó gondolkodásmód dominanciája érvényesül. A magyaros vendégszeretet kulturális gyökerei tetten érhetők a megkérdezettek körében.

Felhasznált irodalom

- Balázs Kovács, S. et al. (1988-2002): A vendéglátás etikettje. In: Paládi-Kovács, A. (főszerk.): *Magyar Néprajz VIII. Társadalom.* Akadémiai Kiadó, Budapest, mek.niif.hu/02100/02152/html/08/319.html (letöltve: 2016.04.02.)

- Ballai, K. (1943): Élet a honfoglalás századában. In: Ballai, K. (szerk.): *A magyar vendéglátóipar története.* Kultúra és propaganda Könyv-, Zenemű-, és Utazási Szövetkezet, Budapest, pp. 18-38.

- Blanke, J. – Chiesa, T. (2013): *The Travel & Tourism Competitiveness Report (2013): World Economic Forum,* http://www3.weforum.org/docs/WEF_TT_Competitiveness_Report_2013.pdf (letöltve: 2016.04.02.)

- Blanke, J. – Chiesa, T. (2011): *The Travel & Tourism Competitiveness Report 2011. World Economic Forum,* www3.weforum.org/docs/WEF_TravelTourism Competitiveness_Report_2011.pdf (letöltve: 2016.04.02.)

- Blanke, J. – Chiesa, T. (2009): *The Travel & Tourism Competitiveness Report 2009. World Economic Forum,* www3.weforum.org/docs/WEF_GCR_TravelTourism_Report_2009.pdf (letöltve: 2016.04.02.)

- Blanke, J. – Chiesa, T. (2007): *The Travel & Tourism Competitiveness Report 2007. World Economic Forum,* www3.weforum.org/docs/WEF_TravelTourism Competitiveness_Report_2007.pdf (letöltve: 2016.04.02.)

- Bogdán, I. (2006): *Régi magyar mesterségek.* Neumann Kht. Budapest, mek.niif.hu/04600/04683/html/index.htm (letöltve: 2016.04.02.)

- Ellrich, A. (1831): *Die Ungarn wie sie sind.* Bereins Buchhandlung, Berlin.

- Glatz, F. (2000): Az ezeréves magyar állam. Történelmi megfontolások. *História* 2000 (5-6), www.historia.hu/ (letöltve: 2016.04.02.)

- Glatz, F. (1999): Az ezeréves magyar államról. *História* 1999 (9-10), www.historia.hu/ (letöltve: 2016.04.02.)

- Gundel, I. (1979): Vendéglátásunk fejlődése. In: Gundel, I. – Harmath, J.: *A vendéglátás emlékei.* Közgazdasági és Jogi Könyvkiadó, Budapest, pp. 7-53.

- Kátay, Á. (2013): Milyen a magyaros vendéglátás? Vélemények és tények, régen és ma. In: Huszti, Zs. (szerk.): *Bor, vidék, turizmus. NFA Füzetek 2*, pp. 121-130.

- Krúdy, Gy. (1922): *Mit ebédelt Ferenc József?* Anno Kiadó (2008), Budapest.

- Magyar Turizmus Zrt. (2014): *Marketingterv*, http://itthon.hu/documents/ 28123/6258341/MT_2014_Stratégia.pdf/1d6576ce-8667-4c7d-8385-c25d62fd3372 (letöltve: 2016.04.02.)

- Magyarország vaktérképe, lazarus.elte.hu/hun/hunkarta/sajto/muszaki/ 04.jpg (letöltve: 2016.04.02.)

- Mazsáry, B. (1943a): Magyar szemmel külföldön – idegen szemmel Magyarországon. In: Ballai, K. (szerk.): *A magyar vendéglátóipar története*. Kultúra és propaganda Könyv-, Zenemű-, és Utazási Szövetkezet, Budapest, pp. 121-138.

- Mazsáry, B. (1943b): A magyarországi vendéglős (korcsmáros) ipar a szabadságharc végéig. In: Ballai, K. (szerk.): *A magyar vendéglátóipar története*. Kultúra és propaganda Könyv-, Zenemű-, és Utazási Szövetkezet, Budapest, pp. 238-286.

- Michalkó, G. (2007): *A turizmuselmélet alapjai*. Kodolányi János Főiskola, Székesfehérvár.

- Michalkó, G. (2005): *Turizmusföldrajz és humánökológia*. Kodolányi János Főiskola – MTA Földrajztudományi Kutatóintézet, Budapest-Székesfehérvár.

- OFTK = az Országos Fejlesztési és Területfejlesztési Koncepcióról szóló 1/2014 OGY határozat. *Magyar Közlöny* 2014 (1), pp. 7-298.

- Puczkó, L. – Rátz, T. (1998): *A turizmus hatásai*. Aula Kiadó, Budapest.

- *Szent István Király intelmei Imre herceghez.* mek.niif.hu/00200/00249/00249.htm (letöltve: 2016.04.02.)

3. A MULTIKULTURALITÁS KULINÁRIS GEOGRÁFIÁJA GYIMESBEN

DÁVID Lóránt[24] – REMENYIK Bulcsú[25] – NAGY Zoltán[26]

Bevezetés

A tanulmány célja, hogy bemutassa a multikulturalitás kulináris geográfiáját Gyimesben. A kulináris geográfia szív-modelljének (1. ábra) üzenete van számunkra. Egy táj és élettér arculatát történelmi, földrajzi, etnikai, néplélektani, vallási, kulturális, gazdasági és egyéni tényezők együttesen formálják, amelyek racionális és emocionális ítéleteket, érzelmeket indukálnak, és egy sajátos rajzot alakítanak ki, amelyet történelmi ecsetvonások színesítenek. Mindezek között kiemelt szerepet játszik a gasztronómia és az italkultúra. Értelmezésünkben ez a két jellemző alapvetően a sajátosságoknak a tradíciókon alapuló értékteremtési oldalát mutatja be, míg a kulinária a fogyasztói-felhasználói gyakorlatok összességét jelenti. A kulináris geográfia mindezeket a tájhoz – mint történeti-földrajzi egységhez – kötődő kapcsolatban magyarázza.

Gyimes a Kárpát-medence egyik olyan különleges adottságú mikrotérsége, amelyben a hagyományos, önellátó gazdálkodás és az ebből kinőtt kultúra legtovább megőrződött a térség periferikus fekvése, elzártsága miatt. A terület a természeti és kulturális erőforrások sokaságának köszönhetően méltán pályázhatna a világörökségi címre (1. kép). Orbán Balázs (2002:76) így írta le a tájat: *„Önmaga ellen vétkezne, ki e gyönyörű havasi táj megtekintését elmulasztaná"*.

---

[24] Eszterházy Károly Egyetem, david.lorant@uni-eszterhazy.hu
[25] Budapesti Gazdasági Egyetem, Remenyik.Bulcsu@uni-bge.hu
[26] Eszterházy Károly Egyetem, zoltanhir1@gmail.com

A kulináris geográfia szív modellje

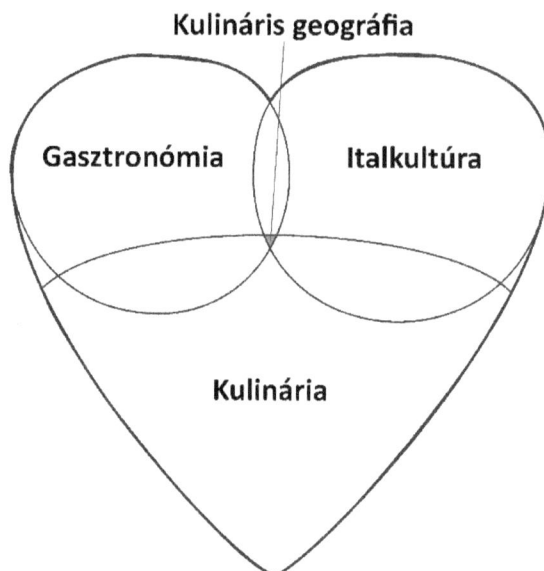

Kulináris geográfia

Gasztronómia

Italkultúra

Kulinária

Forrás: Dávid (2009)

A térség alapvetően mezőgazdasági jellegű terület, a völgyben növénytermesztést, a hegyekben legeltető állattenyésztést folytatnak. Ehhez alkalmazkodott a helyi konyha, könnyű volt átvenni a román hegyi népek által használt étkezési szokásokat. A pásztorkodó életmódnak köszönhetően a kukoricaliszt beépült a csángó konyhába, teljes hétköznapi és ünnepi étrendet is elő lehetett állítani belőle. A legeltető állattenyésztés következtében a csángóknak egyszerűbb volt felvinni a hegyre egy zsák puliszkalisztet, mint minden hétvégén lejárni a faluba kenyeret sütni (Orbán 2002), az elkészített puliszkát pedig a tejtermékekkel körítették (juhtúrós puliszka).

Az itt élő gyimesi csángók elkötelezett magyarok, szépen beszélik a magyar nyelvet és összetartja őket a római katolikus vallásuk is. A gasztronómiában számtalan a magyar konyhában viszonylag ritkán használt fűszert (csombor, koriander, fenyőmag, fűszergombák) vagy gyógynövényt alkalmaznak, amelyek a korábbi magyar receptkönyvekben is olvashatóak voltak, azonban mára a használatuk jelentősen mérséklődött. A helyiek a leveseket tárkonnyal ízesítik, a teák gyógynövényekből készülnek, amelyekről külön könyvet is megjelentettek (Antalné 2008). A gasztroturizmus ezért mindenképpen nagy érdeklődésre tarthatna számot magyar és román viszonylatban egyaránt, hiszen a terület határjellegének következtében mind a két konyha nagy hatással volt a fejlődésére.

A Gyimesek völgye

Fotó: Dávid Lóránt

Románia Európai Uniós csatlakozása és a határok megszűnése (a schengeni határok 2018-ban már Románia keleti határánál fognak húzódni) következtében a lakosság egy jelentős része a turizmusban látja saját jövőjét. Az ismert éghajlati adottságok azonban igen szűkre szabják a terület látogathatósági idejét. Az itt lévő szubmontán medencék éghajlata az év nagy részében hűvös és csapadékos (amelyet a hegységeken átkelő szél is befolyásol), ezért a szezon döntően a nyári hónapokra korlátozódik.

A turizmus fejlesztése is csak az utóbbi évtizedben kezdődött el, ugyanis Románia Európai Uniós csatlakozása után jelentős források nyíltak meg a turizmus- és területfejlesztés előtt. A munkalehetőségek számának drasztikus csökkenésében megoldást hozhat a terület természeti, kulturális, gasztronómiai értékeinek a hasznosítása.

A helyi étkezési szokásokban problémát okoz a magas egy főre jutó kalóriabevitel, amely korábban nélkülözhetetlen volt a nehéz fizikai munkával járó mező- és erdőgazdasági teendők elvégzésénél. Ennek ellensúlyozásaként (főleg román hatásra) sok nyers salátaszerű készítményt és sok zöldséget is fogyasztanak (hagyma, paprika, padlizsán). Problémaként jelentkezik az alkoholizmus is, az alkoholfogyasztás riasztóan magas mértéke (Zsigmond 2009) főként tömény pálinka ivásában testesül meg. Ezek közül is elterjedtté vált a kommersz köményes pálinka (nem is nevezhető igazi pálinkának), amelynek a mértéktelen fogyasztása sem a helybelieknek, sem a gasztroturistáknak nem ajánlott.

Számtalan más problémával találkozhatunk még a területen, az infrastruktúra hiányosságai (út, csatorna, gáz), a fiatal generációk elvándorlása (*"vénembereknek való vidék"*), a munkanélküliség, a vállalkozói réteg hiánya is ezek közé tartozik. Nagy nehézséget jelent a román nyelv és az ortodox vallás terjedése is, mert ezzel éppen az egyik legfőbb vonzerő kerül veszélybe (zárt archaikus népi kultúra, hagyományok stb.) ami a terület különlegességét, sajátosságát, vonzerejét jelenti.

1. Megközelítés, elérhetőség

A Gyimes, a név eredetének – hangzásbeli hasonlóságon alapuló – magyarázata szerint olyan hely, ahol sok gímszarvas található (Zsigmond 2009). Magyarországról nézve a terület perifériális helyzetben van, mentális térképen elhelyezve távolabb helyezkedik el tőlünk, mint az Adriai-tengerpart városai (Michalkó 2010). Az utak minősége gyenge, a korábban jelentős vasúti forgalom mára már csak a *"Székely gyorsra"* korlátozódik.

A Csíkszeredából Moldvába induló 12/A műút Csíkszépvíz után 1000 méteres magasság fölé kapaszkodik fel (kanyargós szerpentinen) a Pogány-havas és a Szellő közötti nyeregre, onnan halad tovább a Szermászó-hágó felé, majd leereszkedik a Tatros völgyébe (1. kép). A völgyben halad végig a tranzitforgalom (Hargita és Bákó megyéken), amely összeköti Erdélyt Moldván át Oroszországgal és a Balkánnal. Stratégiai fontosságú pont volt már az Osztrák-Magyar Monarchia számára is a gyimesi-medence, mert összekötötte Ausztriát és Magyarországot a Fekete-tengeri kikötőkkel. Összeurópai stratégiai irányvonalként a Graz-Dunaújváros-Debrecen-Nagyvárad-Kolozsvár-Csíkszereda-Galati útvonal része.

2. Vonzerők

A terület legfőbb vonzerejét a Tatros folyó völgyét a benépesítő gyimesi csángó kultúra és életmód jelenti, a kialakult multikulturális miliő (székely, magyar, csángó, román), a kiemelkedően gazdag ősi népköltészet és a széles skálájú néptánc hagyományok további attrakcióelemként szolgálnak (Dávid 2009). A gyimesi csángók szerint őseik a katonai szolgálat elől futottak erre az erdős vidékre, ezzel kapcsolatos a csángó szó eredete is: csángó az, aki *"elcsángált"* (elment) a közösségtől (Posch 2010). A csángók bujdosásukkal magyarázzák a moldvai csángókéhoz hasonló öltözetüket is, ezt egykoron azért használták, hogy megtévesszék az őket üldözőket, hogy azok ne ismerjék fel bennük a szökött székely katonát (Tankó 2008).

Az építkezésük hasonló a csíkiakéhoz, meredek tetőszerkezeteket építenek, hogy a nagy mennyiségű hó ne tegyen kárt az épületekben. Gyimesvölgye a 17. század utolsó éveitől kezdett állandó jellegű emberi település színhelyévé válni, a falvakban a házak *„patakvölgyek"* mentén épültek ki és sokszor egy családról nevezték el az utcákat (Zsigmond 2009).

A legjelentősebb attrakciók közé tartozik még az *„ezeréves határ"*, a Rákóczivárral és a Kontumáci kápolnával. A Gyimes-völgyben, amint ez lehetségessé vált évenként ezrek és ezrek fordultak meg, hogy a történelmi Magyarország határát és a csodálatos természeti környezetet megtekintsék (Ilyés 2007). A kápolnánál megtalálhatjuk a közép- és újkori Európa keleti határánál létesített karantén állomást, ahol megállították és napokig váratták a keletről érkezett kereskedőket, hogy nehogy valami betegséget hurcoljanak be Európába. A területen számtalan világháborús emlékkel találkozunk, ezek közül a turisták számára talán az itt kiépített Árpád-vonalat lehetne turisztikai attrakcióvá fejleszteni.

A Rákóczi-várat Bethlen Gábor építette 1626 körül, a vár mellett található Gyimesbükk – az 1952-ben Bákó megyéhez csatolt település – régi temploma 1782-ben épült, anyakönyvét 1785-től vezetik. A település legnagyobb, római katolikus temploma, a *„gyimesi nagytemplom"* a vasútállomás közelében áll, építése 1974-1976 között történt. Ismertek a településhez tartozó tarhavasi, cigánypataki és bálványos-pataki részek kitűnő sósforrásai, melyek kihasználatlanok az egészségturizmus számára. A rendezvények közt megemlíthető a betlehemezés, a maszkos újévi köszöntés és a *„húsvéti tojásíró kaláka"*.

Gyimesbükköt Gyimesközéplok követi, amely a Gyimes-völgy középső települése, és összenőtt Gyimesfelsőlokkal. A falu fontos egészségturisztikai attrakciója a Sötét-patakban található gyógyfürdő, ahol minden évben tánctábort rendeznek, ezzel is életben tartva a Gyimesek tánchagyományait. A gyimesi néptánccsoportok kitartóan őrzik a régi, a mindennapi életben már részben elfeledett táncokat, és ők képezik a magját a tánctáboroknak is, melyre külföldről és belföldről egyaránt sokan ellátogatnak (Tankó 2008). A tiszta, gondozott fürdőben 11 kád várja a pihenni és gyógyulni vágyókat. Kitűnő gyógyhatását gyenge radioaktivitásának köszönheti, ezzel segítve a reumás betegségek enyhítését.

Az ásványvizek közül ismert a sötétpataki borvíz. A borvizet 1994 óta palackozzák is, *„Hegyek varázsa"* néven jut el a megrendelőkhöz. A Tatros völgyén tovább haladva – Tarhavaspataka, Bálványospataka – kénes-petróleumos források jelennek meg, melyek nem mérgezőek, de kellemetlen ízük miatt nem fogyasztják őket.

Gyimesfelsőlok kialakulása az 1700-as évek elejére tehető, a Gyimes-völgy harmadik települése. Turisztikai attrakciói közé tartozik a Szent Lélek-kápolna, amely a gyimesiek kedvelt zarándokhelye. A Görbepataka településrész csodálatos sziklaképződményei közül a Bagolyvár nevű sziklacsúcs a legimpozánsabb, nagyobb ünnepek estéin őrtüzek világítják be innen a völgyet. A terület vonzerejét jelenti az Árpádházi Szent Erzsébet Líceum, ahol Berszán Lajos pap és a kollégium diákjai a turistát nagy vendégszeretettel fogadják (Balog 2010). Az iskolára nagy szükség volt, mert korábban a csángókról azt tartották, hogy kevés köztük az írástudó és idegenkednek az iskolától (Ilyés 2007).

Érdemes lenne feleleveníteni a Szent Magdolna napon tartott búcsúkat, amelyek korábban a csíksomlyói búcsúval vetekedtek és a Csíki-medence összes településéről érkeztek ide a turisták.

3. Étkezési és szálláslehetőség

Szálláshelyek tekintetében rosszul ellátott a terület, hotel nincs, csak panziókban és magánszállásokon lehet elhelyezni az ide érkező vendégeket. A kempingek száma kevés, a vadkempingezés pedig a medvék miatt nem ajánlott. A panziók közül kiemelkedik a Tatros Panzió és Étterem, amely kialakításában jól alkalmazkodik a helyi jelleghez (törekedtek a természetes anyagok felhasználására), az udvaron gyerekhinta, kerti bútor, tűzhely található, lehetőség van szekerezésre és a panzióban terepjáró is bérelhető.

2. kép

A Csángó Panzió

Fotó: Dávid Lóránt

44

Tájjellegű étkezést kínál a Kinga vendégház Gyimesfelsőlokon, amely a Román Turisztikai Minisztérium által minősített vendégházak közé tartozik. A Csángó panzió a Csíki hegyekben (2. kép), a Csíkszereda-Gyimesbükk közötti országúton, Hidegség helységben található, a panzió rendelkezik egy 60 férőhelyes nyári kerttel, ahol a vendégek élő népzenét hallgathatnak. A hangulatos, kellemes étteremben megkóstolhatók a jellegzetesen helyi fogások. Csoportos látogatás esetén csángó zenét, táncbemutatót, és esztena látogatást is biztosítanak.

A Boglárka vendégház festői környezetben, Gyimesközéplok közelében, Hidegségpatakán fekszik. 2-3-4 fős szobáikban egyéni utazók, párok, családok és csoportban érkezők egyaránt kényelmesen elférnek, 2 csángó tájjellegű szobája és az eredeti gyimesi berendezésű étkező kellemes hangulatú belvilágot teremt. A gasztronómia területén a biokonyha és bioélelmiszerek fogyasztására specializálódtak. A szervezett erdei kirándulásokon szakértő segítségével megismertetik a helyi gyógyfüveket és a Gyimesre jellemző speciális növényeket a turistákkal, akik számára szekerezést és lovaglást is biztosítanak. Az iskolás csoportokat erdei iskolákban egyéni programokkal, kézműves foglalkozásokkal is várják.

Létezik néhány autentikus falusi vendéglátással foglalkozó ház is, amelyek látogatottsága ma még csekély, de már egy kis *„faluként"* üzemelnek a Szász család által rendbe hozott parasztházak. Az általuk elmondottakból megtudtuk, hogy megvásárolták a halálraítélt parasztházakat a környező településeken, majd lebontották azokat és ugyanúgy felépítették, hagyományosan tapasztva kívül-belül, és régi bútorokkal rendezték be a ma álló 11 házat. Az utólag felépített csűrök itt más jelleget öltöttek, mert az egyik belülről fürdőházzá alakult, a másik tánc-csűr lett.

4. A gyimesi gasztronómia sajátosságai

A gyimesi ember nem ínyencségből vagy szórakozásból eszik, a lényeg a célszerű táplálkozás. A gyimesi konyhát rengeteg hatás érte nyugatról és keletről egyaránt, a magyar és a román hatás a legerősebb, a többi hatás igen vegyes (római, bizánci, örmény, török, osztrák). Ilyés Zoltán (2007) leírása szerint a csángó egyszerű eledellel él, a puliszka teszi a fő élelmi cikket, mely naponként kétszer (reggel és este) kerül asztalára, mert a kaszálási időt kivéve, délben a csángó nem ebédel, radina levest eszik, a káposztát és pityókát (krumpli) ismeri, húst igen keveset (azt is inkább télen) eszik.

Ezen egyszerű életmódnak, a havasi egészséges légnek, jó víznek tudható fel, hogy a csángók hosszú életűek, olyannyira, hogy akárhány dologképes, 100 évet meghaladott egyént lehet közöttük találni; betegség és kora halál a ritkább esetek közé tartoznak (Ilyés 2007).

Pirosáfonya-leves füstölt csülökkel

Forrás: Ambrus – Kútvölgyi (2005)

Leveseik inkább román csorba típusúak (rántás nélkül, főtt/párolt hús és zöldség alappal), a csorbának több változata ismert: pacal csorba, halász csorba, paraszt csorba és az egyik legízletesebb, az erdélyi csorba; a csorbák jellegzetes ízét a lestyán teszi még érdekesebbé. Az erdélyi csorba elkészítéséhez a füstölt hús és szalonna mellett sok zöldségféle tartozik, amely a román hatást tükrözi (káposzta, karalábélevél, zöld kapor, lestyán, hagyma, fokhagyma, medvehagyma). Kalóriaforrása vegyes (disznózsír – magyar, étolaj – román). A savanyítás alapja az ecet helyett inkább a cibere, amelynek korpa az alapja és erjesztéssel nyeri el végleges formáját. Jelentősek a babból készült levesek (salátás fuszulykaleves, tárkonyos fuszulykaleves). A sütési hagyományok nemzetközi hatást is tükröznek, ugyanakkor sokszor megjelenik a kemencében és a roston való sütés is (például flekken nyakkarajból/tarjából). A szabadtéri sütésnél a húsok ízletesebbé tételéhez friss borókafenyő-ágat vágnak a parázsra. Sok a gyümölcsös leves (egresleves lesütött disznóhússal: a lesütött disznóhúst a vágás után besózzák, és egy hétig pácolják, majd lassú tűzön párolják és a végén a zsírjára sütik, bödönbe teszik, forró olajat öntenek rá és hidegre teszik), a másik gyakran előforduló gyümölcs (3. kép) az áfonya (pirosáfonya-leves füstölt csülökkel) és mártás (füstölt hússal).

Az ételkülönlegességek közé tartozik a csángó gulyás és a csángó rostélyos; sokkal több bárány- és birkahúst fogyasztanak, ezek közül kiemelkedik a vadcsomboros bárányborda, a sült bárány és a kemencés bárány, töltött bárány receptje (Kövi 2005). A bárány és birka szinte minden részét felhasználják (4. kép).

Töltött bárány

Forrás: Ambrus – Kútvölgyi (2005)

Román hatást tükröz a darált bárányhúsból, marhahúsból és sertéshúsból készült, bélbe nem töltött miccs (mititei), amely fűszeres kolbászkákat jelent roston sütve; az ízesítésnél elmaradhatatlan a só, a bors, a pár gerezd fokhagyma és a csombor, házikenyérrel és mustárral fogyasztják (Kövi 2005).

A hal viszont leginkább a pisztráng fogyasztására korlátozódik, amely a tiszta vizű hegyi patakokból kerül az asztalra. Itt is megjelenik a kukoricaliszt, amelybe megforgatják a pisztrángot. Kulináris ízkavalkád részesei lehetünk, ha a roston sült pisztrángot muzsdéjjal (mujdei) fogyasztjuk, mely nem más, mint fokhagyma, só, bors, olaj, és citromlé krémes keveréke.

Karácsonykor és húsvétkor a diós és mákos kalács mellett hagyományos a fahengerre tekert, faszénparázson sült erdélyi kürtőskalács. A pogácsafélék és a sült tészták (sütemények) prioritást élveznek a főtt tésztákkal szemben. Kövi Pál *„Erdélyi lakoma"* című könyvében azt írta, hogy a vargabéles sajátosan erdélyi tészta, melynek receptjét mai napig is féltve őrzik. A tejtermékekről sem lehet megfeledkezni: orda, juhtúró, kászuban (vörösfenyő kérgéből készült tarisznya) érlelt túró (Gergely 2007).

A tömeges étkeztetés módszerei kevésbé jelennek meg a területen, mert a székely nő kötelező feladatai közé tartozik az otthoni főzőcskézés és a gyerekek nevelése.

5. Következtetések

A multikulturalitás kulináris geográfiája jelenti azokat hatásokat, amelyek évszázadok során a terület gasztronómiáját érintették (római, bizánci, örmény, török, osztrák, magyar, román), továbbá az itt élő népcsoportok (gyimesi csángók) által kialakított kulináris kultúrát, amely a határ menti területekre oly jellemző multikulturalitást is magában hordozza. Az elszigetelt periférikus helyzet következtében az étkezési szokásokban számtalan archaikus vonás is megfigyelhető, amelyek mára teljesen eltűntek mind a magyar, mind a román konyha receptkönyveiből. Itt lehet igazán különbséget tenni a méltán híres osztrák-magyar konyha és a balkáni hatásokat hordozó román konyha között. A hely így különleges desztinációt jelent a gasztroturisták számára, akik megfizethető ár-érték arány ellenében fogyaszthatják ezeket az ételeket.

A Gyimesek völgyének gasztroturisztikai elemzésével tisztelegni kívánunk Ilyés Zoltán munkássága előtt és hangsúlyozni szeretnénk, hogy a magyarok lakta vidék turisztikai felemeléséhez nagy szükség van a különleges értékeink bemutatására. Ezek közé tartozik a gasztronómiai turizmusunk is, ennek egyik gyöngyszeme a Székelyföld, ezen belül a Gyimesek.

Felhasznált irodalom

- Antalné Tankó, M. (2008): *Gyimes-völgyi népi gyógyászat*. Harmattan Kiadó, Budapest.
- Ambrus, G. – Kútvölgyi, M. (2005): *Ízes Erdély*. Timp Kiadó, Budapest.
- Balog, L (2010): *A gyimesfelsőloki Árpád-házi Szent Erzsébet Líceum születése*. Státus Kiadó, Csíkszereda.
- Dávid, L. (2009): *Turizmus-ökológia alapvetése*. II. Település Környezet Konferencia, Debreceni Egyetem Tájvédelmi és Környezettani Tanszék, Debrecen, pp. 55-61.
- Gergely, É. (2007): *Erdélyi ízek*. Pro-Print Könyvkiadó. Csíkszereda.
- Ilyés, Z. (2007): *A tájhasználat változásai és történeti kultúrtáj 18-20. századi fejlődése Gyimesben*. Eszterházy Károly Főiskola Földrajz Tanszék, Eger.
- Kövi, P. (2005): *Erdélyi lakoma*. Új Palatinus Kiadó, Szekszárd.
- Michalkó, G. (2010): *Boldogító utazás*. MTA Földrajztudományi Kutatóintézet, Budapest.

- Orbán, B. (2002): *A Székelyföld leírása történelmi, régészeti, természetrajzi s népismei szempontból.* Babits Kiadó (Reprint kiadás), Szekszárd.
- Posch, D. (2010): *Csángómagyarok Moldvában.* Lénia Kiadó, Székesfehérvár.
- Tankó, Gy (2008): *Öregek faggatása, történelem, életmód, sors Gyimesben.* Státus Kiadó, Csíkszereda.
- Zsigmond, E. (2009): *Csíki-havasok és Gyimes völgye.* Pallas-Akadémiai Könyvkiadó, Csíkszereda.

4. SVÁJC GASZTROTURIZMUSA

FEHÉR Patrik[27] – FÜREDER Balázs[28]

Bevezetés

Az elmúlt évtizedek során a globális turizmus számtalan drasztikus változáson ment keresztül, míg mára a világ második legnagyobb iparágává nőtte ki magát. A Föld lakosságának életkörülményeivel és fogyasztói szokásaival összefüggő trendek és változások (például a szabadidő növekedése, a tömegturizmus megjelenése) hatására éles verseny alakult ki a különböző turisztikai desztinációk között, ami a gasztro- avagy kulináris turizmus ágazatát sem hagyta érintetlenül (Blain et al. 2005, Fyall – Garrod 2005, Balakrishnan 2009, Smith – Costello 2009, Fehér 2012, Horng – Tsai 2012).

Kutatási eredmények alátámasztják, hogy a desztinációk helyi gasztronómiája, mint a kultúra és nemzeti identitás fő eleme, napjainkra az utazók egyik meghatározó motiváló faktorává avanzsálódott, emellett a régiókra jellemző fogások, évszaktól és időjárástól független, elsődleges attrakcióként is funkcionálnak, ami hosszútávon kalkulálható bevételforrást eredményez az erre tudatosan építő desztinációknak és szolgáltatóknak (Sánchez-Cañizares – López-Guzmán 2012). Emellett szignifikáns eredmények igazolják, hogy a turisták költésének átlagban közel 40%-a vendéglátóipari szolgáltatások és kapcsolódó tevékenységek igénybevételére került felhasználásra (Ab Karim – Geng-Qing Chi 2010).

Jelen kutatás szerzőpárosa Svájc kulináris turizmusának, illetve gasztronómiai jellemzőinek szekunder forrásokból történő összefoglalását tűzte ki elsődleges céljául, hogy alapos és olvasmányos tudásbázist nyújtson az olvasónak a témáról általánosságban, illetve egy nyugat-európai *"best practice"* példán keresztül.

---

[27] IBM, patrik.feher@gmail.com
[28] Kodolányi János Főiskola, bfureder@kodolanyi.hu

Emellett a svájci kulináris turizmushoz kapcsolódó egyéb turisztikai formák (például a fesztiválturizmus), valamint a kapcsolódó nemzeti, illetve regionális szintű marketingtevékenységek hatékonyságának bemutatása is a tanulmány szerves részét képezik.

2. Elméleti háttér

A kulináris turizmus fogalmával több szakirodalom is foglalkozott már behatóbban, és a turisták, valamint látogatók helyi fogások elfogyasztásával kapcsolatos élményszerzését foglalja magába a turizmus kontextusában (Ab Karim – Geng-Qing Chi 2010, Harrington – Ottenbacher 2010, Horng – Tsai 2012, López-Guzmán – Sánchez-Cañizares 2012). Másképpen fogalmazva azon utazásokat tartalmazza, melyek elsődleges motivációja a helyi ételek iránti kíváncsiság és ezáltal a desztináció kultúrájának megismerése. Ignatov – Smith (2006) jellemzése alapján a kulináris turizmus olyan utazások gyűjtőfogalma, ahol a regionális fogások mint a helyi kultúra elengedhetetlen elemének elfogyasztása, illetve az étel-, valamint élelmiszerkészítési eljárások megfigyelése szolgáltatja a turisták szignifikáns motivációját.

2.1. Gasztroturizmus avagy kulináris turizmus napjainkban

A gasztronómiát mint a turizmus iparának egy sajátos ágazatát korábban alternatív turisztikai terméknek tekintette a szakma, amely leginkább az utazók éttermi étkezéséből, valamint fizikai szükségleteinek kielégítéséből eredeztethető alaptevékenységeivel állt összefüggésben (du Rand – Heath 2006, Smith – Costello 2009).

Napjainkban azonban az állítás már nem állja meg a helyét. A turizmus mint önálló iparág egyre jelentősebb globális térnyerése átfogó szervezetek és keretrendszerek létrehozására késztették a különböző desztinációk döntéshozóit, melynek hatására az elmúlt évtizedekben megalakultak az első desztináció menedzsment szervezetek (DMO[29]), amelyek fő küldetésüknek tekintik a rendelkezésre álló források aggregálását és ezáltal a desztináció versenyképességének növelését, valamint hatékony promótálását a meghatározott célcsoportok és kereslet irányába (Bieger 2008, Middleton et al. 2009, Fehér 2012).

Napjainkban a kulturális turizmus a nemzeti identitás és a helyi kultúra szerves elemének tekinthető, melyet a helyi felelős szervezeteknek megfelelő mértékben kell beépíteni a promóciós stratégiájukba a célzott desztináció imázs létrehozása, annak későbbi ápolása, valamint a versenyképes desztináció marketing alkalmazása során (du Rand – Heath 2006). A gasztronómia emellett a mezőgazdaság fejlődésének egyik elismert mozgatóereje, ezáltal hozzáadott értéket képes generálni a desztináció gazdasági mutatóira, az elsődleges turisztikai

---

[29] DMO = destination management organization

szuprastruktúrára és a szolgáltatók, lakosok életszínvonalára vonatkozóan (López – Martín 2006). Kaspar 1992-ben hagymaszerű rétegekből álló rendszerként ábrázolta a turizmus rendszerét. Az említett „héjak" az infrastruktúra, valamint a két részből álló (elsődleges és másodlagos) szuprastruktúra (Michalkó 2004). A turisztikai szuprastruktúra a desztináció teljes szálláshely és vendéglátóipari kínálatát, valamint az igénybevett szolgáltatásokat is magába foglalja, melyek a lokális turizmus szerves részét képezik. Ezen tényeket figyelembe véve a desztinációra jellemző gasztronómia napjainkra a turizmusmarketing és a tudatos imázsépítés egyik legrelevánsabb építőelemeként kezelt faktor (van Westering 1999, Hall et al. 2003, Cohen – Avieli 2004, Ignatov – Smith 2006, Fehér 2009, Smith – Costello 2009, Ab Karim – Geng-Qing Chi 2010, Horng – Tsai 2012).

A kulináris turizmuson belül számtalan különböző tevékenységet tudunk elkülöníteni, melyeket a turisták a desztinációban tartózkodásuk alatt űzhetnek vagy vehetnek igénybe. Ilyenek például az éttermi étkezésen kívül a gyárakban, manufaktúrákban és a vidéki gazdaságokban tett látogatások, illetve a különböző gasztronómiai szemináriumokon, tematikus fesztiválokon, borfesztiválokon történő részvétel (Füreder et al. 2011, Sánchez-Cañizares – López-Guzmán 2012).

2.2. A gasztroturizmusban rejlő marketinglehetőségek

A legtöbb esetben az étel és a kulináris fogások önmagukban nem minősülnek elegendő erőforrásnak és attrakciónak a turisták érdeklődésének felkeltésére. Ugyanakkor meghatározó jellegükből eredendően, a kulturális örökség szempontjából fontos szerepet betöltő kulináris fogások pontos beazonosítása, és az ezekre épülő szolgáltatások, avagy szuprastruktúra fejlesztése kulcsfontosságú momentum mind globálisan, mind lokálisan a hosszútávon fenntartható és versenyképes desztináció marketing, valamint a branding stratégia kialakítása szempontjából. A kulináris turizmus továbbá sok esetben önálló témát szolgáltat különböző fesztiváloknak, vagy sok esetben önmagában a desztinációnak is (például Hongkong, Szingapúr). Nem utolsósorban a desztináció hatékonyan promótált különleges gasztronómiája a turisták újabb látogatását, illetve visszatérésének motiválását is képes elérni, ami újabb bevételeket generál a gasztroturizmus és a fesztiválturizmus által (Pike 2004, Kivela – Crotts 2005, du Rand – Heath 2006, Hashimoto – Telfer 2006, Ignatov – Smith 2006, Stewart et al. 2008, Horng – Tsai 2012).

A turizmus szektorban végbemenő trendváltás eredményeként túlnyomó többségbe kerültek a gyakoribb, ugyanakkor rövidebb időtartamú utazások, amelyek tökéletes táptalajt engednek a fesztiválturizmusnak, amely napjainkban a szektor egyik leggyorsabb ütemben fejlődő ágazata (Harrington – Ottenbacher 2010, Sánchez-Cañizares – López-Guzmán 2012, Smith – Costello 2009). A gasztroturizmus és a fesztiválturizmus szemszögéből nézve egyaránt kritikus pontnak számít a hatékony, kifelé irányuló kommunikáció, amely leggyakrabban az életmódhoz és a turizmushoz kapcsolódó tömegmédián keresztül jut el a célcsoportokhoz. Ebből adódóan ezen csatornák folyamatos aktualizálása és nyomon követése a DMO-k elsődleges feladatai között kell, hogy szerepeljen. A feladatok között érdemes még kiemelni a különböző gasztronómiai értékekre építő tematikus utak kialakításának, valamint karbantartásának és promótálásának jelentőségét, mivel ezek kulináris és aktív, oktató jellegű funkcióval bírnak a turisták irányába (López – Martín 2006, Horng – Tsai 2012).

2.3. A svájci gasztronómia általánosságban

Svájc nem kifejezetten a mezőgazdaságilag termékeny területeiről ismert,[30] mivel domborzati viszonyai miatt az ország háromnegyede gazdálkodásra alkalmatlan. A növényi eredetű élelmiszerek csaknem felét külföldről kénytelenek beszerezni. Az országban előállított nyersanyagok közül jelentős a búza, a rozs és a szőlő termelés. A svájci szőlősgazdák évente 1 millió hektoliter bort erjesztenek, ezek különleges zamata a Genfi-, Neuchâteli-, és Zürichi-tó vize által visszavert extra napsugárzás segítségével alakulhat csak ki. Az állattenyésztés ágazatában élen járnak a szarvasmarha-tenyésztők, akik az Alpok legmagasabb vidékein, a kristálytiszta levegőn nevelik jószágaikat (1. kép). Az állatok tejéből sajtokat, tejport és nem utolsó sorban csokoládét készítenek. Svájc mezőgazdasági kivitelének csaknem 70%-át a különböző sajtok alkotják. További jelentőséggel bír még az állattenyésztés terén a 1,5 milliós sertésállomány, mely a hústermelés 50%-át teszi ki (Szegedi et al. 2007).

Svájc történelmének kialakulásában nagy szerepet játszottak a betelepült népek és azok szokásai. Ez és az egyéni kulturális attitűdök ugyancsak hatást gyakoroltak a gasztronómiára. A sokszínű svájci konyha a francia, olasz és a német konyhakultúrából táplálkozik, de emellett észrevehetőek még osztrák vonások is. Kedvelik a kiadós reggeliket, ebéd közben fontos szerepet játszik a leves[31], utána főételt, majd desszertet fogyasztanak. Vacsorára az előétellel kezdődő teljes étrend általánosnak mondható. Szeretik a különféle borokat, amelyeket gondosan, az ételekhez illően választanak ki. A kávét általában tejjel isszák, és szinte minden étkezés után szívesen kortyolgatják (Tusor – Sahin-Tóth 2005).

---

[30] Az éves GDP-nek mindösszesen csak 2%-át állítják elő a mezőgazdaságban.

[31] Julius Maggi 1885-ben, egy zürichi kiállításon mutatta be az általa feltalált első terméket, melyet „Borsó-tészta-levesliszt"-nek nevezett el, és elnyerte vele a vásár legmagasabb kitüntetését. A levesliszt gyakorlatilag egy zöldségfélékből, fűszerekből és egyéb alkotókból kifejlesztett konyhakész termék volt. Maggi és riválisa, Carl Heinrich Knorr közel egy időben vették észre, hogy a nőknek az évről-évre hosszabbodó munkahét miatt egyre kevesebb idejük van a konyhában sürgölődni (Teuteberg 2007). Ettől fogva – nem csak Svájcban, hanem az egész világon – a családi vacsoraasztalokra egyre nagyobb arányban kerültek az úgynevezett „por alapból" készült ételek és levesek.

Svájci állattartás

Fotó: Fehér Patrik

A tejtermékek kifejezetten népszerűek, hiszen a mezőgazdaság gyakorlatilag a tejipar (2. kép) minél professzionálisabb kiszolgálására rendezkedett be. Ezeket szinte minden ételtípushoz felhasználják, így természetesen a svájci konyhakultúra két prominens ételének: a fondue-nek és a raclette-nek az alapját is a helyi sajtok képezik. A húsok közül kedvelik a marhát, melyek tartása igen elterjedt az ország egész területén, de fogyasztanak borjút, sertést, szárnyasokat és vadakat is (elsősorban a nemesebb, magas minőségű húsrészeket). A főzelékek és saláták készítésénél a francia és az olasz hagyományok dominálnak. A zöldségeket vajban készítik, a salátákat öntettel, önálló fogásként fogyasztják. A „Rösti", ami főtt, apróra darabolt, vajon megpirított burgonyából áll, nemzeti eledelnek számít. A hideg- és a melegkonyhai fogások elkészítésének tekintetében, mindig a legmodernebb irányzatokat követik, és berendezéseket használják, valamint magas fokon űzik a cukrász mesterséget is, beleértve az olasz régiókban készített, jellemző parfékat és fagylaltokat (Tusor – Sahin-Tóth 2005).

Egy svájci reggeli elmaradhatatlan kellékei

Fotó: Fehér Patrik

2.4. Svájc turizmusa – számok és statisztikák

Svájc életében kiemelkedő szerepet játszik mind maga a turizmus, mind annak szuprastruktúrája. A turizmus a hatodik meghatározó bevételi forrás Svájc gazdasági életében, a tulajdonságaiból fakadó láthatatlan exportnak is köszönhetően. A turizmus további multiplikátorhatást eredményez, például azon keresztül, hogy a nagy húsfelhasználás extra bevételt jelent a gazdáknak és a henteseknek, és így több adóbevételhez juttatja magát az államot is. Svájc munkaképes lakosságának több mint 60%-a (2.842.600 fő) a szolgáltató-szektorban dolgozik. Ezen belül az egyik legtöbb embert foglalkoztató ágazat a vendéglátás, ami 209.920 főt és 8.472 tanulót jelentett 2014-ben[32].

Svájcban több mint 28.000 vendéglátóhely található, amely a hazánkban tapasztalható érték 75%-a (Fehér 2009). E vendéglátóhelyek – csak a leglényegesebb értékeket megemlítve – 85%-a étterem és 15%-a étteremmel rendelkező szálloda[16]. Érdekes megemlíteni, hogy hazánkhoz hasonlóan az alpesi

---

[32] www.swisstourfed.ch/files/infothek/Vademecum/2016/StiZ_de.pdf (letöltve: 2016.08.26.)

országban is elenyésző a tájegységi konyhát felvállaló vendéglátóhelyek aránya (Fehér et al. 2010).

3. Kutatási módszertan

Jelen kutatás módszertani gerince átfogó, a svájci kulináris turizmust mint önálló témát lefedő szekunder forráselemzésre épül, amelynek portfóliója mind tradicionális, mind online információs forrásokat is tartalmaz, a Schweiz Tourismus és kantonális marketingszervezetek által kiadott információs kiadványoktól egészen a gasztrorégiók által egyénileg üzemeltetett weboldalakig.

A kutatási ötlet megfogalmazását követően először a Schweiz Tourismus marketingszervezet weblapján megtalálható német, angol, illetve francia nyelvű marketingkiadványok közül célirányosan kiválogattuk a gasztronómiával foglalkozó anyagokat, amelyeket a szervezettől postai úton, nyomtatott formában rendeltünk meg. Egyes, gasztronómiai szempontból kiemelkedően jelentős régiók (például a Genfi-tó régió) esetében, további nyomtatott kiadványok után kutattunk a helyi desztináció menedzsment szervezetek weblapjain, hogy ezáltal is átfogóbb képet tudjunk nyújtani a helyi különlegességekről. Aargau régió, mint a legfiatalabb önálló turisztikai régió esetében az adatgyűjtés kizárólag online források formájában volt lehetséges a papír alapú források átmeneti hiánya miatt.

Az összegyűjtött nyomtatott források tartalmát kvalitatív módon, szisztematikusan kezdtük analizálni a gasztronómiára és gasztroturizmusra vonatkozóan, majd célirányosan további internetes források után kutattunk az összegyűjtött információmennyiség minőségi kiegészítésének érdekében. A nyomtatott és online források kombinálásával egy rendkívül informatív elegyet kaptunk a svájci gasztroturizmusra vonatkozóan, amelyet területi egységenként, Francia-Svájcból kiindulva, Olasz-Svájcon keresztül Svájc német ajkú részével bezárólag öntöttünk formába a helyi adottságok és szokások minél alaposabb bemutatására fókuszálva.

A gasztrorégiók és adottságaiknak ismertetését követően a svájci aktív gasztroturizmust, illetve a kapcsolódó fesztiválturizmust – mint kapcsolódó ágazatokat – vettük górcső alá. Mind az alaptémához, mind a kiegészítő szolgáltatásokhoz kapcsolódó jövőbeli primer kutatásra vonatkozó ötletek a tanulmány végén kerültek részletesebb megfogalmazásra.

4. Eredmények

4.1. Nemzeti szintű marketingtevékenység

A Schweiz Tourismus nevű szervezet az alpesi ország nemzeti idegenforgalmi marketing szervezete. Fő törekvése a svájci üdülés iránt érdeklődők teljes körű kiszolgálása, intenzív kooperáció útján, amelyet az egész világon létrehozott külképviseletei segítségével folytat[33].

A „*Grand Tour of Switzerland*" Heidiland állomása

Fotó: Fehér Patrik

Korunk egyik legnagyobb vívmánya, az 1960-as évektől folyamatosan fejlesztett internet nyitottabbá tette a világot és kitágította a határokat a turisztikai kereslet és kínálat számára egyaránt. A Schweiz Tourismus példaértékű weblapot üzemeltet, ahonnan az országba látogatók a főbb világnyelveken minden fontos információhoz hozzájuthatnak a nemzeti gasztronómiáról, látnivalókról, a felkeresésre érdemes, minősített éttermekről, valamint magáról az országról[34]. Az említett oldalon a pontos, fotókkal tarkított leírások mellett találhatunk egy beépített programot is, melyet bárki ingyenesen használhat és virtuális Grand Tour-t tehet a svájci látványosságok és gasztronómia világában (3. kép)[35]. A virtuális túra és a megannyi információ mellett számos gasztronómiára építő, azt elsődleges motivációként kezelő utat és ajánlatot is találhat az érdeklődő. Svájc tudatosan felismerte gasztronómiájának kiemelt szerepét a turizmusban, és ezt igyekszik minél különlegesebb, hónapról-hónapra frissülő csomagajánlatokkal profittá alakítani. A weboldalon gasztronómiai régiókra lebontva találjuk az egy-,

[33] www. infovilag.hu/data/files/123232584.doc (letöltve: 2016.08.26.)
[34] www.myswitzerland.com/en-de/home.html (letöltve: 2016.08.26.)
[35] www.grandtour.myswitzerland.com/en/ (letöltve: 2016.08.26.)

57

kettő- olykor többéjszakás csomagokat, melyeket a régiók kiemelt, kulináris élményt nyújtó szállodáira és helyi gasztronómiai különlegességeket gyártó műhelyeire alapoztak[36].

4.2. A régiók kulináris jellemzői

A Tessin régióban tapasztalható mediterrán klíma, a pálmafák és a tradicionális alapanyagok szöges ellentétben állnak a hegyekben található időjárással és gasztronómiai mesterségekkel. Kijelenthetjük, hogy Svájc a világ egyik legsokoldalúbb konyhájával és gasztronómiájával büszkélkedhet, melynek köszönhetően a svájci konyha remekművei – mint például a *Raclette*, a *Fondue*, vagy a *Zürcher Geschnetzeltes* – majdnem akkora hírnévvel rendelkeznek, mint maga a Matterhorn hegycsúcs (Schweiz 2009b).

A régiók gasztronómiái egyes tulajdonságaiban hasonlóak, másokban eltérőek. Az összekötőkapcsok a sajt, a bor és a csokoládé. Ez a három jellemző árucikk majdnem az összes régió gasztrokultúrájában megtalálható, azonban a legtöbb területen a több száz éves hagyományok és a kulturális sokszínűség hatására jellemző, helyi termékek alakultak ki (Klein – Klein 1999).

4.2.1. Sajtok

Svájcban legalább 150 féle sajtot állítanak elő (Balázs 2016), amelyek közül mindegyik valamilyen egyedi karaktert hordoz magában. A kristálytiszta hegyi levegőn, alpesi füvet legelő tehenek teje igazi kulturális kincs. Ez a közös kiindulópontja a mesteri sajtkészítményeknek, azonban a további eljárások és folyamatok innentől számtalan variációt öltenek.

A svájci sajtkészítés egyik legismertebb remeke az *emmentáli sajt*, amely több száz éves múltra tekint vissza és 2006 óta büszkén hordozza az AOC[37] kitüntetést, mely az ellenőrzött eredet és minőség egyezményes védjegye. Számos kantonban készítik, súlya akár 110 kg is lehet. Lyukacsos jellege és jellemző lágy íze tette a „*sajtok királyává*" (Case 2009).

A svájciak szerint az égiek akarata volt, hogy a *Gruyère AOC* nevű sajt megszülessen, így kiemelt figyelemmel kezelik. Ezt az is mutatja, hogy – amolyan felsőbb rangra emelve – a francia névelőt, azaz a „*Le*" szócskát is elé helyezték. A Gruyère sajt történetét Greyerz grófjától tudhatjuk, aki az 1113-as esztendőben jegyezte fel tapasztalatait Rougemont település kolostora közelében. A sajt érlelési ideje 5 és 18 hónap között változhat, majd az érlelés után sós vízzel mossák le. Így kapja a Gruyère jellegzetes zamatát és ezáltal érdemelte ki az AOC minősítést (Schweiz 2009b).

---

[36] www.myswitzerland.com/de/interests/food-and-wine-related-info.html (letöltve: 2016.08.26.)
[37] AOC = Appellation d'origine contrôlée

A Bodeni-tó és a Säntis-masszívum között megbújó terület a legpikánsabb svájci sajt őshazája. A levédetett márkajelzésű *appenzelli sajt* különlegessége a speciális fűszerköpeny, amivel a sajt külsejét bekenik. 3 hónap érlelés után fogyasztásra kész a *"milder"*, azaz lágyabb, 4 hónap után a *"surchoix"* és legalább 6 hónap után az *"extra"* változat. A stabil, magas szintű minőségért Appenzell-belső és -külső, Thurgau, valamint St. Gallen kantonok közösen felelnek (Case 2009, Schweiz 2009b).

4. kép

Egy szerzetes, egy Girolle és számtalan Tête de Moine

Fotó: Füreder Balázs

A XII. század derekán, a Berni Jurában található Bellelay város kolostorában készítettek egy henger alakú, félkemény sajtot, amelynek igazi különlegessége az állagában és a felvágási módjában rejlik. A szintén AOC védjeggyel ellátott *Tête de Moine AOC* sajtból egy speciális, Girolle-nak nevezett eszközzel (4. kép), körkörös mozdulattal, apró sajtrózsákat formáznak. A *"rózsák"* levegővel érintkezve azonnal kiadják kellemes aromájukat. Korábban a Tête de Moine-t (*"szerzetesek feje"*) számos helyen készítették, azonban a szigorú AOC-előírások hatására mára kizárólag a Jura régió 10 kiemelt sajtkészítő műhelyében érlelhetik (Case 2009, Schweiz 2009b).

Az egyik leghosszabb érlelési idővel készülő és egyben a legnagyobb hagyománnyal rendelkező sajtok közé sorolandó tejterméket mindössze 32 helyen készítik Belső-Svájcban. A *Sbrinz* sajtot legalább 18 hónapig kör formában érlelik, majd a 24. hónap után apró darabokra bontják, és legtöbbször előételek kísérőjeként, sajttálakon, és reszelt sajt formájában kerül a gasztronómiára éhes utazók elé. A Sbrinz szintén AOC minősítést érdemelt ki az évek során (Schweiz 2009b).

A Waadt kantonban, idilli környezetben található Vallée de Joux környékén, minden év szeptembere és következő év áprilisa között készítik a *Vacherin Mont-d'Or AOC* nevű lágysajtot. Az előkészített tejet fenyőfadobozokba töltik, és pincékben addig érlelik, amíg krémes állagú nem lesz. Kenyérrel és burgonyával szobahőmérsékleten vagy kemencében felforrósítva szokták fogyasztani (Schweiz 2009b).

Az 1893-ban a kelet-poroszországi Tilsitből, Thurgau kantonba hazatért Otto Wartmann egy leírást is a magáénak tudhatott. Az évek során finomította, alakította a recepturát, míg végül létrehozott egy igazi kuriózumot a *Tilsiter* sajtot[38]. Ez a semmihez sem fogható svájci gasztronómiai élmény a maga 3,5 és 5 hónap közötti érlelési idejével, sokkal gyorsabban elkészül, mint a többi sajtkészítmény (Case 2009, Schweiz 2009b).

Létezik egy sajt, melynek jelképe és logója egy bakkecske, az összefüggés pedig nem alaptalan. A *Bündner Bergkäse* kizárólag az 1000 méteres magasság fölött legelésző tehenek friss tejéből készülhet. Az ősi recept alapján csupán néhány műhely foglalkozik a közel 9 hónap érlelési időt igénylő aromás sajt készítésével, amely Graubünden kanton országos hírű büszkesége (Schweiz 2009b).

Bizonyára mindenki hallott már a *fondue*-ről, amelynek alapja a sajt[39]. A speciális üstöt bedörzsölik fokhagymával, többféle sajtot (például gruyère, emmentáli, appenzeller stb.) válogatnak össze, majd borban (esetleg sörben) felfőzik a sajtdarabokat. Forrás közben cseresznyepálinkát vagy konyakot öntenek hozzá, végül ízlés szerint fűszerezik bors, paprika, szerecsendió hozzáadásával. Mikor kellően besűrűsödött (pálinkában feloldott keményítővel rásegíthetnek), apróra darabolt kenyérrel és általában borral fogyasztják (Balázs 2016, Tusor – Sahin-Tóth 2005).

---

[38] A Tilsiter németországi változata egy másik sajtfajta: cipó alakú, félkemény, mosott kéreggel és rugalmas tésztával rendelkezik, amelyet kis repedések borítanak. Ellenben a svájci Tilsitert kétkilós korongokká formázzák és a sárgás tésztáját borsó méretű lyukak pettyezik (Case 2009).

[39] Manapság találkozhatunk csokoládé-, illetve húsfondüvel is.

4.2.2. Borok

A svájciak többsége szereti és nagyra értékeli a borokat. Nem véletlenül van ez így, mivel Svájcban a borkultúrának és bortermelésnek évezredes hagyományai vannak. Napjainkban is borászok százai ápolják ezen ősi hagyományokat és palackozzák az ország legkiválóbb nedűit. A svájci borászat sokszínűsége az ország imázsának kialakításában is óriási szerepet játszott. A Genfi-tó melletti turisztikai régióban található *Lavaux* borvidék – amely Lausanne és Chillon települések között húzódik, végig a part mentén – kulturális és természeti jelentőségének köszönhetően, 2007-ben felkerült az UNESCO által létrehozott Világörökségek listájára is[40]. Az ország összes nagyobb borvidékén kiváló marketingtevékenységgel rendelkező, romantikus vándorutak és tematikus borutak várják a kalandra és nem mindennapi élményre *„szomjazó"* látogatókat.

5. kép

Sokszínű borospolc

Fotó: Fehér Patrik

Svájcban a borászok nem igazán ismerik a nagy tételben palackozott borok fogalmát. Az ország szőlészetei meredek hegyoldalakon találhatóak és mivel ezeket nem könnyű megművelni, így viszonylag költséges a borok előállítása.

---

[40] whc.unesco.org/en/list/1243 (letöltve: 2016.08.26.)

Azonban az eltérő talaj- és klímaadottságok tökéletes alapot szolgáltatnak a legmagasabb minőség előállításához. Minden borász büszkélkedik valamilyen egyedülálló szőlőfajtájával, amelyet saját szakértelmével és odafigyelésével párosítva kiváló minőségű bor formájában ad tovább. Mindegy, hogy *pinot noir* vagy *chasselas, walliser* vagy *petite arvine*, esetleg *tessin-i merlot*: minden svájci bornak megvan a saját karaktere, jelleme és hamisíthatatlan zamata. Svájc területén csaknem 100 különböző szőlőfajtát termesztenek, ebből csak Wallis régión belül nem egészen ötvenet fellelhetünk (5. kép).

Azonban még az általában kis mennyiségben palackozott borok mellett is büszkélkedhet ritkaságokkal a svájci borkultúra. Ezek közé tartozik a *Zürcher Räuschling*, a Tessin régióból származó *Bondola*, a graubündeni *Completer,* vagy a „*Gleccserbor*" amit kizárólag a Wallis térségben fekvő Grimentz falvacskában állítanak elő. A leghíresebb kuriózum azonban a *Heida* elnevezésű bor, ezt a szintén Wallis kantonban található Visp városától nem messze, 1150 méteren termelnek (Európa legmagasabb borvidéke) és palackoznak (Balázs 2016, Johnson 1996, Schweiz 2009b).

4.2.3. Csokoládé

A közhiedelemmel ellentétben a svájciaknak nem csak magát a tejcsokoládét köszönheti a világ, hanem a különböző pralinékat, trüffeleket és egyéb ínyencségeket[41]. Minden településnek megvan a saját, összetéveszthetetlen, egyedülálló csokoládékreációja, híres cukrászdája és csokoládémanufaktúrája (6. kép). A különböző régiókban megtelepedett csokoládégyárakat a *Chocosuisse* elnevezésű szervezet koordinálja és fogja össze. A szövetségnek jelenleg 18 aktív tagja van, többek között olyan illusztris cégek, mint például a *Lindt,* a *Cailler* vagy a *Villars,* amelyek termékei számos országban megtalálhatóak[42].

A németek mögött a svájciak nassolják el a legtöbb csokoládét a kontinensen[43]. Igaz, az elmúlt években folyamatosan csökkent a fogyasztás, de még 2015-ben is 11,1 kilogramm csokoládét majszoltak el fejenként![44]. A csokoládéra való rászoktatás már iskoláskorban elkezdődik: a csokoládés kenyér, azaz a „*Brot mit Schoggi*" teljesen átlagos tízórai, illetve uzsonna a svájci diákok körében. Ezek után senki sem lepődik meg azon, ha a svájciak legkedveltebb forró itala a forró csokoládé egy kis tejszínhabbal a tetején, azaz „*Heissi Schoggi*". A csokoládé-iparág gazdasági jelentőségét az is mutatja, hogy az országban készült csokoládék és egyéb édesipari termékek 75%-a exportra kerül (Schweiz 2009b).

---

[41] www.myswitzerland.com/de-de/erlebnisse/essen_trinken/mood/mmmh-schokolade.html (letöltve: 2016.08.26.)

[42] www.chocosuisse.ch/de/uber-uns/mitglieder/ (letöltve: 2016.08.26.)

[43] www.kaufda.de/info/schokoladenkonsum/ (letöltve: 2016.08.26.)

[44] de.statista.com/statistik/daten/studie/369440/umfrage/pro-kopf-konsum-von-schokolade-in-der-schweiz/ (letöltve: 2016.08.26.)

St. Moritz – Hanselmann Cukrászda remekei

Fotó: Fehér Patrik

4.3. Svájc turisztikai régiói

Hazánkhoz hasonlóan Svájc területét is turisztikai régiókra bontották a felsőbb törvényalkotók, mivel a 26 kantonból álló kantonrendszer az ország turizmusának koordinálásához elégtelennek bizonyult. Svájc területén jelenleg 14 turisztikai régiót különböztetünk meg (1. ábra), ezek alapján jöttek létre a gasztronómiai régiók is.

1. ábra

Svájc turisztikai régiói

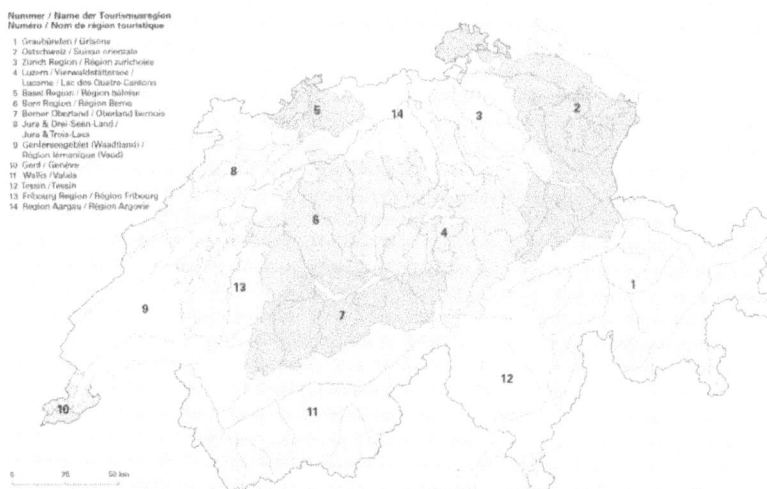

Forrás: www.swisstourfed.ch/files/tourismus/rahmenbedingungen/RegionenkarteBFS2015.pdf

4.3.1. Genfi-tó régió

Az ország délnyugati csücskében található turisztikai és gasztrorégió kiemelt vonzereje a Genfi-tó. A régió kulturális központjának kikiáltott Lausanne és környéke mind repülővel, mind vasúton és autóval egyaránt könnyedén megközelíthető. A hegyláncok és a tó védőrendszeréből fakadó speciális délszaki mikroklímának, valamint a különböző konyhakultúrák befolyásának köszönhetően egy különleges gasztronómiával és kultúrával rendelkező terület alakult ki, és a Lausanne / Montreux – Vevey alrégióval osztozva magába foglalja az UNESCO világörökségnek számító *Lavaux* borvidéket is.

A régióban szinte minden a gasztronómiáról és a hedonista élvezetekről szól. Az úgynevezett *„Art de vivre”*, az élvezetek művészete különösen alkalmazott életszemlélet a Genfi-tó környékén (Schweiz 2009b). A piacok forgatagának zaja, a tóból kifogott friss halak és a helyi sajtok illata, egy pohár termelői bor zamata lebilincselő összhatást gyakorol az érzékszervekre. A tóparti települések kedvező adottságai, kulináris örökségei a gasztroturisták kíváncsiságát is teljesen kielégítik. Átvitt értelemben úgy is fogalmazhatnánk, hogy a Genfi-tó régió fölött mindig *„csillagos”* az égbolt, hiszen a világon ezen a területen található a legtöbb Michelin-csillaggal és Gault&Millau-sapkával kitüntetett étterem, ahol tárt kapukkal várják az érdeklődőket (Vaud 2009a).

Lausanne-t Svájc gourmet fővárosának is szokták nevezni. A kis kávézók és a luxuséttermek, a helyi specialitások, illetve a molekuláris konyha remekei jól megférnek egymás mellett a gasztronómia e fellegvárában, de persze nem utolsó sorban itt alkot a három Michelin-csillagos Frédy Girardet is (Schweiz 2009a).

Burgonya, póréhagyma és egy szaftos sertéskolbász káposztával. Ez a kvartett alkotja a Genfi-tó régió lakosainak kedvenc fogását, a *Papet Vaudois*-t. Az étel története több mint 1100 éves múltra tekint vissza. Diadalmenetét egy apró Orbe nevű falucskából kezdte meg. A legenda szerint az akkoriban odalátogató Károly császár, valamint két unokaöccse és kísérőik rendkívül sokat étkeztek és ennek köszönhetően néhány hét alatt gyakorlatilag elfogyott a település teljes húskészlete. A húshiány miatt a kolbászhúst káposztával tették tartalmasabbá, és ezt szolgálták fel az előkelőségeknek. A Papet Vaudois sikere pedig a mai napig töretlen (Vaud 2009b). A régió másik híres gasztronómiai remeke a *Malakoffs*. Ez egy Gruyère sajtból és tojásból készülő, golyó alakú fánkocskákból álló fogás, amelynek receptjét 1854/55-ben, a Krímben harcoló nyugat-svájci katonák tökéletesítették és honosították meg hazájukban.

A különleges aromájú sonkák, a szaftos kolbászok (például a *Boutefas,* a *Saucisson vaudois*), a híres sajtok (*Vacherin Mont-d'Or AOC, L'Etivaz AOC),* illetve a fehér chasselas és a vörös pinot noir szőlőből palackozott minőségi borok teszik teljessé az étkezéseket és a francia-svájci életérzést. További jellegzetes helyi terméknek számítanak még a különböző gyümölcsök, például az alma és a körte, amelyeket befőttként és gyümölcskoncentrátumként dolgoznak fel, és különböző desszertekhez, palacsintákhoz, süteményekhez kínálnak (Schweiz 2009b).

Montreux és környéke a Genfi-tó gasztrorégió része. A helyi alapanyagok közül leginkább a *sügért* kell megemlítenünk. Ezt előszeretettel „*Eglifilets à la meunière*"-nek, azaz molnárné módra készítik el, vagy sütve és helyi fehérborokból kreált mártással tálalják. A képzeletbeli lista második helyén a *pisztráng* áll. A pisztrángot számtalan módon – egészben, filézve, füstölve, terrine-ként vagy mousse-ként – kínálják a környéken élők. A halak frissességét a korán reggel kihajózó hivatásos halászok garantálják. Az első osztályú zsákmány a reggel nyitó piacokon cserél gazdát. Ilyenkor Lausanne, Montreux és Vevey települések kikötői hemzsegnek a kisebb-nagyobb csónakoktól, és a halászok gondoskodnak arról, hogy napról-napra megteljen a levegő a halak jellegzetes illatával (Schweiz 2009b).

A halak mellett a sajtoknak is nagy szerep jut a vidék gasztronómiájában. A „*Tomme vaudoise*" egy keményebb burkú, krémes struktúrájú lágysajt. A tulajdonságai miatt igazán ideális desszertsajt, sajttálak megkoronázója és zöldségek, saláták tökéletes kísérője.

A desszertek terén két kiemelkedő édességet kell megemlítenünk. A „*Pavés Tony*" Lausanne óvárosából, a Rue de Bourg mellől származik. Ez a töltött, csokoládéval bevont finomság a legtöbb cukrászda kínálatában megtalálható és a klasszikus változat mellett cseresznyével, abszinttal és damassine-nal ízesített variánsai is kaphatóak. A másik híres termék a „*Bouchons vaudois*" nevű, mandulás pralinéval töltött kekszféle, ezt azonban sajnos csak kevés cukrászdában készítik. A „*Bouchon*" szó eredetileg egy szójátékot jelöl és a csap és a száj francia megfelelőinek keresztezéséből alakult ki.

A felsorolt produktumok mellett a régió igazi büszkesége azonban a már említett, több mint 800 hektár alapterületű Lavaux borvidék. A Lavaux-ban található szőlők a Waadt kantonban található bortermelő vidékek 21%-át teszik ki. A már bevált és jellegzetes szőlőfajták mellett régebben elfeledett típusokat is betelepítettek erre a vidékre. Így tért vissza a köztudatba, az egyik legmarkánsabb, rusztikus ételekhez passzoló helyi vörösbor, a „*Plant Robert*" is, melyet Cully környékén palackoznak. A Lavaux borvidéken kívül említésre méltó még a mindösszesen 36 hektáron, Lausanne közelében elterülő nyitott borvidék, amely 1803 óta a pinot noir szőlőfajta termesztéséről híres. Minden év decemberének második szombatján a lausanne-i városházán elárverezik az aktuális szüret után készre erjedt nedűket, és ilyenkor számos csúcskategóriás étterem borlapján találkozhatunk velük (Schweiz 2009b).

4.3.2. Genfi régió

Genf maga a multikulturális gasztronómia. Svájc délnyugati csücskében közvetlenül a francia határ mellett fekszik és konyhájára nagyban hatott a francia kulinária. A város a Mont Blanc és a Jura hegység ölelésében terül el, a Rhône folyó tóból kivezető ágánál (Wierdl 2009). Genfnek különleges kulináris értékei vannak, első osztályú autentikus fogások és minőségi, zamatos borok várják az idelátogatókat.

A helyiek kedvenc fogása a *„Longeole"*. A sertéshúsból és édesköménymaggal dúsított speciális fűszerkeverékből készülő kolbászt két és fél, három órán keresztül főzik, majd lencsével és sósburgonyával vagy burgonyagratin-nal tálalják. Előszeretettel fogyasztják a téli hónapokban és természetesen a genfi városi fesztivál – az Escalade – egyik legkedveltebb éhségűzője is (Schweiz 2009b). A húsok tekintetében a régió másik jellegzetes étele a parasztos sertésragu, azaz a *„Fricassée"*. A *„Fricassée de porc à la genevoise"* igazi különlegessége, hogy a legjobb minőségű sertéshúst friss vér hozzáadásával készítik el.

A *„cardon"*, azaz a spanyol articsóka a környék és a szomszédos Waadt-kanton egyik jellegzetes zöldsége. Ízben nagyon hasonló a sima articsókához és a hidegebb, téli évszakokban előszeretettel fogyasztják. A cardon a XVII. században a menekülő hugenották által honosodott meg Genfben.

Genf környékén, a korábban jellemzett régiókhoz hasonlóan, szintén a borok dominálnak. Ezek közül kiemelkedik a *„gamaret"*, egy vörös szőlőfajta, amely a gamay, valamint a reichensteiner fajták keresztezéséből született meg. Erős ellenálló képessége miatt hosszabb erjedési időre van szüksége, ám szikrázóan tiszta színe, fűszeres és gyümölcsös zamata kárpótol a fáradozásért. Leginkább grillételekhez ajánlott bortípus.

Édességek tekintetében ki kell emelnünk a *„Rissoles aux poires"* nevű körtével töltött tésztakülönlegességet. Jellemzően karácsony táján szokták készíteni a háziasszonyok, az úgynevezett Krapfenbirne felhasználásával, amelytől a töltelék különösen gyümölcsös és leveses lesz (Schweiz 2009b).

4.3.3. Wallis régió

Wallis kanton az alpesi ország egyik legrosszabb geográfiai feltételekkel rendelkező területe. A kanton neve völgyet jelent, ez nem is meglepő, hiszen területén számtalan hágó fut keresztül (például a Nagy Szt. Bernát-hágó). A terület domborzati viszonyai nagyban megnehezítik a lakók mindennapos életét a mezőgazdaságtól kezdve a közlekedésig. Olyan híres csúcsok találhatóak a kanton területén, mint az Aletsch-gleccser (4195 m), a Jungfrau (4158 m), vagy a Toblerone csokoládé és egyben Svájc jelképévé vált Matterhorn (4477 m). A kanton 20%-a az örök hó birodalmában, 60%-a pedig 2000 és 4000 méter közötti magasságon található, és csak a maradék 20% alkalmas nagyobb lélekszámú lakhatásra és mezőgazdaságra. Ez a kis hányad a Rhône völgyére koncentrálódik. Az alacsonyabb területeken a Rhône mocsarainak lecsapolása mellett a folyóból öntöznek, míg 2000 méter fölött egy a világon egyedülálló vízvezetékrendszert hoztak létre, amely lehetővé teszi a teraszos földművelést ebben az elképesztő magasságban is. A kanton centrálisan elhelyezkedő fővárosa, Sion, az ország legrégebbi városa (Schweiz 2009a, Schweiz 2009b).

A domborzat alapjaiban határozza meg a helyi gasztronómiát. A szomszédos Waadt és Genf kantontól eltávolodva a kellemes déli klíma megszűnik, azonban a bortermelés ennek ellenére virágzik. Svájc legnagyobb és legtöbb szőlőfajtát termelő borvidéke található itt[45]. A Rhône környékén több mint 20 féle szőlőt szüretelnek és palackoznak. Az őshonos fajták (*petite arvine, heida, lafnetscha, cornalin és humagne rouge*) termesztése mellett számos pincészet kísérletezett ki új példányokat. Az ország egyik leghíresebb fehérborának a *Fendant*-nak alapanyagául szolgáló chasselas szőlőt 1081 hektáron, a vörös fajták közül a pinot noir-t 1714 hektáron termesztik a gazdák[46].

A régió egyik legismertebb terméke a „*Walliser Roggenbrot*", azaz rozskenyér, amely büszkén viseli a Svájcban kenyerek között egyedülálló AOC minősítést. A minősítés megszabja, hogy kizárólag a kantonon belül termelt, őrölt és feldolgozott rozsból, a kantonhatáron belül készített rozskenyerek felelhetnek meg a szabványnak. A szakértők szerint 2-3 napos állás után éri el a legfinomabb ízét ez a fajta rozskenyér.[47]

A rozskenyérhez nagyon jól passzolnak a különböző típusú sajtok és húsok. A „*Walliser Raclette AOC*" egy igazán speciális sajt, amely a fondue-vel párhuzamosan vezeti az ország legnagyobb hírnevet elért ételeinek listáját. Egy darab sajtot felmelegítenek, majd a megolvadt réteget lekaparják és kész is a mennyei fogás. A Raclette-et a burgonyától kezdve a bogyós gyümölcsökig bezárólag bármivel fogyaszthatják (Case 2009). A legenda szerint annak idején valaki túl közel helyezte a Raclette sajtot a kandallóhoz, mire az megolvadt, és pillanatokon belül a wallisiak nemzeti eledelévé vált. Azonban az már tény, hogy először 1909-es wallisi források említik a Raclette nevet, amelyet egy Sionban tartott borvásáron használtak először. A sajtok mellett a húsok terén is találhatunk kiemelkedőt, mégpedig a „*Walliser Trockenfleisch IGP*"-t, tehát a wallisi szárított húst. Készítésének módját már XVI. századi források is leírják. Ezek alapján a nyers, kiváló minőségű marhahúst (felsál, fehérpecsenye) sóval, gyógynövényekkel és fűszerekkel bedörzsölték, majd legalább hat héten keresztül szárították[48].

A wallisi fogásoknak további különlegessége, hogy a szakácsok előszeretettel nyúlnak a *sáfrányhoz*. Rizottókhoz, fondue-hoz, de parféhoz és kuglófhoz is ajánlják a felhasználását. A sáfrányt az 1200 méteren fekvő Mund nevű hegyi falucskából szerzik be, ahol kizárólag kézzel, évente 1 és 4 kilogramm közti sáfrányt szüretelnek a gazdák. 1 gramm sáfrány előállításához 400 bibére van szükség, ezért nem véletlen, hogy kilónként minimum 4000 eurót kérnek el érte[49].

---

[45] Összesen 5100 hektár alapterülettel, mely Svájc bortermelésének közel 40%-át adja évente.

[46] www.mondovino.ch/entdecken/herkunft---rebsorten/land---region/schweiz/wallis/Cde (letöltve: 2016.08.26.)

[47] www.paindeseiglevalaisan.ch/de/ (letöltve: 2016.08.26.)

[48] www.valais-terroir.ch/de/produits/printemps/walliser-trockenfleisch-igp-908-6303; www.trockenfleischwallis.ch/de/index.htm; www.valais.ch/de/aktivitaeten/wein-kulinarik/safran (letöltve: 2016.08.26.)

[49] www.nzz.ch/panorama/eigenwillig-und-mondsuechtig-1.17752711; www.alpen-

A régió egyik különlegessége a betegséggel azonos elnevezésű „Cholera". A recept létrejötte valószínűleg az 1830-as években e vidéken dúló járványnak tudható be. Akkoriban az emberek nem sokat jártak ki az utcákra, így alapanyagokat sem tudtak beszerezni. Így fogtak egy lágy tésztát és beletöltöttek mindent, amit otthon a spájzban találtak, a krumplitól kezdve a hagymán, sajton, almán keresztül a szalonnáig. Ezek után az egészet sütőben megsütötték. Az étel mára elvesztette eredeti funkcióját és napjainkban a csúcséttermek kínálatában is megtalálható.

Italok tekintetében a már említett számtalan fajtájú bor mellett a párlatoknak is ősi múltja és tradíciója van e vidéken. A párlatok – vagy ahogyan ők nevezik, „Destillate" – készítésének első számú tényezője a minőségi gyümölcsben rejlik. A Rhône napsütötte vidékein barackot, almát, körtét és szőlőt termesztenek. A körtéből a „Williams", a barackból az „Abricotine", míg a szőlőből a „Marc" a térségre jellemző leghíresebb párlat (Schweiz 2009b).

4.3.4. Fribourg régió

Fribourg városa és maga Fribourg kanton gyakorlatilag francia Svájc kapuja. A „kapu" szerepe mellett, hivatalos nyelveinek köszönhetően a „híd" szerepét is betölti az olasz és a német kultúra között. A települést leginkább Párizshoz hasonlíthatnánk, és ezt a képet a lakók elegáns könnyedsége mellett a városon keresztül folyó Sarine folyón épített nem kevesebb, mint 15 híd is tovább erősíti (Schweiz 2009a). A város 1157 óta a Zähringer dinasztia uralkodása alatt állt, majd 1555-ben adósság fejében bekebelezték a nem messze található Gruyères grófságot is, amely napjainkra egy igazi sajt- és csokoládéközponttá nőtte ki magát (Wierdl 2009).

A Fribourg gasztrorégió egyik legismertebb étele a már sokat emlegetett *fondue*, ennek a fribourgi változata fele-fele arányban tartalmaz Gruyère és Vacherin sajtokat. Azt azonban senki sem tudja pontosan, hogy mitől is vált a fondue a svájciak kedvenc, nemzeti eledelévé. A találgatások szerint a fondue olyan, mint maga az ország. A sok, kisebb alkotórész végül egy tálban összeáll egy nagy egésszé, és ez jelképezi Svájc kultúrájának és nyelveinek sokszínűségét is (Schweiz 2009b).

A helyi gasztronómia leginkább a desszertek terén alkotott maradandókat. Ezek előtt azonban meg kell említenünk egy, a lazacfélék csoportjába tartozó halfajtát, a *marénát*. A neuenburgi- és a murteni-tónál a halászatnak évszázados hagyománya van. A környéken lakó halászcsaládokban a tudomány generációról-generációra öröklődik, és ennek köszönhetően a régió specialitásának számító marénából, sügérből, és csukából készülő fogások mindig frissen és nagyon ízletesen elkészítve kerülnek a vendégek asztalára (Schweiz 2009b).

guide.de/reisefuehrer/poi/besuch-im-safrandorf-mund-brig-am-simplon;
www.valais.ch/de/aktivitaeten/wein-kulinarik/safran/safranmuseum-mund (letöltve: 2016.08.26.)

Fribourgban és környékén a sörfogyasztásnak komoly hagyományai vannak. 1890-ben Fribourg bíborosa egy sörfőzőmesterrel karöltve létrehozott egy speciális sört, a *Cardinalt*. A Cardinal azóta egyet jelent az innovációval. Évről-évre új és fiatal sörkreációkat alkotnak meg a gyár szakemberei, mint például a könnyed, friss és gyümölcsös Cardinal lime cut-ot. Aki még többet szeretne megtudni a sörfőzés titkairól, az a Cardinal Múzeumban[50] egy kóstolóval egybekötött gyárlátogatáson is részt vehet.

A maréna és a Cardinal után érdemes megismernünk a régió édességeit is. A *„Gâteau du Vully"* egy igazán speciális kelt tésztás sütemény, amelyet hagyományosan Murten környékén, a Mont-Vully körül elterülő településeken állítanak elő. A cukros-tejszínes verzió mellett létezik sós – szalonnával, köménymaggal ízesített – változata is. Ezt a vidék boraihoz (*Gewürztraminer, Riesling-Sylvaner, Freiburger*) jellemzően kísérőként kínálják.

A terület másik kedvelt desszertje a *„Meringues"*, amely leginkább a hazai habcsókhoz hasonlít. A ropogós, hullám alakú süteményeket (eredetileg fatüzelésű kemencében szárították készre) a Gruyères környékéről származó greyzerland-i tejszínnel, valamint friss bogyós gyümölcsökkel fogyasztják a legszívesebben. A tejszínt egy nagy fadézsában szokták az asztal közepére helyezni, hogy mindenki saját ízlésének megfelelően tudja összeállítani az édes-savanykás ízorgiát (Schweiz 2009b).

Az édes finomságok bemutatása során semmiképpen sem feledkezhetünk meg a csokoládéról. A régióban az 1901-es alapítású *Villars Maître Chocolatier* gyár tekinthető kiemelkedőnek. Az üzem termékpalettáján a tojáskrémes-csokoládés *Perrier Choco-Köpfli*, a különböző pralinék, a gruyères-i tejszínnel vagy éppen Edelweiss-likőrrel töltött termékek mellett a hagyományos tej- és étcsokik is széles választékban megtalálhatóak.

Fribourg kulináris turizmusához hozzátartozik az úgynevezett *Bénichon*, másnéven *Kilbi* is. Ez annak idején egy tradicionális hálaadási, betakarítási fesztivál volt, mára viszont elveszítette vallásos jellegét. A Bénichon alatt az éttermekbe érkező turisták és maguk a lakosok is szívesen fogyasztják a speciális nyolcfogásos Bénichon-menüt, amelynek *„legyűrésére"* minimum 6 órát kell szánni.

4.3.5. Berni-felvidék régió

Gstaad a Berni-felvidéken az Alpok hegycsúcsainak közvetlen szomszédságában 1000 méter magasan bújik meg. Graubündenhez hasonlóan, a Gstaad és Saanen települések körüli alpesi vidéken is nagy szerep jut a szarvasmarha-tenyésztésnek és az ebből eredményeztethető tej-, illetve húsipernak. Ennek eklatáns példája a *„Hobelkäse"* nevű sajt. Az ősi készítési mód szerint fogyasztás előtt körülbelül 2-3 évig érlelik, majd hajszálvékony szeleteket gyalulnak belőle; friss házi kenyérrel és vörösborral a legfinomabb.

---

[50] www.museum-cardinal.ch/de/besucherinfo/ (letöltve: 2016.08.26.)

A sajtok mellett, a már említett húsipar is büszkélkedhet jellemző helyi fajtával. A Gstaadhoz közeli Simmental környékéről származik a „*Simmentaler Rind*", magyarul a simmentali marha. A tipikusan fehér fejű, kis szemű és fehér lábú jószágnak kifejezetten aromás, fűszeres húsa van, így a legtöbb helyi étterem menükártyáján megtalálható, akár filé, akár entrecôte formájában is.

A húsokhoz, azok közül is elsősorban a sonkához remekül passzol a „*Saaner Senf*", azaz a saani mustár. Ahogyan Svájcban már megszokhattuk, a saani mustár elkészítéséhez is minden családnak, étteremnek és közösségnek van saját receptje, így az édestől a csípősig rengeteg variánst megkóstolhatunk a helyi mestereknél.

A svájciak szeretik az édességeket és ez alól Gstaad sem kivétel. A faluban található cukrászdák, kávézók a legfinomabb helyi különlegességeket kínálják. Ilyenek például a „*Saanen Gibeni*", tehát a mogyorós-pralinéval töltött csokoládé, vagy a csokoládéból, tejszínből, és dióból álló falatnyi édesség, azaz a „*Gletschertüüfeleni*", de a zsíros saani tejből készülő prémium minőségű fagylaltokat is érdemes kipróbálnunk, ha arra járunk.

4.3.6. Svájci-középvidék régió

A svájci-középvidék, azaz a Mittelland leginkább az ország fővárosa, Bern körül terül el. Nagy részét alpesi klíma és hegyvidéki domborzat jellemzi. Bern mellett a régió részét képezi még Solothurn kanton is, valamint a biel-i tó és maga Biel festői városa.

A vidék leghíresebb produktuma egyértelműen az *emmentáli sajt*, de emellett természetesen egyéb finomságokat is meg tudunk kóstolni a régióban. A helyiek ebédre szívesen fogyasztják a „*Berner Platte*" nevű bőségtálat. A párolt savanyú káposzta, bab és burgonya alapra sonkát, szalonnát, kolbászt, grillezett bordát (*Rippli*), velős csontot és főtt fejhúst, farkat, csülköt (*Gnagi*) halmoznak. Ennek a gasztronómiai különlegességnek egyebek mellett óriási erőt és szerencsét tulajdonítanak, amely még a XVIII. század végéről maradt fent a köztudatban. 1798. március 5-én a berni ellenállás legyőzte a francia sereget Neuenegg városánál, majd a győzelmet a Berner Platte ősének elfogyasztásával tették emlékezetessé a svájci katonák. Ezt a szép hagyományt azóta is tartják a győzelem évfordulójának megünneplésekor.

Vasárnaponként a hegyvidéki települések utcáit kellemes édeskés illat járja át. A házilag készített fonott kalács, azaz a „*Zopf* vagy *Züpfe*" a pihenőnap és az ünnepnapok (karácsony és újév) elmaradhatatlan kelléke. A hozzávalókat minden háziasszony más-más arányban adagolja, abban azonban egyetértenek, hogy a legfontosabb összetevő a friss tanyasi tojássárgája, amelytől a kalács sütés közben elnyeri jellegzetes barna színét.

4.3.7. Jura régió

A Jura-hegység lankáinak közelében elterülő gasztrorégió kiváló természeti adottságokkal rendelkezik, valamint napjainkra itt-ott összefonódott a berni gasztrorégióval (Jura 2012). Itt található többek között Svájc egyik leghíresebb csokolédémanufaktúrája, a *Camille Bloch*[51] is, ahol szakavatott idegenvezetők kalauzolják végig a gasztroturistákat a látogatásuk során.

A Jura, Neuenburg, valamint Solothurn kantonok egyes részeit magába foglaló régió gasztronómiai repertoárjában a csokoládé mellett megtalálhatóak a különböző sajtok (például a már korábban említett *Tête de Moine AOC* és *Vacherin*), valamint a különböző gyümölcspárlatok is. Ezek közül kiemelkedik a *Damassine AOC*, aminek az alapja egy kicsi vöröses szilva. Az eredetének legendája egészen a XII. század közepéig és Damaszkusz városáig nyúlik vissza. A Jura kantonbeli Ajoie város környékén található jellegzetesen kellemes klíma kiváló feltételeket biztosít e magas cukortartalmú gyümölcs termesztésének és lepárlásának, így nem véletlenül lett a helyiek nagy kedvence. Emellett érdemes még megemlíteni egy jellemzően *„franciás"* és misztikus italt, amelyet a Val-de-Travers völgy környékén élő gyógynövények és friss forrásvíz keresztezéséből állítanak elő. Az „*Absinth*" elnevezésű világhírű likőr olyannyira hozzá tartozik a régió gasztronómiájához, hogy külön tematikus út vezet végig az italhoz köthető településeken „*La Route de l'Absinthe*" néven[52].

A gasztrorégióra jellemző nyersanyagnál érdemes megemlíteni a vadhúsok, az erdei gombák (például vargánya, kucsmagomba és rókagomba), és a sajtok gyakori felhasználását, de ezek mellett a nyúl- vagy a marhahús is igen megbecsült csemege. Így nem véletlen, hogy Jura kanton egyik kedvelt ételének számít a fokhagymával, sütőben elkészített nyúlfilé, amit vajon párolt zöldségekkel, illetve röstivel tálalnak. A vörösboros-ecetes pácban marinált marhalapocka (*Mariniertes Rinds-Voressen*) Solothurn kanton jellegzetes étele. A pác az említett összetevőkön kívül hagymát, babérlevelet, egész borsot és szegfűszeget tartalmaz. A marhát a pácolást követően alaposan körbesütik, majd gyökérzöldségekkel puhára párolják és a levét tejszínnel dúsítják. Köretnek előszeretettel adnak mellé Solothurner Funggit, ami nem más, mint almával gazdagított burgonyapüré.

4.3.8. Bázel régió

A Bázel gasztrorégió lakói a borhoz és a bortermeléshez való kötödésükre a legbüszkébbek. Ezt mi sem bizonyítja jobban, mint hogy Bázel városából kiindulva számtalan borutat bebarangolhat a kíváncsi turista, és meg-megállva belekóstolhat a borászok karakteres nedűibe (Schweiz 2009b).

„Lecker, leckerer, Läckerli", avagy finom, finomabb, Läckerli. A germán szójáték végén egy bázeli eredetű finomság a „*Basler Läckerli*" áll, amely egy

---

[51] www.camillebloch.ch/de/home.html (letöltve: 2016.08.26.)
[52] www.routedelabsinthe.com/de/ (letöltve: 2016.08.26.)

mézeskalácsra hasonlító édesség és a világon mindenfelé exportálják. Ízvilágát a méz, a mandula, a kandírozott gyümölcsök és számtalan fűszer (fahéj, őrölt szegfűszeg és szerecsendió) jellemzi.

7. kép

A Safran Zunft bázeli étterem cégére

Fotó: Füreder Balázs

Egy városban, ahol a kultúra óriási szerepet játszik az emberek életében, a fesztiválok is elmaradhatatlanok. A *„Basler Fasnacht"* egy igazán nagyszabású rendezvény, amelynek keretein belül a gasztronómia is szóhoz jut. A fesztivál már hajnali 4 órakor elkezdődik. Ilyenkor álarcosok lepik el a feldíszített város utcáit és a levegő megtelik a speciális farsangi fogások illatával. A *„drey scheenschte Dääg"* (*„drei schönsten Tage"*) azaz a három legszebb nap alatt a telet búcsúztatók a klasszikus bázeli köményes perec (*Fastenwähe*) mellett egyéb finomságokat is kipróbálhatnak. Ők a lisztből, húslevesből és sajtból álló lisztlevessel (*Basler Mehlsuppe*) indíthatják az étkezést, amit egy hasonlóan egyszerű, de roppant ízletes omlós tésztával készülő tejszínes-hagymás lepénnyel (*Zwiebelwähe* vagy *Zwiebelkuchen*) zárhatnak. A helyi éttermek, például a *Safran Zunft* (7. kép), külön programokkal és menüsorral készülnek a nagy eseményre, így téve azt még emlékezetesebbé az odalátogatóknak.

Elsässer Pizza

Fotó: Füreder Balázs

A helyi főételeket tekintve említésre méltó a „*Lummelbraten*", egy szalonnával megspékelt, rózsaszínűre sütött marhabélszín, répával, zellerrel és egy telt ízű vörösboros mártással körítve. A Lummelbraten elmaradhatatlan kísérője egy sonkás tésztaféle a „*Basler Schunggebegräbnis*".

Ha valaki meghallja azt a szót, hogy pizza, egészen biztos, hogy elsőre nem Bázel fog az eszébe jutni. Azonban létezik egy specialitás, amelyet a szomszédos francia Elzász tartományból honosítottak meg Svájcban. Az „*Elsässer Pizza*" (elzászi pizza), azaz eredetileg „*Elsässer Flammkuchen*" (elzászi kenyérlángos) nevű fogás alapját egy vékony tészta alkotja, ezt tejföllel megkenik és nyers hagymával, valamint szalonnával takarják be, majd fatüzelésű kemencében készre sütik (8. kép).

A bázeli gasztrorégió leginkább alkoholos italairól híres. Svájcban gyakorlatilag mindenhol működnek innovatív sörfőzdék, ám ezen belül a bázeli régió a legkiemelkedőbb. A kis családi főzdékben bárki bepillantást nyerhet a sörkészítés rejtelmeibe. A sörfőzés mellett a környéken végzett bortermelés is jelentős. A kedvező fekvésnek köszönhetően a szőlőtőkéket rengeteg napsütés éri. A terület egyik különlegessége a „*Hypokras*". Ez egy fűszeres, édes bor, amit szokás szerint mindig az újév első napján fogyasztanak. A napsütéses órák magas számának köszönhetően a szőlő mellett a gyümölcstermesztés is elterjedt, ebből adódóan a vidék lankáin sok gazda foglalkozik cseresznyével és meggyel, aminek egy részét a helyi szeszfőzdék vásárolják fel. (Schweiz 2009b).

4.3.9. Tessin régió

Francia-Svájcot elhagyva az ország egy teljesen más nyelvet beszélő, eltérő építészeti stílussal és konyhakultúrával rendelkező tájára érkezünk. Tessin – hivatalos nyelvén, olaszul Ticino – gasztrorégió a vele azonos nevű kanton területén található. Ezt a vidéket 1515-ig, hetven éven keresztül ostromolta Svájc, hogy elhódíthassa Itáliától. Az itt ragadt olaszokat gyakorlatilag teljesen kiszipolyozta az állam, ugyanis gyarmatként tekintettek rájuk. Tessin a napóleoni háborúk után, népszavazás keretén belül mégis a svájciaknak szavazott bizalmat, így 1803-ban teljes értékű taggá vált a kantonok között. A régió legnagyobb városai – Lugano, Locarno, Bellinzona, Ascona – mind a központi fekvésű Lago Maggiore és a Luganói-tó közvetlen közelében helyezkednek el (Wierdl 2009).

Tessin a maga mediterrán klímájának és olasz múltjának köszönhetően meghonosította az itáliai gasztronómiát az alpesi ország déli csücskében. Az alpesi paraszt-konyhakultúra és a lombard gasztronómia romantikájának keresztezéséből született meg az igazi tessini konyhaművészet.

A klímának köszönhetően talán ebben a régióban találkozhatunk a legváltozatosabb alapanyagokkal. A gesztenye a terület minden pontján jelen van (leggyakrabban fűszeres leves vagy egytálétel formájában). A helyiek a gesztenyéből – a szokásos felhasználási módok mellett – lisztet, tésztát, kenyeret, lekvárt, fagylaltot, sőt sört is készítenek. Ősszel pedig érdeklődő gasztroturisták hada járja be az erre a célra létrehozott tematikus *„Gesztenye-út"*[53] árnyas zugait.

A régió lakói méltán büszkék egyedülálló sajtjaikra. Ilyen például a *Piora* vagy az *Alpkäse*, amelyből a mesterek az éppen készülő évjáratot sokszor az érlelés befejezte előtt már eladják. Ezek mellett mindenképp meg kell említenünk még két igazi különlegességet. Az egyik a szalmasajt *(formaggio della paglia*, németül: *Strohkäse)*, míg a másik az úgynevezett *„részeg sajt" (formaggio ubriaco*, németül: *der betrunkene Käse)*. A szalmasajt nevét onnan kapta, hogy érlelésénél a sajtot szalmába burkolják, a részeg sajt készítéséhez pedig egy kis szőlőtörkölyt használnak.

A sajtokhoz az édes-csípős helyi fügemustár-szósz *(Tessiner Feigen-Senfsauce)*(9. kép), jófajta húskészítmények és testes vörösborok illenek leginkább. Tessinben szerencsére egyikből sincs hiány! Sok családnak van saját földterülete, ahol szőlőt vagy diót termelnek, vagy éppen nyáron kihajtják rá a sertéseket, hogy aztán ősszel a disznóvágáskor elkészíthessék a híres tessini *„Mazza"*-t. A Mazza igazából egy gyűjtőfogalom és háztáji húskészítményeket, kolbászokat, szalonnákat és szalámikat jelent, mint például a *Luganigha*, a *Lardo*, a *Pancetta*, vagy a májjal gazdagított speciális *Mortadella*. A szőlő Tessinben nem más, mint a *merlot*. Ez a szőlőfajta olyan elhagyhatatlan párja a régiónak, mint a Brasato a polentának.

---

[53] www.ticino.ch/de/itineraries/details/Der-Kastanienweg/138369.html (letöltve: 2016.08.26.)

Az itt található borvidék 82%-án ezt a típust,[54] míg a maradék területeken főként a *bondola* fajtát termelik (Schweiz 2009b).

9. kép

Eredeti tessini fügemustár-szósz

Fotó: Füreder Balázs

A polenta szintén az olasz konyhából átvett specialitás. Ez az egyszerű, ugyanakkor mégis ízletes, kukoricalisztből készülő, lassú tűzön rotyogó kása a tessini lakosok egyik kedvenc körete és fogása, közvetlenül a rizottó után. A rizottót ugyanis tagadhatatlanul mindenki készíti, és mindenkinek van valami különleges adaléka ahhoz, hogy az övé legyen a legfinomabb a környéken. Emellett az nem is vallhatja magát igazi olasz-svájci lakosnak, aki nem tud órákig filozofálgatni a legjobb rizsfajtákról, az azokhoz illő fehérborokról és a legmegfelelőbb főzési metódusról. Azt azonban senki sem vitatja, hogy minden tessini büszke a Terreni alla Maggia térségben megtalálható – Svájcban egyedülálló – rizsföldre (Schweiz 2009b).

Olasz-Svájc jellegzetes desszertje a „*Torta di pane*" (kenyértorta). A sütemény eredetileg a szegény emberek konyhájában született meg és száraz kenyérből készítették. Napjainkban azonban már amarettivel, kandírozott

---

[54] www.ticinotopten.ch/de/spezialitaeten/wein-tessin (letöltve: 2016.08.26.)

naranccsal, mandulával, mazsolával, fenyőmaggal és grappával egyaránt dúsítják, ízesítik.

4.3.10. Graubünden régió

Olasz-Svájcból északra elindulva a Szent Bernát-hágón keresztül juthatunk el Graubünden kantonba. Területének nagy része 1800 méter fölött fekszik és tavak helyett leginkább tengerszemek gazdagítják. Graubünden különlegessége, hogy 187.000 fős lakosságának több mint 15%-a beszéli a rétoromán nyelvet és vallja magát e népcsoport tagjának. A régió legfontosabb települései: Chur, Davos és St. Moritz (Wierdl 2009).

Svájc többi régiójához hasonlóan itt is meghatározó a marhatenyésztés. Marhából készítik a „Bündnerfleisch"-t, ami a Graubünden elnevezésben is megtalálható „Bund"[55] szóból származtatható. A marhacombot vagy lapockát sózzák, fűszerekkel, alpesi zöldfűszerekkel ízesítik, majd több héten keresztül érlelik, és végül 10-17 hétig szárítják. Általában vékonyra szeletelve ropogós kenyérrel és egy pohár svájci vörösborral fogyasztják, vagy felkockázzák és fondue-höz, raclette-hez, illetve levesekhez adják (Case 2009).

Az olcsó, ám mégis laktató ételek közül a levesek töltik be a legnagyobb szerepet a graubündeni konyhaművészetben. Ezek közül talán az egyik legbizarrabb a „szénaleves" (Heusuppe). Az eredeti recept alapján a szénát néhány órán át külön lábosban előfőzik, majd a többi zöldséggel együtt összeforralják és sajttal, valamint kenyérkockákkal kínálják. Másik kedvelt levesük a szalonnás „Gerstensuppe", azaz az árpaleves, ami bab hozzáadásával készül és a környék legrangosabb éttermeinek étlapjain is megtalálható (Schweiz 2009b).

A töltött káposzta távoli rokona a „Capuns", ami egy húsos-tésztás töltelékkel készülő igazi graubündeni fogás. Alapja a disznóparéjfélék családjába tartozó mángold levele. Erre kerül egy tejes galuskatészta, amibe fűszereket és különböző szalámikat, sonkákat vagy egyéb helyi húskészítményeket (például Landjäger, Rohschinken, Salsiz,[56] Bündnerfleisch) gyúrtak. A töltelékeket ezt követően tejes-húsleves lében megfőzik, majd sajttal és pirított szalonnával meghintve kínálják.

A rösti egy speciális változata a „Plain in pigna". Az Engadinból származó rusztikus fogás tésztája a reszelt burgonya mellett tejből, lisztből, kukoricadarából és az előbb említett Salsiz-ból áll. Miután ezeket összekeverték sózzák, borsozzák és egy tepsibe töltve készre sütik a masszát, mellé salátát vagy almapürét kínálnak

Szintén engadini a világ különböző pontjaira is exportált „Engadiner Nusstorte", azaz diótorta. A diótorta „köpenye" egy omlós tészta, amit az engadini cukrászmesterek egy dióból, mézből, karamellből és tejszínből álló töltelékkel

---

[55] Bund = szövetség (németül).
[56] A Salsiz egy tipikus graubündeni kolbászféle, amit vagy füstöléssel vagy szárítással, általában sertésből, de időnként vadból (például vaddisznó, szarvas, zerge) vagy más haszonállat (például ló, marha, birka) húsából készítenek.

gazdagítanak. A legenda szerint az eredeti receptet igazi internacionális koprodukció útján sikerült összehozni, ugyanis a XVIII. században amerikai, francia, és olasz tanulóútra küldött svájci cukrászmesterek a fejükben megmaradt foszlányokból rakták össze a desszert elkészítési módját, amely mára Graubünden és Engadin legendás jelképévé vált.

4.3.11. Zürich régió

Zürich a világgazdaságban betöltött vezető szerepének és nyüzsgő éjszakai életének, valamint bevásárlóutcáinak köszönhetően irányt mutat a többi svájci város számára. A régió gasztronómiailag meghatározó települései közé tartozik még a művészeti alkotásairól, kiállításairól, valamint körülbelül 200 étterméről is híres Winterthur, és a zugi-tó partján található Zug (Schweiz 2009a).

Zürich legjellemzőbb főétele az úgynevezett „*Zürcher Geschnetzeltes*", ami egy tejszínes-borjúhúsos ragu. Habár a településen való megjelenését először egy 1947-ben megjelent szakácskönyv bizonyítja, több mint valószínű, hogy már korábban is létezett ez a fogás. Manapság a ragut dúsíthatják még gombával, esetleg apró vesedarabokkal is. Egy magára valamit is adó zürichi étterem biztosan feltünteti étlapján ezt a klasszikus helyi fogást, melyet általában ropogós *röstiburgonyával* tálalnak, de köríthetik még rizzsel vagy tésztával is.

Szintén igazi csemegének számít még a „*Linthmais*", ami egy hámozatlanul leőrölt kukoricából készülő étel. A speciális őrlési eljárásnak köszönhetően a kész végtermék megőrzi a kukorica vitamin- és ásványianyag-tartalmát. Emellett, a kukoricaszemekben található zsírtartalomból fakadóan a Linthmaisnak rendkívül különleges és intenzív kukorica-íze lesz. A kukoricaőrleményből továbbá sört, whiskyt és kenyeret is előállítanak.

A régió cukrásztermékei közül mindenképpen meg kell említenünk a csillogó cukormázból és csokoládéból készülő, Winterthurból származó „*Giraffentorte*" nevű édességet. Receptúrájában mindösszesen csokoládé, tojás, vaj, só és cukor szerepel, ám ezek mellett sok esetben mandulával, mogyoróval és snapsszal is szokták gazdagítani.

A *Luxemburgerli* a macaronhoz, illetve habcsókhoz hasonló desszert, amelyet a Zürichben található Sprüngli cukrászdában készítettek először. A receptet 1957-ben hozta magával egy luxemburgi cukrász, Camille Studer Franciaországból, majd Richard Robert Sprüngli tökéletesítette. Eleinte „*Baisers de mousse*" néven árulták az édességet, azonban a német ajkú vendégek számára a név kiejtése nehéz feladatnak bizonyult és a későbbiekben inkább habcsókként (*Schaumkuss*), de még inkább „*luxemburgi*" süteményként kínálták. Az elmúlt évtizedek során a Luxemburgerlinek saját kultusza lett az észak-svájci városban.

Leheletvékony leveles tésztával készül a „*Spanischbrötli* vagy *Spanischbrödli*", azaz szabad fordításban a spanyol kenyerecske. Ahogyan a *Zürcher Geschnetzeltesnek*, úgy ennek is komoly hagyománya van, mivel a története a XVIII. századig nyúlik vissza. Akkortájt a módosabb zürichi előkelőségek éjszakánként a szomszédos

Badenbe küldték alkalmazottaikat (a luxussüteményt a zürichi pékeknek tilos volt sütniük), akiknek az volt a feladata, hogy a finomságot mihamarább eljuttassák kenyéradójuk reggelizőasztalára. Az ipari forradalom hatására 1847-ben a nemzeti vasúttársaság átvette a szállítási feladatokat és ezért a vonal elnevezése, a sütemény nevére utalva „Spanisch-Brötli-Bahn" lett. 2007-ben badeni pékek és a város összefogtak, hogy kicsit újragondolva, a kor ízlésének megfelelően átalakítsák az ínyencséget, amit így az eredeti töltetlen változat mellett egy sós és egy mogyorós-répás töltelékkel gazdagítva dobtak piacra. A Spanischbrötli napjainkban akkora népszerűségnek örvend, hogy a sütit a saját weboldalán[57] kívül Baden városa is büszkén hirdeti[58].

A német nyelvű Svájcban is meghatározó szerepet játszik a bor. A régió különlegessége a „räuschling", ami egy nagy múltú szőlőfajta és csak kevés helyen termesztik. A zürichi-tó partján fekvő lankák tökéletes terepet biztosítanak az üde, pezsgő és gyümölcsös, helyi specialitás telepítéséhez. A kiváló minőségű fehérbor tökéletes kísérője a halételeknek, emellett aperitif borként szintén fogyasztható.

Végezetül illik néhány szót ejtenünk a „Zuger Kirsch"-ről, azaz a zugi cseresznyéről, amelyből leginkább párlatot készítenek a Zug településhez közeli szeszfőzdékben. Ez a híres esszencia elengedhetetlen összetevője a „Zuger Kirschtorte"-nak. A sütemény ma is a svájci cukrászművészet örökségének számít, nem véletlenül van önálló múzeuma a városban[59]. A mandulás-mogyorós alaptésztából és cseresznyepárlattal ízesített vajas krémből álló kreációt 1915-ben a zugi cukrászmester Heinrich Höhn találta fel.

4.3.12. Kelet-Svájc és Liechtenstein régió

A kelet-svájci és liechtensteini régió az egyik legösszetettebb svájci gasztrorégió. Területét tekintve két országot és hat kantont foglal magába. Természetesen minden kantonnak van saját nevezetessége a konyhaművészet területén. A régió központja Sankt Gallen kanton fővárosában, Sankt Gallenben található. Másik meghatározó település a svájci-német határon fekvő és vele azonos nevű kanton központja, Schaffhausen. Nem messze a négy országot összekapcsoló Bodeni-tótól, a Rajna-vízesés közelében fekvő település különleges helyzetben van: Schaffhausen és környéke gyakorlatilag beékelődik Németország Baden-Württemberg tartományába, és ennek köszönhetően a környékbeli gasztronómián erőteljesebb német hatás érződik. Schaffhausentől délre haladva Frauenfeld és Wil, Thurgau kanton jelentős városai, valamint Appenzell-belső és -külső kantonok következnek, amelyek szintén a kelet-svájci régióhoz tartoznak. Emellett

---

[57] www.spanischbroedli.ch/ (letöltve: 2016.08.26.)

[58] freizeitblog.baden.ch/spanischbrotli-oder-spanischbrodli-die-spezialitat-aus-baden-mit-sudlandischen-wurzeln/ (letöltve: 2016.08.26.)

[59] www.zuger-kirschtorten-gesellschaft.ch/tourismus/1-kirschtortenmuseum.htm (letöltve: 2016.08.26.)

a Svájc és Ausztria közt megbúvó, magas életszínvonaláról is híres Liechtenstein ugyancsak e terület részét képezi.

A régió gasztronómiai örökségeinek védelmében létrehoztak egy védegyletet. Ennek jelképével az erre tévedő gasztroturista lépten-nyomon találkozhat. Az aranysárga koronát a „*Culinarium*" felirattal egészítettek ki, amely a kelet-svájci gasztrorégió minőségbiztosításának védjegye lett.[60]

Sankt Gallen a régió gasztronómiai fővárosa és legismertebb terméke a kolbász, azaz a „*Sankt Galler Kalbswurst*". Ezt az alapvetően borjúhúsból készült ínyencséget olyannyira szeretik és tisztelik Svájcban, hogy a minden évben augusztus 1-jén megrendezett nemzeti ünnepi fesztiválokon is kizárólag ezt árulják az utcai grillmesterek. 2007-ben kiérdemelte és elnyerte a g.g.A.[61] minősítést, amely az Európai Unió egyik legmagasabb, élelmiszerekre alkalmazott védjegye. A legjobb minőségű borjúhúsból, kevés szalonnából és tejből előállított termékre méltán büszkék a helyi hentesek. Legszívesebben grillezve, ropogós friss zsömlével, úgynevezett „*Bürli*"-vel fogyasztják.

10. kép

Schaffhausen

Fotó: Füreder Balázs

A kolbásztól egy picit elkanyarodva, de még mindig a húsoknál maradva, érdemes megemlíteni az „*Appenzeller Mostbröckli*"-t. Ez egy füstölt marhacombból készülő húsipari termék, amit kenyérrel, vörösborral vagy egy jó pohár musttal szívesen fogyasztanak. A combot fűszeres sóval vonják be, majd gyógynövényekkel és fával

---

[60] www.culinarium.ch (letöltve: 2016.08.26.)
[61] g.g.A. = geschützte geografische Angabe / OFJ = oltalom alatt álló földrajzi jelzés

felfüstölik. A pontos összetevők azonban sajnos titkosak. A recepteket a családok nagy becsben tartják és a titok szájhagyomány útján apáról-fiúra száll.

11. kép

A kannabisz ízű Appenzeller Hanfblüte

Fotó: Füreder Balázs

A helyi családok nagy szerepet vállalnak az ország gazdaságában. A Svájcban ritkaságnak számító módon optimális körülményt biztosító domborzat nagyban hozzájárul a mezőgazdaság, a húsipar és a gyümölcstermesztés sikeréhez. A különböző típusú sajtok, húsok, a Thurgau kantonban található almafák, a Bodeni-tó partszakaszán végignyúló szőlőskertek mind ezt jelképezik. A Rajnamentén sok helyen kukoricát is termesztenek. A „Rheintaler Ribelmais" egy apróbb szemű, ropogós kukoricaőrlemény, amelyet a helyi gazdák mentettek meg attól, hogy az évtizedek múlásával a feledés homályába vesszen. A mentőakció olyannyira jól sikerült, hogy a kukoricadara 2000-ben elnyerte az AOC minősítést.

Wil városától délre a Walensee-ig húzódó Toggenburg alrégió, valamint Liechtenstein környékén elterjedt a „Bloderchäs", azaz a vidék kimagasló tejiparának köszönhetően természetesen tiszta tejből, „Blodermilch"-ből készült zsírszegény sajt, amit általában kenyérrel, Ribelmais körettel, galuskával vagy burgonyával fogyasztanak.

A helyi specialitások között a leveseknél a kelet-svájci gasztrorégióban a „Rieslingsuppe" a leghíresebb. Elkészítése során először a különböző fajtájú (például póré-, vörös-, esetleg metélőhagyma) hagymákat (esetleg zellert) vajon megpárolják, hozzáadják a felkockázott burgonyát, bouillon-nal és schaffhauseni riesling-sylvanerrel felöntik és puhára főzik. Miután elkészült, magas zsírtartalmú tejszínnel dúsítják, egy korty borral ízesítik, majd a tálalásnál kiskanállal tejszínhabot és metélőhagymát helyeznek a tetejére.

A liechtensteiniek már évtizedek óta nemzeti eledelként kezelnek egy igen egyszerű, ám ugyanennyire laktató sajtos tésztaételt. A „Käsknöpfle" egy kézzel szaggatott galuskás-sajtos fogás, rengeteg reszelt sajttal, ropogósra pirított hagymával, némi friss salátával – és esetleg egy kis almapürével – kiegészítve. A „Käsknöpfle" nagyon közeli rokona a „Käsespätzle", azaz a sajtos galuska, amit egész Dél-Németországban, Svájcban és Ausztriában is készítenek.

A régióra jellemző desszertek közül kettőt kell megemlítenünk. Svájc keleti részén 1928 óta készítik a „Gottlieber Hüppen"-t, amely eredetileg a Thurgau kantonban található Gottlieb városából származik. A Bodeni-tó partján található pici településen működő azonos nevű cég évente 11 millió darabot gyárt az apró, kézzel sodort, csokoládé-, vagy amarettó-masszával töltött ostyarudakból. A másik híres édesség a mézeskalács alapú, világos mandulás (marcipánra emlékeztető) masszával töltött „Biber". A cukrászok számtalan különböző Bibert sütnek eltérő méretben, változatos appenzelli motívumokkal díszítve.

A gasztrorégió legmeghatározóbb bortermelő vidéke a schaffhauseni (10. kép). A „Schaffhauser Blauburgunderland" borvidék bár inkább tökéletes táptalajáról és pinot noir, valamint spätburgunder fajtájú vörösborairól híres, azért jóféle fehérborokat is találhatunk kínálatában (Schaffhausen 2009).

A vidék sörkínálatából kiemelkedik a vadkender virággal és levéllel ízesített bécsi maláta alappal készülő bio Appenzeller Hanfblüte (11. kép). Az Appenzeller Bier termékében természetesen nincs THC (Tetrahydrocannabinol), ellenben 5,2% az alkoholfoka. A sört a markáns kannabisz-aroma határozza meg, amely egy friss, enyhén édes ízzel párosul.

4.3.13. Luzern-Vierwaldstättersee régió

Luzern városa a Vierwaldstättersee partján fekszik. Ez a gasztrorégió egyszerre ötvözi a természeti szépségeket a lüktető városias életvitellel és a csúcsgasztronómiával. Luzernben és környékén így könnyedén kipróbálhatjuk a tradicionális helyi és egyben a kozmopolita konyha remekeit is.

A régió nyersanyagai közül kettő emelkedik ki leginkább: a Sbrinz AOC 45%-os zsírtartalmú kemény sajt és a meggy. A Sbrinz amellett, hogy önmagában is kiváló, nagyon különleges aromát kölcsönöz a felhasználásával készült helyi specialitásoknak, mint például a már Liechtensteinnel kapcsolatosan megemlített Spätzli–nek, avagy Chnöpfli–nek, azaz a sajtos galuskának. A meggy a sajthoz hasonlóan megjelenik az ételeknél is. A helyiek gyümölcslevese ugyan egy kicsivel több lisztet tartalmaz, mint azt Magyarországon megszoktuk, de ennek ellenére roppant népszerű napjainkban is a *Luzerner Chriesisuppe*. Érdekes, hogy a Sbrinz, hasonlóan a meggyhez, saját tematikus utat érdemelt ki magának. A Sbrinz-Route Luzernból indulva egészen az olaszországi Domodossola városáig ér és korábban a kereskedők által használt keskeny alpesi utakon halad keresztül. Az 150 km hosszú út alatt a bakancsos turisták gyönyörű és vadregényes tájakon vághatnak át, miközben számos helyi fogást és terméket próbálhatnak ki.[62] A *Kirschstrasse* szintén több kantont érint, de ez kifejezetten a *Kirschwasser* nevű párlatra épül, mivel teljes hosszúságában csak a meggypálinkát főző pincészeteket érinti[63].

A helyi gasztronómiának szerves részét képezik a Luzern közelében található Nidwalden, Obwalden és Uri kantonok specialitásai. Az *Älplermagrone/Älplermagronä* egy, Uri kantonban makarónitésztából (*Magronen*) burgonya nélkül, míg Obwalden kantonban szarvacskához hasonló *Hörnli* tésztából, burgonyával készülő igazi alpesi pásztorétel, a főétkezések egyik jellemző fogása. A tésztát (és a burgonyát) megfőzik, majd a – párhuzamosan elkészített – hagymából, tejszínből és helyi, könnyen olvadós sajtból álló szósszal összekeverik. Ezek után sütőben a sajt olvadásáig sütik és almagerezdekkel, esetleg aszalt szilvával tálalják.

Nidwalden kanton kulináris specialitásaira szintén jellemző az egyszerűség elve. A helyiek legismertebb fogása a *Nidwaldener Ofertori*, ami egy burgonya alapú, gyakorlatilag egy spanyol tortillához hasonló, sütőben készülő finomság. A gerezdekre vágott, megfőzött burgonyákat, felvert tojással, vajjal, őrölt szerecsendióval és reszelt Sbrinz sajttal összekeverik. Ezt követően formába öntik, szalonnakockákat szórnak a tetejére és sütőben aranysárgára pirítják. Általában salátával és egy jó pohár musttal karöltve kerül a helyiek asztalára.

4.3.14. Aargau régió

Aargau az egyik legfiatalabb turisztikai régió Svájc területén, mivel csak 2015 áprilisában, tizennegyedik tagként csatlakozott a nemzeti turizmust irányító és promótáló ernyőszervezethez. Látványosságainak repertoárját számtalan fürdő (például Bad Zurzach – a Rajna gyöngye), várak (például Habsburg vára), illetve további szórakoztató létesítmények, mint például a Baden városában működtetett híres kaszinó gazdagítják. Az aargaui kastélyok és várak mind a terület gazdag és könyvekbe illő történelmi múltjáról tanúskodnak. Számtalan kiállítás és a lovagi életmód bemutatását megcélzó tárlat található a régióban, amely a Habsburg dinasztia Aargauhoz köthető életszakaszának köszönhetően tesz szert folyamatosan nagy érdeklődésre.

Aargau gasztronómiai specialitásai közül talán a leghíresebb az aargaui répatorta. A *Rüeblitorte* főbb összetevői a reszelt répa, illetve a darált

---

[62] www.sbrinz-route.ch (letöltve: 2016.08.26.)
[63] www.kirschstrasse.ch/index.html (letöltve: 2016.08.26.)

mogyoró/mandula. A tortát általában apró marcipánrépákkal és porcukorszórással díszítik. Aargau kanton lakói kifejezetten büszkék e remek finomságukra, amely idővel az országhatáron kívüli hírnévre is képes volt szert tenni. Évtizedekkel ezelőtt a háziasszonyok többsége leginkább abból alkotott, amit az anyaföld megtermelt számára. Ezekből az időkből származnak a tradicionális aargaui receptek, melyek a maguk egyszerűségében rejlő zsenialitással nyűgözik le a kóstolót. A répa mellett a krumpli is felbukkan a legtöbb recept hozzávalói között, így a kantonra jellemző ételek főként ebből a két alapanyagból állnak össze és esetleg a kiegészítő hozzávalókban, illetve a hőkezelés formájában különböznek. Érdemes megemlítenünk többek között a répalevest (*Rüeblisuppe*), répakenyeret (*Rüeblibrot*), illetve a *Räbebabbe* nevű répából és krumpliból összepasszírozott alapfogást. Desszertek terén a korábban bemutatott *Spanischbrötli* (lásd bővebben: 4.3.11. Zürich régió) mellett említésre méltó alkotás még a *Badener Steiner*. Ami nem más, mint egy keksből, cseresznyepálinka és mogyoró felhasználásával készülő, csokoládéval bevont finomság, nem utolsó sorban Baden város ikonikus csemegéje.

5. Aktív gasztroturizmus és vonzatai

Svájc gasztroturizmusán belül a svájci idegenforgalmi marketingért felelős Schweiz Tourismus kiemelt szerepet szán az aktív, ugyanakkor interaktív bemutatóknak, tematikus utaknak, illetve a fesztiváloknak. A szervezet hivatalos weboldala számos programot kínál a kulináris élvezetekre éhes vándoroknak. Ezek több mint 15%-a a genfi-tó környékére összpontosul[64]. A listán a neves piacok (például: a genfi *Carouge* vagy a piaccsarnok *Halle de Rive*, a berni *Wochenmarkt*) mellett tematikus utak (a berni-felvidéken található *Fondueweg*, a kelet-svájci gyümölcs-tanösvény – „*Obstlehrpfad*", a tessini olívaút – „*Olivenweg*", a gesztenyeút – „*Kastanienweg*" stb.) vagy híres borutak (*Weinwanderweg Trasadingen*, *Lavaux Vinorama*, *Visperminen Wallis* stb.) is szerepelnek. A klasszikus értelemben vett bemutatókon és programokon kívül jó pár utalást találhatunk az ország tömegközlekedési eszközein, illetve egyes esetekben azok különleges célállomásain igénybe vehető magas színvonalú szolgáltatást nyújtó vendéglátóhelyekre, amelyekre olykor külön attrakcióként gourmet-utazásokat is építenek (Schweiz 2009b).

A genfi-tavat átszelő hajózási hálózat számos érdekességet tartogat az ide érkező turisták számára. A Savoie nevű gőzhajó az év minden szakában tárt kapukkal várja a látogatókat. A nagyméretű hajók mellett a kis halászhajók is kiemelkedő attrakciónak számítanak. Ezekre a vállalkozó szelleműek, kellő mennyiségű készpénz birtokában fel is szállhatnak, és hajnalban a legénységgel együtt kihajózhatnak a nyílt vízre. Ezáltal a gasztroturisták testközelből

---

[64] www.myswitzerland.com/de/erlebnisse/essen-trinken/kulinarische-aktivitaeten.html (letöltve: 2016.08.26.)

tapasztalhatják meg a halászat örömeit, majd végezetül a frissen kifogott aznapi zsákmányból (12. kép) közösen lakmározhatnak egy jót (Vaud 2009c).

Számos kilátó-étterem épült az elmúlt évtizedekben a 2000 méter fölötti híresebb hegycsúcsokra, amelyeket kizárólag felvonóval, valamint speciális kisvonattal, esetleg fogaskerekű vasúttal lehetséges megközelíteni. A Titlisre, a Rigire, a Piz Gloriára és a Luzernhez közeli Pilatus hegycsúcsokra telepített vendéglátóegységek varázslatos panorámával és nem egy esetben különleges menüajánlatokkal várják a látogatókat.

12. kép
Frissen füstölik az aznapi zsákmányt

Fotó: Füreder Balázs

Azonban a korábban említettek egyike sem bír akkora idegenforgalmi jelentőséggel, mint maga a híres svájci vasút és a kiegészítő szolgáltatásként üzemeltetett étkezőkocsik. Mind a nemzeti vasúttársaság (azaz *SBB*), mind az egyik legnagyobb svájci magánkézben lévő vasúttársaság, a Rhätische Bahn (azaz *RhB*) is a gasztronómia elkötelezett híveként jellemezhető. A RhB kizárólagos joggal bír a Graubünden kanton égbe törő hegycsúcsain keresztül menő vasútvonalakra. Útvonalhálózatának hossza mindössze 384 km, ugyanakkor az ország legszebb vidékein haladhatunk végig Davostól a Zermatt hegycsúcsig[65]. Amellett, hogy az RhB járatokon bisztró- vagy étkezőkocsik biztosítják az utasoknak a különböző finomságokat, a társaság különböző speciális

---

[65] www.rhb.ch/de/home (letöltve: 2016.08.26.)

gasztronómiai kalandokat is kínál. Így minden szezonra megvan az ajánlatuk, például ősszel rész vehetünk egy környékbeli „*Oktoberfest*" utazáson, vagy belekóstolhatunk az ősz ízeibe (*Herbstfahrt*), ahol a 4 fogásos menü gerincét a tök, a gesztenye és a vadhús adják. Ellenben ha jobban érdekel minket a helyi, mintsem a szezonális gasztrokultúra, akkor érdemesebb a Chur és St. Moritz között közlekedő „*Bündner Wein- & Gourmetfahrten*"-ra (Bündneri bor és ínyenc utazás) jegyet váltanunk, ahol graubündeni borokat és ételeket próbálhatunk ki egy 5 fogásos ínyenc menü keretén belül.

6. Gasztronómiai fesztiválturizmus

A fentebb ismertetett aktív turizmussal való összefonódást követve, a gasztroturizmus a fesztiválturizmussal is közösséget vállal. A Schweiz Tourismus honlapja a főoldalon, illetve hírlevelekben tájékoztat az aktuális fesztiválokról és rendezvényekről. Ezek között igen sok gasztronómiai vonatkozású eseményt is találhatunk. A régiónkénti összehasonlításokban már megemlített, kiemelkedő gasztronómiai fesztiválok közül talán a Tessin kantonban (lásd bővebben: 4.3.9. Tessin régió) évente megrendezésre kerülő „*Risottata di Carnevale*" az egyik legmozgalmasabb, mivel a környékbeli mesterek közösen mutatják be a rizottó-, polenta- és gnocchi-főzési tudományukat. A „*Basler Fasnacht*", azaz a bázeli farsang (lásd bővebben: 4.3.8. Bázel régió) a minden évben felvonuló 20.000 elmaszkírozott fesztiválozótól és a még több ide látogatótól vált híressé. A fesztivál témáját már egy hónappal korábban kiválasztják, hogy minden érdeklődő időben beszerezhesse az aktuális évre szóló jelmezét. A luzerni sajtfesztivál amellett, hogy a környék egyik legnagyobb szabású gasztronómiai rendezvénye, egyben egy viadal is, ahol helyi sajtkészítő-mesterek mérik össze tudásukat és versenyeztetik termékeiket a különböző kategóriákban. A látogatók emellett bepillanthatnak a sajtkészítés fázisaiba és megkóstolhatják a kiállított tejtermékeket (Závodszky 2012).

Az előbb bemutatott események mellett természetesen számos egyéb gasztronómiai indíttatású, illetve gasztronómiával kapcsolatos fesztiválт is felfedezhetünk az alpesi ország éves rendezvénynaptárában. Ezek tematikája általában a helyi szinten megtermelt és híressé vált élelmiszerek, alapanyagok tiszteletére épít. Így nem meglepő, hogy országszerte találkozhatunk kolbász-, kenyér-, alma-, sajt-, tej- vagy akár csokoládéfesztivállal is.

7. Következtetések

A Svájcban megtalálható turisztikai régiók gasztronómiai jellegzetességeinek ismertetése számos összefüggésre és jellemzőre is rávilágít a kulináris turizmus szemszögéből. Ezek bemutatása jól tükrözi, hogy a gasztronómia és a kapcsolódó termékek – mint a régiók kulturális identitásának közvetítői –, valamint az erre épülő szolgáltatások promótálása lehetséges bekapcsolódási pontot jelentenek a periférián található, illetve a turizmusban eddig kevésbé érdekelt desztinációk fejlesztésére, és a szektoron keresztül befolyó profit növelésére.

A lokális gasztronómia promóciója azonban sokszor önmagában elégtelen vonzerőnek minősül, ezért a döntéshozóknak az említett erőforrásokra épülő attrakciók létrehozására kell törekedniük. Erre a folyamatra jó példa a megemlített tematikus utak és gasztronómiai fesztiválok listája, ahol nem egy esetben megmutatkozik az oktató jelleg és interaktivitás az attrakciók és a látogatók közötti viszonylatban.

Ahogyan Svájc esetében is láthatjuk, a változatos kulináris fogások, a tradicionális ételkészítési eljárások, valamint a gasztronómiára épülő szolgáltatások, attrakciók magas színvonalú bemutatása a desztinációs marketingstratégia meghatározó elemévé vált, mind lokális, mind nemzeti szinten. A Schweiz Tourismus kiadványai és weboldala – hasonlóan a régiós turisztikai szervezetek online megjelenési formáihoz – integrált elemként kezelik a gasztronómiát és az erre épülő infra-, illetve szuprastruktúrát. A nemzeti szintű marketingtevékenység esetében a szervezet deklaráltan nagyszabású büdzséjének köszönhetően hatékony kommunikációs stratégiát képes folytatni a meghatározó küldőpiacok irányába. Ugyanakkor a kisebb turisztikai szervezetek, tömörülések weblapjai jelentős támogatást nyújtanak az egyes régiók után célzottan érdeklődő potenciális látogatóknak. Ez a fajta megközelítés és hatékony kooperáció példaértékű „best practice” az európai kulináris turizmus témakörében, amelynek felismerése és jellemzőinek körültekintő adaptálása iránytűként funkcionálhat az Európában található, gasztroturizmus szempontjából még csak gyerekcipőben járó további nemzetek turisztikai fejlesztési terveinek előkészítéséhez.

A térbeli távolság miatt jelen tanulmány kizárólag másodlagos források alapos elemzésén, valamint a szerzőpáros személyes tapasztalatain keresztül mutatja be Svájc gasztronómiai jellegzetességeit, turisztikai régióit, és a kapcsolódó attrakciókat, marketingtevékenységeket. Reményeink szerint a tanulmány egy stabil alapot biztosít majd egy – a nem távoli jövőben megvalósuló – primer kutatáshoz, amely a régiók kulináris turizmusát a desztinációs életgörbe különböző fázisaiban betöltött szerepe alapján is vizsgálná. Emellett fontosnak tartjuk a svájci kulináris turizmusban érdekelt turistákhoz kapcsolódó profilkészítés kvantitatív (kérdőív), illetve speciális esetben kvalitatív (fókuszcsoport) módszerekkel történő felmérését is, mivel ezek alapján szignifikáns következtetéseket lehetne levonni a turisták korára, nemzetiségére, motivációjára, vendégköltésére, tartózkodási időtartamára és információkeresési szokásaira vonatkozóan egyaránt.

Felhasznált irodalom

- Ab Karim, S. – Geng-Qing Chi, C. (2010): Culinary Tourism as a Destination Attraction: An Empirical Examination of Destinations' Food Image. *Journal of Hospitality Marketing & Management* 19(6):531-555.

- Balakrishnan, M.S. (2009): Strategic Branding of Destinations: a Framework. *European Journal of Marketing* 43(6):611-629.

- Balázs, É. (főszerk.) (2016): *Larousse gasztronómiai lexikon*. Geopen Könyvkiadó, Budapest.

- Bieger, T. (2008): *Management von Destinationen* (7. Aufl.). Oldenbourg Wissenschaftsverlag GmbH, München.

- Blain, C. – Levy, S. L. – Ritchie, J. R. B. (2005): Destination Branding: Insights and Practices from Destination Management Organizations. *Journal of Travel Research* 43(4):328-338.

- Case, F. (főszerk.) (2009): *1001 étel, amit meg kell kóstolnod, mielőtt meghalsz*. GABO Kiadó, Budapest.

- Cohen, E. – Avieli, N. (2004): Food in Tourism – Attraction and Impediment. *Annals of Tourism Research* 31(4):755-778.

- du Rand, G. E. – Heath, E. (2006): Towards a Framework for Food Tourism as an Element of Destination Marketing. *Current Issues in Tourism* 9(3):206-234.

- Fehér, P. (2012): *Effects of Web-Based Features on Destination Image Formation Analysis of the Destination Bodensee-Vorarlberg. Mester szakdolgozat*. Hochschule für Technik und Wirtschaft Chur, Chur.

- Fehér, P. (2009): *A budapesti luxuséttermek, mint elsődleges szuprastruktúra. A budapesti luxus-vendéglátás három képviselőjének vizsgálata. TDK dolgozat*. KJF, Budapest.

- Fehér, P. – Füreder, B. – Várvizi, P. (2010): A magyar gasztronómia és vendéglátás helyzete napjainkban. *Turizmus Bulletin* 14(4):34-43.

- Füreder, B. – Irimiás, A. – Michalkó, G. (2011): *Az ízek összehoznak: Szicília gasztroturizmusa*. In: Michalkó, G. – Rátz, T. (szerk.): *A turizmus dimenziói: humánum, ökonómikum, politikum*. KJF, Székesfehérvár. pp. 97-107.

- Fyall, A. – Garrod, B. (2005): *Tourism Marketing: A Collaborative Approach*. Channel View Publications, Clevedon.

- Hall, C.M. – Sharples, L. – Mitchell, R. – Macionis, N. – Cambourne, B. (2003): *Food tourism around the world*. Butterworth-Heinemann, Oxford.

- Harrington, R. J. – Ottenbacher, M. C. (2010): Culinary Tourism – A Case Study of the Gastronomic Capital. *Journal of Culinary Science & Technology* 8(1):14-32.

- Hashimoto, A. – Telfer, D. J. (2006): Selling Canadian Culinary Tourism: Branding the Global an the Regional Product. *Tourism Geographies: An International Journal of Tourism Space, Place and Environment*,8(1):31-55.

- Horng, J-S. – Tsai, C-T. (2012): Exploring Marketing Strategies for Culinary Tourism in Hong Kong and Singapore. *Asia Pacific Journal of Tourism Research* 17(3):277-300.

- Ignatov, E. – Smith, S. (2006): Segmenting Canadian Culinary Tourists. *Current Issues in Tourism* 9(3):235-255.

- Johnson, H. (1996): *Der große Johnson. Die neue Enzyklopädie der Weine, Weinbaugebiete und Weinerzeuger der Welt*. Hallwag Verlag, Bern und Stuttgart.

- Jura (2012): *Jura – Touristische Attraktionen*. Jura Tourisme, Empreinte communication visuelle, Le Noirmont.

- Kivela, J. – Crotts, J. C. (2005): Gastronomy Tourism – A Meaningful Travel Market Segment. *Journal of Culinary Science & Technology* 4(2-3):39-55.

- Klein, S. – Klein, M. (1999): *Original Schwiizer Chuchi*. Fona im Midena Verlag GmbH, Küttingen bei Aarau.

- López, X. A. A. – Martín, B. G. (2006): Tourism and Quality Agro-Food Products: An Opportunity for the Spanish Countryside. *Tijdschrift voor Economische en Sociale Geografie* 97(2):166-177.

- López-Guzmán, T. – Sánchez-Cañizares, S. M. (2012): Gastronomy, tourism and destination differentiation: A case study in Spain. *Review of Economics & Finance* 1:63-72

- Michalkó, G. (2004): *A turizmuselmélet alapjai*. KJF, Székesfehérvár.

- Middleton, V. – Fyall, A. – Morgan, M. (2009): *Marketing in Travel and Tourism, 4th ed.*. Elsevier Butterworth-Heinemann, Oxford.

- Pike, S. (2004): *Destination Marketing Organisations*. Elsevier Ltd, Oxford.

- Sánchez-Cañizares, S. M. – López-Guzmán, T. (2012): Gastronomy as a tourism resource: profile of the culinary tourist. *Current Issues in Tourism* 15(3):229-245.

- Schaffhausen (2009): *Herzlich Willkommen im Schaffhauser Blauburgunderland*. Schaffhausen Tourismus, Schaffhausen.

- Schweiz (2009a): *Schweiz Tourismus: Städte*. Ringier Print Zofingen AG, Zürich.

- Schweiz (2009b): *Schweiz Tourismus: Kulinarische Reisen*. Vogt-Schild Druck, Derendingen.

- Smith, S. – Costello, C. (2009): Segmenting Visitors to a Culinary Event: Motivations, Travel Behavior, and Expenditures. *Journal of Hospitality Marketing & Management* 18(1):44-67.

- Stewart, J. W. – Bramble, L. – Ziraldo, D. (2008): Key Challenges in Wine and Culinary Tourism with Practical Recommendations. *International Journal of Contemporary Hospitality Management* 20(3):303-312.

- Szegedi, N. – Mari, L. – Trepák, M. (2007): *Országok lexikona A-Z*. Magyar Nagylexikon Kiadó, Budapest.

- Teuteberg, J. H. (2007): Food Innovations from 1800. In: Freedman, P. (Ed.): *Food – The History of Taste*. University of California Press, Berkeley Los Angeles, pp. 233-261.

- Tusor, A. – Sahin-Tóth, Gy. (2005): *Gasztronómia. Étel- és italismeret*. Kereskedelmi és Idegenforgalmi Továbbképző Kft., Budapest.

- van Westering, J. (1999): Heritage and Gastronomy: The pursuits of the 'new tourist'. *International Journal of Heritage Studies* 5(2):75-81.

- Vaud (2009a): *Towns and lakes – Städte und Seen – Villes et Lacs*. Office du Tourisme du Canton Vaud, Lausanne.

- Vaud (2009b): *Genusswelten – Ein Fest der Sinne*. Office du Tourisme du Canton Vaud, Lausanne.

- Vaud (2009c): *Traumstrecken – Die Freude am anderen Reisen*. Office du Tourisme du Canton Vaud, Lausanne.

- Wierdl, V. (2009): *Svájc - Alpok varázsa - Utazzunk együtt!* Hibernia Nova Kiadó Kft., Budapest.

- Závodszky, P. Á. (2012.10.04.): Város a hegycsúcsok alatt. *Népszabadság – Utazás*, p. 3.

5. PÁLINKATURIZMUS – A PÁLINKA HELYE ÉS SZEREPE A HAZAI GASZTRONÓMIÁBAN ÉS TURIZMUSBAN[66]

SZÖLLŐSI Edit[67]

Bevezetés

A pálinka egy azon dolgok közül, amelyről Magyarországon mindenkinek határozott véleménye van, hiszen maga a fogalom a gyermekkorunktól kezdve ismerősen cseng, számos beszélgetésben, történelmi adomában és viccben is felmerül. Ebből adódóan egy felnőttben már nem merül fel, hogy vajon megalapozott-e mindaz a tudás, amelyet évtizedek óta magáénak érez. Gyakran mégis megtörténik, hogy magukat *„pálinkaismerőnek"* tekintő férfiak és nők egy-egy bemutató alkalmával rácsodálkoznak, hogy milyen is az igazi minőségi pálinka. Ha pedig a magyar lakosság sem ismeri az igazi pálinkát, akkor nem csoda, hogy a pálinka jelenleg csak Magyarországon világhírű, a benne rejlő lehetőségeket egyelőre nem sikerült maradéktalanul kiaknázni, noha egy olyan minőségi magyar termékről beszélünk, amely eredetvédettséget (földrajzi árujelzős oltalmat) élvez az Európai Unióban és méltán viseli a *hungarikum* címet[68].

A minőségi pálinkakészítés elterjedésének és népszerűsítésének a hazai fogyasztók és a külföldi turisták körében egyaránt alapköve a helyes információk átadása. Ez nem egyszerű és nem is egyemberes feladat, ezért olyan, nagy tömegeket megszólító, korszerű módot kell a tudás bemutatására választani, amely

---

[66]A tanulmány alapjául a szerzőnek a Budapesti Corvinus Egyetem „Pálinkamester szakmérnök és szaktanácsadó" szakirányú továbbképzési szakán 2014-ben megvédett, *„A pálinkával kapcsolatos információk szórakoztató formájú terjesztésének (Edutainment) lehetőségei turisztikai eszközökkel"* című szakdolgozata szolgált.

[67] Első Magyar Pálinkaügynökség Kft., szollosiedit@palinkaugynokseg.hu

[68] www.hungarikum.hu/sites/default/files/hungarikumok-lista.pdf (letöltve: 2016.09.16.)

vegyíti az oktatást/ismeretterjesztést és a szórakoztatást. Erre a turisztikai eszközök segítségével kaphatjuk meg a tökéletes megoldást.

A külföldi példák azt mutatják, hogy egy-egy eredetvédett italra akár egy egész térség turizmusát fel lehet építeni, és ha ez máshol jól működik, a pálinka esetében is megvalósítható. (Kopcsay 2007). A kulináris turizmus napjainkra a turizmus egyik legdinamikusabban fejlődő és legkreatívabb szegmensévé vált: a Turisztikai Világszervezet szerint a gasztronómia egyre inkább az utazási élmény központi elemévé válik, amit az is jelez, hogy a turisták költésének mintegy 30%-a kapcsolódik gasztronómiai fogyasztáshoz (UNWTO 2012).

Adódik tehát a pálinkaturizmus lehetősége, de mit is jelent ez? A definícióhoz a borturizmus példájából induljunk ki, ahol a motivációt a borok kóstolása, fogyasztása, készítésének megismerése jelenti; vonzerő, ha az adott terület híres, jó boroknak a termelési helye, szép természeti környezetben található, a turizmus igényei szerint fejlesztett infrastruktúrával rendelkezik – például látványpince, borvendéglő, borhotel –, ismert borász várja a vendégeket, érdekes eseményeket szerveznek (Várhelyi 2012). Kiindulásnak elegendő lehet ennyi a pálinkaturizmus számára is, de ahhoz, hogy a fogalom komplex turisztikai jelentést kapjon, információkat szükséges gyűjteni. A tanulmányban összefoglalt kutatás célja a pálinka eredetének feltérképezése mellett a hazai lakosság pálinkáról alkotott képének, illetve a pálinka gasztronómiai hagyományokban betöltött szerepének a vizsgálata volt. A teljes kép kialakításához vizsgálni szükséges azok helyzetét, akik a terméket előállítják, valamint a megszerzett információhalmazból fakadó egyéb turisztikai kapcsolatokat.

2. Elméleti háttér

2.1. A pálinka eredete, társadalmi-kulturális szerepe

Petrovics Döme 1890-ben született megállapítása szerint: *„A pálinka semmi egyéb, mint olyan anyagnak a párlata, amely erjedésen már keresztülment. E párlatban főalkatrész a szesz, egyéb alkatrész benne olyan csekély, hogy a szesz mellett egészen elenyészik"* (Petrovics 1890).

Az biztonsággal állítható, hogy ez a „csekély" rész, megfelelő gondoskodás esetén – mint például a jó minőségű gyümölcs kiválasztása, a megfelelő előállítási technológia, vagy a jól végzett érlelés – igenis meghatározó, a pálinka legértékesebb része abban lakik, legalábbis illatának, ízének, változatos fajtáinak ismerői, kedvelői szerint.

Amikor a pálinka eredetét kutatjuk, az első tömény alkoholos – itt a bornál vagy a sörnél magasabb alkoholtartalmú – italváltozatokra kell gondolni. A tömény alkohol (égetett szesz, párlat) olyan termék, ahol az alapanyagot – a pálinka esetében a gyümölcsöt, tisztítva, aprítva, magozva – erjesztik. Ekkor, leegyszerűsítve, a gyümölcscukrokat az élesztők etanollá alakítják. Ezt a megerjedt, alkoholt már tartalmazó macerátumot (más néven cefrét) egy speciális berendezésen lepárolják. A lepárlás során etanol vizes oldatát kapjuk, amiben a gyümölcs aromái is találhatóak.

Kultúránkhoz és nemzetünkhöz biztosan köthető magyar vonatkozású alkoholos italról 1332-ben tesznek írásos említést először, ez az *„Aqua vitae reginae Hungariae”*, a *Magyar királyné életvize*. A leírások nem pontosak valamennyi adatra nézve, de annyit tudunk (Marton 2002, Balázs 2012), hogy Károly Róbert királyi udvarában volt használatban, az ital egy olasz orvos receptje alapján készült, az alapja egy borpárlat volt, rozmaringos fűszerezéssel és köszvényt – az elnevezésből feltételezhető, hogy Erzsébet királynéét – kezeltek vele. Érdekesség, hogy az ital a nagy múltú Jean-Paul Guerlain parfümiskolában, Versailles-ban meg is illatolható, sőt kóstolható (Zólyomi Zsolt, személyes kommunikáció).

A tömény alkoholos italok felértékelődését az egész Európát sújtó pestis időszaka (1347-51) váltotta ki, hiszen mint az új betegség elleni gyógyszert használták. A pestist követő egy évszázad alatt Magyarországon (is) élvezeti szerré nőtték ki magukat az eredeti gyógyszer szerepből (Balázs 2013): a XV. századtól már említik a pálinka élvezeti fogyasztását és létrejön az első városi szeszfőzde Bártfán (Balázs 2012). Az élvezeti fogyasztás miatt, a tömény alkohol annyira népszerű lett, hogy Mátyás királynak már rendelettel tiltania is kellett a gabonából történő égetett szesz főzését, a túlzott fogyasztás megfékezésére.

A XVI. században az égetett szeszek szélesebb körű elterjedésének emlékei legszembetűnőbben az olyan családnevek megjelenésében mutatkoznak, melyek a szeszkészítéshez kapcsolódó tevékenységekből alakultak ki, például Borégető (Balázs 1998).

A *„pálinka”* szó, első írásos említése is e században születik meg, mely kezdetben a gabonapárlatok megkülönböztető neve, majd a gyümölcspárlatok azonosítására szolgált (Balázs 2012) A megnövekedett igényeket az iparosok is igyekeztek kiszolgálni, így a XVII. században a sörfőzdék szinte kivétel nélkül pálinkafőzőkké is váltak. Az alapanyagok is ekkor változtak meg, így megjelent a mai formájában is ismert (szilvából főzetett) szilvapálinka, melyet *„szilvórium”* néven Thököly Imre 1684-es számadási írásaiban is megtalálunk (Balázs 2012)

A szeszgyártás és a pálinka készítés új korszaka a XVIII. században indul el, amikor is 1776-ra Munkácson felépítik az első szeszgyárat. A XIX. században az ipari forradalom találmányai miatt húzóágazatnak számított a szeszfőzés. A gépesítés következtében a gazdasági szerepe is megnőtt, hiszen néhány nagybirtok jövedelmének 2/3-át is adta a sör, bor vagy pálinka előállítása és értékesítése. A birtokokon megtermelt pálinka egy része munkabérként az aratómunkásokhoz került *„aratópálinka”*, *„pálinkafejadag”*, *„kommenció”* elnevezéssel, azaz mint természetbeni juttatás (Balázs 2012). Ez az az időszak, amikor a pálinka széleskörű elterjedése – ismerete és fogyasztása egyaránt – megkezdődött, hiszen a népesség nagy rétegéhez eljutott és a napi fogyasztásának része lett. Az alapanyagok egyre változatosabbá váltak, melyeket egy Vetter Arnold által írt 1869-ben megjelent könyvben felsorolva is megtalálunk, úgy is, mint a pálinkához jó cukrot tartalmazó gyümölcsöket: *„magvas gyümölcs”*, mint alma és körte, *„csontárok”*, mint cseresnye, szilva és barack, illetve „bogyók", azaz eper, ribiszke, egres, berkenye, földiszeder, bodza (Balázs 2013).

A XX. században, 1921-ben jelent meg a szesztörvény, az első olyan jogszabály, amely korlátozta a termelést – a gyümölcstermés arányában állapította meg az előállítható pálinka mennyiségét – és kötelezővé vált a szeszgyárak számára a szeszmérő gépek felszerelése is. A megnövekedett termelés miatt a pálinka kifejezéssel illetett termékek pontos megfogalmazási vágya is megjelent, elsősorban a fogyasztók érdekeinek védelme miatt.

A második világháború után a szeszgyárak államosítása a tömegtermelés irányába vitte a pálinkakészítést, megszűnt a változatos pálinkakultúra, a tájpálinkák. A pálinka eredeti jelentését ideiglenesen elvesztette, az aromával ízesített kommersz italok nagy tömegben pálinkaként kerültek forgalomba (Kopcsay 2007). Ezt az irányt az is erősítette, hogy a jó minőségű gyümölcs felhasználását pálinka céljára pocsékolásnak tartották akkoriban állami szinten. Megjelent a bérfőzés, ennek keretében 1952-től 1970-ig a „feles főzés", mely szintén nem a minőségi pálinka készítés irányába mutatott. A feles főzés lényege az volt, hogy a termelő a bérfőzési adót és a teljes kifőzéshez szükséges tüzelőanyag költségét fizette, ezért a kifőzött mennyiség felét kapta meg, míg a pálinka másik fele az államot illette. 1982-ben az állam lemondott szeszmonopóliumáról és magánszemélyeknek is engedélyezték, hogy pálinkafőzéssel is foglalkozhassanak, akár új főzde alapításával, akár meglévő főzde szerződéses üzemeltetésével, de a legnagyobb főzőüst kapacitás 500 literben korlátozva volt (Sólyom 1986).

A rendszerváltásig tartó időszakban a fenti gazdasági vonzatok és az otthonfőzés tilalma miatt a zugfőzés felfutása volt a jellemző, amely a tiltás és a szakmai tudatlanság miatt a rossz minőségű italkészítést jelentett. A rendszerváltozást követő tíz év alatt az új szabályozások megszületése, a szeszgyárak privatizálása, a vállalkozói főzdék megindulása nyomán a magyar pálinkakultúra „újjászületésének" lehettünk tanúi (Balázs 2012). A termelőknek szemléletet kellett váltani: ennek fókuszába szerencsére a minőséget állították, feltételezve, hogy a jó minőség iránt a fogyasztók is érdeklődést mutatnak majd. A minőségi pálinkához megfelelő alapanyag, technológia is szükséges, így igen sok beruházás alapja a technológiai fejlesztés volt, akár teljesen új gyártóegységek létesítésével. Az Európai Unióhoz való csatlakozásunk pedig, az onnan beáramló fejlesztési támogatásokon keresztül, az anyagi bázisát is megteremtette sok ilyen célú fejlesztésnek.

A pálinka olyannyira a részévé vált a mindennapoknak, hogy az otthonfőzést engedélyező 2010. évi XC. évi törvény indoklásában az akkor még Vidékfejlesztési Minisztérium (ma már Földművelésügyi Minisztérium) is a falusi életformát és a „kisembereket" helyezte a középpontba, mondván a pálinkafogyasztás kultúránk része, az élet fontos eseményeinek kísérője, s az otthoni párlatkészítés hozzájárulhat a takarékos és gazdaságos paraszti gazdálkodás fenntartásához.

A pozitív változásoknak köszönhetően napjainkban egy egyre színesebb pálinkakultúra kialakulásának lehetünk szemtanúi: a hagyományos ízek mellett ismét teret nyernek a részben elfelejtett, különleges alapanyagok – mint a vadon termő gyümölcsök, például bodza, berkenye, vadmálna, vadszeder vagy faeper – és a belőlük készült pálinkák is (Panyik 2013).

2.2. A pálinka rendszer szereplői

2.2.1. Pálinkatermelők

Amennyiben a pálinkára, mint attrakcióra épülő turisztikai programban gondolkozunk, meg kell érteni a pálinka és párlat előállítással foglalkozók tevékenységét, érdekeit, igényeit, és ismerni kell, hogy pontosan milyen makro- és mikrokörnyezetben dolgoznak. Ennek egyik jó módja egy egyszerűsített STEEP analízis.

Társadalmi környezet. A magyar társadalom a rövidital-fogyasztás tekintetében a top tízben helyezkedik el az európai uniós országok között[69]. A KSH felmérése szerint 2011-ben Magyarországon az egy főre eső éves égetett szeszesital fogyasztás 6,5 liter volt 50 fokos szeszre számítva[70]. A fogyasztók kezdik felismerni a kereskedelmi főzdék által készített termékekben rejlő értékeket. Az persze fontos tényező, hogy ezek az italok magasabb árkategóriába tartoznak, ezért fogyasztásuknak ez korlátot is szab (Panyik 2013).

Technológiai környezet. A pálinkafőzés évszázados hagyományú hazánkban, így a hozzá tartozó technológia is. A kisüsti technológiát a törvény is hagyományosnak nevezi, de sok főzde a modernebb, egylépcsős lepárlókkal dolgozik. A berendezések üzemeltetési költségei eltérőek, így a gazdaságosság befolyásolhatja a technológiai választást. Szakmai körökben nagy viták folynak a két technológia előnyeiről és hátrányiról a megszülető illatosabb, kontra testesebb pálinkák tekintetében. Számolni kell azzal, hogy az eltérő tulajdonságok talán eltérő vevőkört determinálhatnak, de ez nem egyértelműen egyik vagy másik technológia eredménye, sokkal inkább a jól megválasztott alapanyag, helyes cefrekezelés, jól működő berendezés, megfelelő képességű főzőmester és helyes tárolás együtteseként határozható meg.

Gazdasági környezet: A 2008-ban kirobbant gazdasági világválságot a pálinkakészítők is érezték a saját bőrükön, mert a más szegmensekben bekövetkezett kereslet-visszaesés itt is megjelent. A pálinkaszektor átalakuláson ment át az elmúlt közel egy évtizedben a minőség tekintetében, ami egyaránt

---

[69] www.gamapserver.who.int/mapLibrary/Files/Maps/Global_consumption_percapita_2010.png és

(Alkoholfogyasztás Európában (OECD, WHO, 2015) www.somogyido.carto.com/viz/755c2f60-f8b5-11e4-8b1a-0e018d66dc29/public_map (letöltve: 2016.09.16.)

[70] www.ksh.hu/docs/hun/xstadat/xstadat_hosszu/elm13.html (A rendelkezésre álló égetett szeszes italok, kávé, tea, dohány mennyisége és 1 főre jutó fogyasztása.)(letöltve: 2016.09.16.)

megjelent a kereskedelmi főzdék és a kereskedők hozzáállásában (Hlédik et al. 2011). A pálinkaturizmus szempontjából igen fontos, hogy a pálinkakészítők felismerték: a véleményformálásban jelentős szerepük van. A gasztronómia más területeivel, például a vendéglátással összefogva pálinka- és étel-párosításokat hoztak létre, hatékonyabbá tették a turizmus rendszerébe való bekapcsolódásukat, illetve szolgáltatásaik színesítésével működésük gazdasági oldalát bővítették.

A statisztikai adatokból az szűrhető le, hogy a kereskedelmi forgalomban eladott pálinka összmennyisége 2010 óta folyamatosan csökken, a bérfőzetett és magánfőzött termékek becsült ugrásszerű volumen-növekedése mellett. 2011-ről 2014-re a szabadforgalomba helyezett kereskedelmi pálinka mennyisége a jövedéki adóbevételek alapján 852,14 ezer hektoliterfokról 723,72 ezer hektoliterfokra csökkent, míg a bérfőzetett párlat mennyisége 2014-ben meghaladta a 7,4 millió hektoliterfokot[71]. A forgalom az egyre növekvő számú kereskedelmi főzde (2004: kb. 30 db, 2015: kb. 130 db) között oszlik meg, vagyis a torta mérete maradt, csak kisebb cikkely jut az egyes szereplőknek[72].

Természeti környezet: Kétezer évvel ezelőtt Plinius a Kárpát-medencét *„Gyümölcstermő Pannóniának"* nevezte, azaz az itt élők megélhetése – az ökológiai adottságoknak köszönhetően – már ebben az időszakban is a gyümölcstermesztéshez kötődött. Magyarországon évszázadok óta virágzik a borkultúra, ám a szőlőművelés mellett a gyümölcstermesztéshez is kiválóak az adottságaink, s ezért a gyümölcspárlatok is régóta beépültek italkultúránkba (Kopcsay 2007).

Politikai és jogi környezet: Magyarország már a 2004-es uniós csatlakozás előtt felismerte, hogy a pálinka igazi értéket képvisel, tehát annak megóvása, fejlesztése közös feladat. Az Európai Unióhoz való csatlakozásunkkor kérvényeztük, hogy a *pálinka* nevet csak hazánk használhassa, ezzel a termék kizárólagos névhasználatot kapjon. A pálinka jogállását a 2008. évi LXXIII. törvény A pálinkáról, a törkölypálinkáról és a Pálinka Nemzeti Tanácsról (*„Pálinkatörvény"*), a Magyar Élelmiszerkönyv, a szeszesitalokra vonatkozó 111/2008 EK, a 94/2008 FVM, SZMM együttes rendelet, továbbá más vonatkozó, például jövedéki jogszabályok határozzák meg. A már említett 2010. évi XC. törvénymódosítás következtében az otthonfőzés is engedélyezett, ami nagyon jót tett a pálinka népszerűségének, a kapcsolódó ágazatok fejlődésének, és vonzóvá tette a tevékenységet a befektetni szándékozók és az új karriert keresők számára is.

---

[71] www.nav.gov.hu/data/cms291815/2004_2016_04_Jovedeki_termekek_szabadforgalmi_adatai_ havi_bontasban.xls (letöltve: 2016.09.16.)
[72] www.nav.gov.hu/data/cms226576/Berfozest_es_kereskedelmi_fozest_vegzo_szeszfozdei_enge delyesek_20130531.xls (letöltve: 2016.09.16.)

2.1.2. Pálinkafogyasztók

Az általános fogyasztói szokások alakulásáról hivatalosan a KSH évente tesz közzé adatokat, a pálinkafogyasztással kapcsolatos trendeket azonban a témára vonatkozó felmérésekből ismerhetjük meg. Hlédik és szerzőtársai (2011) kutatása alapján kirajzolódik, hogy a pálinkák fogyasztói lassan elhagyták a rossz minőségű *„házi pálinkák"* és a pálinkának nevezett szeszes italok fogyasztását. A korábbi berögződéseket (például reggeli napindító, disznóvágáskori pálinkafogyasztás) felváltotta az ünnepekkor, de leginkább a társasági élet során, szórakozóhelyen való fogyasztás. Simon (2014) nők körében végzett speciális fókuszcsoportos kutatása alapján a közösségben történő fogyasztás a minőségi pálinkafogyasztás irányába vezet. A nők számára nemcsak főzni, piacozni, de a pálinkához érteni is divatos. Egyes társaságokban elvárás a gasztronómiai – így a pálinkához kapcsolódó – témákhoz értően hozzászólni. Az a megállapítás is elfogadott, hogy a minőségi pálinka mértékletes fogyasztása jól összeegyeztethető a kiegyensúlyozott, egészséges életmóddal, a rendszeres kis mennyiségű és kiváló minőségű pálinkafogyasztás pedig segíthet egészségünk megőrzésében is.

A fogyasztókban megjelent az igény, hogy szeretnének jó minőségű pálinkát inni, illetve azt is igénylik, hogy tanulhassanak a jó pálinkáról. Van érdeklődés az olyan éttermi pálinkakóstolóra, amely nem egyszerű termékbemutatás, hanem ismeretterjesztéssel egybekötött társas program. Ennek fontos kiegészítő része az étel is, bár a magasabb árfekvésű, gourmet vacsorával egybekötött pálinkakóstolókhoz még *„fel kell nevelni"* a fogyasztókat (Rátz 2015).

Az italok beszerzése az élelmiszerboltok, szuper- és hipermarketek polcairól történik. Napjainkban a fiatalabb generációk körében az online vásárlás is elterjedt, illetve, köszönhetően a főzdék munkájának, megjelent a főzdében történő pálinkavásárlás is. A vásárlások motivációját illetően is változások figyelhetők meg, mivel teret hódít a gasztronómiai eszközként (szakácsok, főzés iránt elhivatottak elkezdték használni pálinkás ételek készítéséhez) vagy ajándékként való beszerzés. Ezt az indokolja, hogy a tökéletesen elkészített gyümölcspálinkák vagy a különleges zöldségpárlatok igazi gasztronómiai élményt jelenthetnek a fogyasztóknak. Így a pálinka felhasználási területe már nem korlátozódik az ivásra, egyre többen gondolnak rá például fűszerként, és sokasodik azoknak az éttermeknek a száma, amelynek kínálatában megjelenik a pálinkás étel. A pálinkatermelő cégek kóstolóházi kínálatában ma már biztosan megtalálható egy olyan menü, ahol az ételek a pálinkákhoz igazítottak, az ital felhasználási területe pedig a levesektől a desszerteken át egészen a kávéig terjed. A fővárosban több kizárólag pálinkázó hely is nyílt (például Abszolút Pálinka, Haxen Király étterem) nem ritkán 300 tétel feletti kínálattal, illetve több pálinkás szaküzlet is található országszerte (például Magyar Pálinka Háza – Budapest, Budaörs, Szolnok, Szeged, Kecskemét, Gyula; Király Pálinkárium – Győr).

3. Kutatási célok

A turizmusról és a pálinkáról összegyűjtött információk alapján az a hipotézis rajzolódik ki, hogy ha utazást és szórakozást kapcsolunk össze ismertterjesztéssel, valamint a szakemberek a termelés helyén mutatják meg a pálinkakészítést, akkor igazi turisztikai terméket hozunk létre, tudatosabb fogyasztókat nyerhetünk, és ezáltal az ismeretbővítés és a minőség iránti kereslet is megalapozható. A tanulmányban ismertetett vizsgálat a következő kérdésekre irányult:

- Milyen a pálinka megítélése?
- Találkozik-e a fogyasztó a megfelelő minőségű pálinkával?
- Eljut-e széles rétegekhez minden szükséges információ a pálinkáról mint hungarikumról?
- Hogyan lehet a szükséges ismeretanyagot minél szélesebb rétegekhez eljuttatni, a helyes fogyasztási szokásokat ösztönözni?
- Lehet-e a pálinka őt megillető helyét a magyar gasztronómiában turisztikai eszközökkel biztosítani? Mitől válhat sikeressé egy pálinkaút?
- Melyek a hosszú távú fenntarthatóság feltételei?

A kérdések megválaszolása érdekében kérdőíves felmérésre került sor, amelynek főbb témakörei a következők voltak: a válaszadók demográfiai jellemzői, ital- és pálinkavásárlási, illetve fogyasztási szokásai, a megkérdezettek utazási szokásai, elvárásai, a pálinkatúra fogalmának ismertsége, pálinkatúrák iránti érdeklődés, a szolgáltatás kedveltsége, fogyasztói elvárások a túrákkal kapcsolatban.

3.1. Kutatási módszerek

A kutatott téma irodalmának és a fellelhető információknak részletes feltérképezése érdekében marketingkutatási módszerrel adatokat gyűjtöttem szekunder és primer jellegű kutatással. A szekunder információ a más célból már összegyűjtött, elérhető adatok összessége, míg a primer adatgyűjtés közvetlen, konkrét kutatási céllal történő információgyűjtés. A primer kutatás során alkalmazott módszereket kvalitatív és kvantitatív eszközökre oszthatjuk (Temesi – Kasza 2014)

A megfelelő marketingkutatási módszer kiválasztása érdekében igyekeztem megismerni mindazokat a forrásokat, melyek segítségemre lehetnek. A szekunder adatok feldolgozását a pálinka és a turizmus történetéről, magyarországi helyzetéről és a pálinkára vonatkozó fogyasztói szokásokról tankönyvek, statisztikák, nyomtatott és elektronikus adatbázisok alapján végeztem.

A primer információk begyűjtése számomra kiemelten fontos volt, mivel a pálinkaturizmus véleményem szerint tartalommal még nincs megtöltve. Az adatgyűjtéshez kvantitatív módszert választottam, írásbeli kérdőíves felmérést sztenderd papíralapú és elektronikus kérdőív formájában. A kérdőív az egyik leggyakrabban alkalmazott primer adatgyűjtési módszer, ezért széles körben ismert. A primer kutatás keretében személyes megfigyelést és rövid interjúkat is készítettem egy pálinkafesztivál látogatóival, illetve a későbbiekben említésre kerülő túrák néhány résztvevőjével.

4. Kutatási eredmények

4.1. A felmérésben résztvevők demográfiai jellemzői

A kérdőívet 184 fő töltötte ki, a kitöltők 46% nő, 54%-a férfi volt. Az életkori megoszlást az 1. ábra mutatja, eszerint a válaszadók 67,6% a 26-45 év közötti korcsoportba tartozott. A 26-45 év közötti az egyetlen kategória, ahol nem 10, hanem 20 év az intervallum, hiszen kutatásom szempontjából ez az a korosztály, amelyik már feltehetően rendelkezik azon anyagi javakkal, melyek utazásaik finanszírozásához szükségesek, és még hajlandóak is utazni. 18 év alatti korcsoport nem volt a mintában, hiszen törvényi előírások szerint ők még nem fogyaszthatnak alkoholt.

1. ábra

Válaszadók életkor szerinti megoszlása

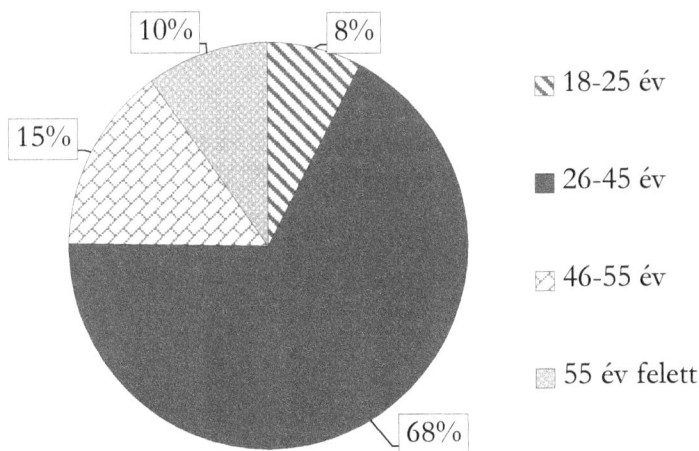

- 18-25 év
- 26-45 év
- 46-55 év
- 55 év felett

Forrás: saját kutatás

Családi állapotukat tekintetve a válaszadók 80,2%-a házas vagy párkapcsolatban él, a többiek egyedülállónak vallották magukat.

A válaszadók lakóhely szerinti megoszlását a 2. ábra mutatja, amelyből látható a budapestiek dominanciája a mintában.

A válaszadók lakóhely szerinti megoszlása (%)

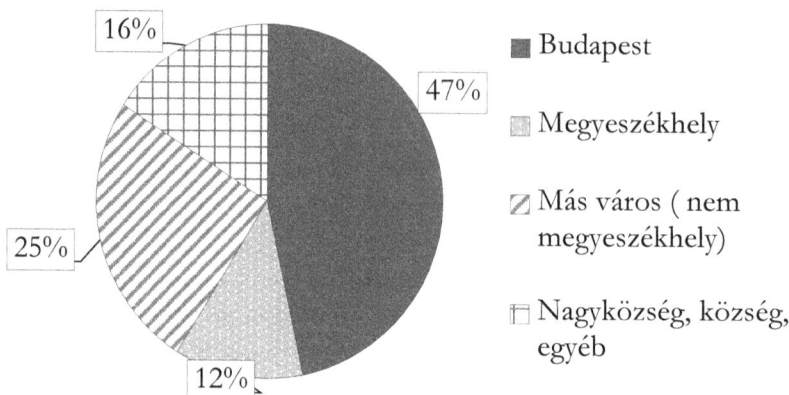

- ■ Budapest
- ▦ Megyeszékhely
- ▨ Más város (nem megyeszékhely)
- ▥ Nagyközség, község, egyéb

47%
12%
25%
16%

Forrás: saját kutatás

Tekintettel arra, hogy minél őszintébb válaszokat szerettem volna kapni, ezért a jövedelemre nem összegszerűen kérdeztem rá, hanem 10 fokozatú skálán (1=nagyon átlag alatti, 10=nagyon átlag feletti). A válaszadók jövedelem szerinti megoszlását a 3. ábra mutatja.

3. ábra

A válaszadók jövedelem szerinti megoszlása az egy főre jutó havi nettó jövedelem alapján (%)

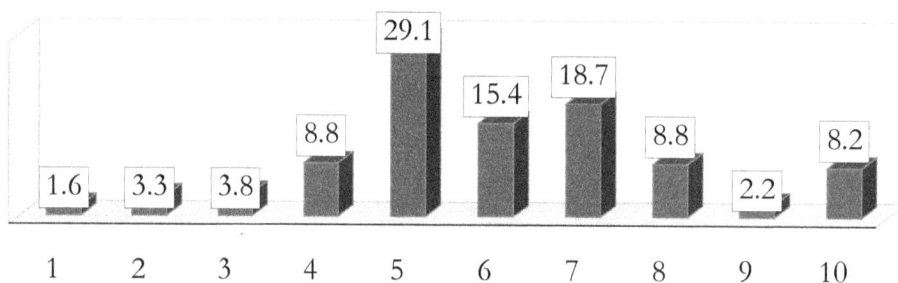

1	2	3	4	5	6	7	8	9	10
1.6	3.3	3.8	8.8	29.1	15.4	18.7	8.8	2.2	8.2

Forrás: saját kutatás

Az adatokat elemezve megállapítható, hogy a válaszadók mintegy kétharmada a saját fizetését átlagosnak vagy valamivel átlag felettinek gondolja, 10,4% pedig kifejezetten átlag felettiként észleli az anyagi helyzetét.

Annak ellenőrzésében, hogy mennyire felelhet meg a valóságnak ez a válaszuk, segítségemre volt egy másik kérdés, ahol az utazásonként és fejenként átlagos költésre kérdeztem rá. A válaszokat a 4. ábra mutatja. A két legmagasabb kategória válaszadói 10,4%-ot tesznek ki összesen, hasonlóan a jövedelemnél megadott válaszoknál, így nagy valószínűséggel a két válaszadói csoport (jövedelem és költés szempontjából) megegyezik.

4. ábra

Átlagos költés utazásonként (Ft)

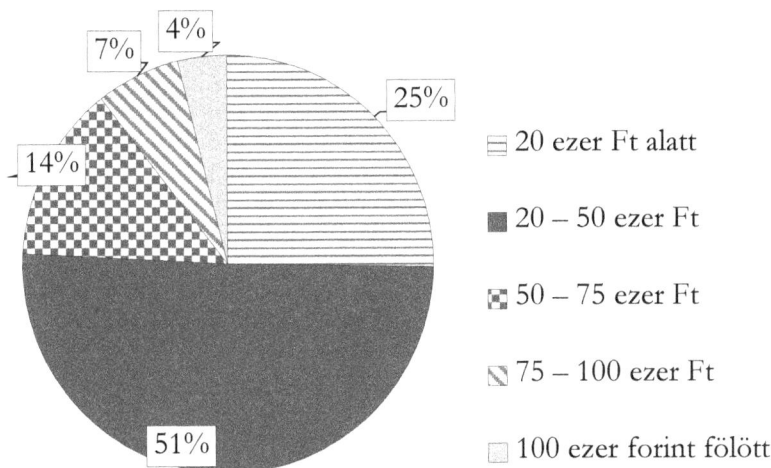

- ▤ 20 ezer Ft alatt
- ■ 20 – 50 ezer Ft
- ▦ 50 – 75 ezer Ft
- ◩ 75 – 100 ezer Ft
- ☐ 100 ezer forint fölött

Forrás: saját kutatás

A válaszadók mintegy fele 20-50 ezer Ft között határozta meg az egy utazás alkalmával egy főre számítva elkölthető szabad jövedelmét. Ez azért fontos, mert a jövedelmi helyzet egyaránt befolyásolja az utazási kedvet és az utazás során igénybe vett szolgáltatások körét. Mivel maga az utazás sem olcsó, illetve a kereskedelmi főzdékben előállított termékek árfekvése sem az alsó kategóriába tartozik, egy utazás időtartamának és útvonalának egyik legmeghatározóbb tényezője a fizetési hajlandóság lehet, amivel a túratervezésnél számolni kell.

A válaszadók 67%-a rendelkezik befejezett főiskolai vagy egyetemi végzettséggel, 29,7%-uk érettségivel és csupán 3,3% az, aki általános iskolai vagy szakiskolai végzettséggel. Ennek alapján feltételezhető, hogy a válaszadók az átlagnál tájékozottabbak, és talán nyitottabbak az újdonságok irányában, azaz nagyobb mértékben lehetnek résztvevői egy pálinkatúrának.

4.2. Ital-, pálinkavásárlási, -fogyasztási szokások

Az üdítő- és szeszesital vásárlási és fogyasztási szokásokat globálisan vizsgáltam. Az ásványvíz vásárlása nem hozott meglepetést: a válaszadók 66,3%-a gyakran vagy nagyon gyakran vásárol, és hasonló gyakorisággal (69,1%) fogyaszt ásványvizet. Az alkoholos italok vásárlási paramétereiben azonban érdekes sajátosság figyelhető meg. Égetett szeszesitalt (whisky, konyak, vodka, rum) a válaszadók 84,5%-a egyáltalán nem vagy nagyon ritkán vesz. Ha ezt az adatot korrigáljuk az alkoholt nem fogyasztók és a válaszadók közül főzdében dolgozók számával (az utóbbiak pálinkát főznek, ezért feltehetően nem vásárolnak), még így is a válaszadók 62,9% majdnem teljesen ignorálja ezt a termékcsoportot. Ebből arra lehet következtetni, hogy ez az ital a megkérdezettek körében nem konkurenciája a pálinkának.

A pálinka, a bor és a sör vásárlási gyakoriságának vizsgálatakor szintén korrigálni kellett az adatokat, mert a pálinkát egyáltalán nem vásárlók (25,4%) mértéke itt is összefüggésbe hozható a főzdékben dolgozó válaszadók számával. A korrekció után a három ital között markáns eltérés nem figyelhető meg a vásárlási gyakoriság tekintetében: mindhárom italt közepes gyakorisággal vásárolják a felmérés résztvevői.

5. ábra

Italválasztás kerti összejövetelek alkalmával (%)

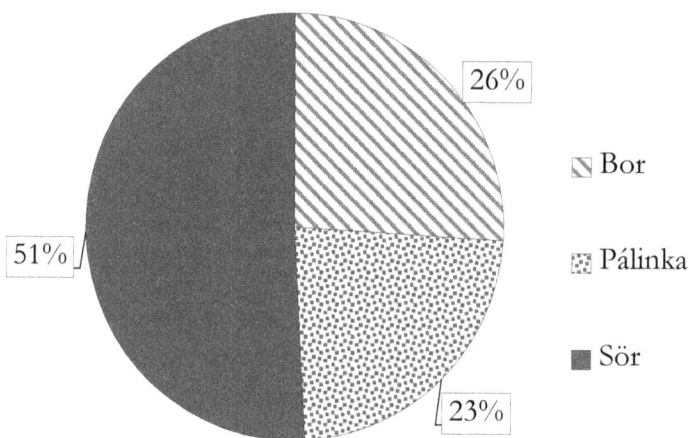

Forrás: saját kutatás

A válaszadók 85,1%-a fogyaszt pálinkát, ami a kutatás szempontjából pozitívumnak tekinthető, hiszen így a pálinkával kapcsolatos válaszaikat feltehetően fogyasztási tapasztalataik alapján teszik meg. Aki nem fogyaszt pálinkát, leggyakoribb oknak azt említette, hogy nem szereti az ízét (36,6%); valamivel kevesebben (26,8%) nem bírják az alkoholt, és csupán a megkérdezettek 9,8%-a indokolta válaszát a pálinka magas árával. A fogyasztást a vásárlással együtt elemezve azt találtam, hogy azok közül, akik fogyasztják a pálinkát, csak 65,2% szokta vásárolni is, ami abból adódhat, hogy a válaszadók egy része maga állítja elő a pálinkát, vagyis otthon főzi (12,9%) vagy bérfőzetett saját pálinkát iszik (20,3%).

100

A meghatározott alkalmankénti vásárlási szokásokat vizsgálatának eredményei is érdekesek. Arra a kérdésre, hogy sört, bort vagy pálinkát vásárolnak-e inkább, a kapott válaszok alapján az állapítható meg, hogy üzletfélnek szánt ajándéknak (54,1%) és ünnepi alkalmakkor (55,8%) a bor még mindig népszerűbb a pálinkánál, melyet 10-15%-kal kevesebben választanak a fenti alkalmakra. Családi fogyasztás, rokonlátogatás tekintetében már a pálinka a legnépszerűbb, 48,1%-os részesedéssel. A kerti összejövetelek esetében a választási preferenciát az 5. ábra mutatja. Megfigyelhető, hogy a sör a legnépszerűbb, de a pálinka népszerűségben csak kicsit marad el a bor mögött egy kerti ünnepségen.

A válaszadók többsége (78,8%) nem otthon főzi a pálinkát és bérfőzdében (62,7%) sem főzet: a beszerzés a legnagyobb mértékben ismerőstől (39,8%) és boltból (28,0%) történik. Bár fesztiválokon ritkábban vásárolnak, de ha teheti, a megkérdezettek 52,5%-a szívesen választja beszerzési forrásnak ezeket a rendezvényeket. Aki ritkábban vásárol pálinkát, azok 40,7%-a szakboltokban és boltokban teszi. Mivel a főzdékhez szeretnénk elvinni az embereket fontos megismerni, miért nem választják beszerzési forrásnak a főzdéket: az indokokat a 6. ábra mutatja.

6. ábra

Miért nem vásárol pálinkát főzdéből? (%)

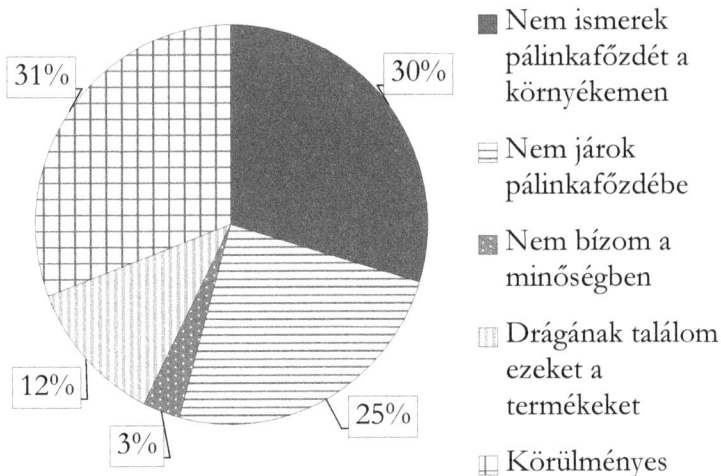

Forrás: saját kutatás

A válaszokból az derül ki, hogy csak a válaszadók kevesebb, mint egyharmada nem ismer pálinkafőzdéket. Aki ismer a közelében pálinkafőzdét, azok fele sem jár oda vásárolni, vagy egyszerűen csak körülményesnek tekinti ezt a vásárlási formát. Az adatok felhasználásakor nem szabad elfelejteni, hogy a válaszadók 46,7%-a Budapesten él, és bár vannak főzdék az agglomerációban, a városi életformának nem része a főzdébe járás. Az fontos pozitív momentum, hogy csupán a válaszadók 3%-a fél a pálinkafőzdékben található minőségtől, a többség megbízik benne.

A válaszadók 2/3-nak pálinkavásárlási döntéseit leginkább a barátok és a bolti értékesítő személyzet ajánlása befolyásolja. A médián keresztül érkező információkat és a boltban elhelyezett tájékoztató anyagokat kevésbé befolyásoló forrásoknak titulálták. Az eredmények alapján feltételezhető, hogy a kereskedelmi főzdéknek az ilyen jellegű reklámokra (média, bolti tájékoztató anyagok) fordított költségeit érdemesebb lenne más területekre irányítani.

7. ábra

A saját fogyasztásra történő pálinkavásárlást meghatározó tényezők (%)

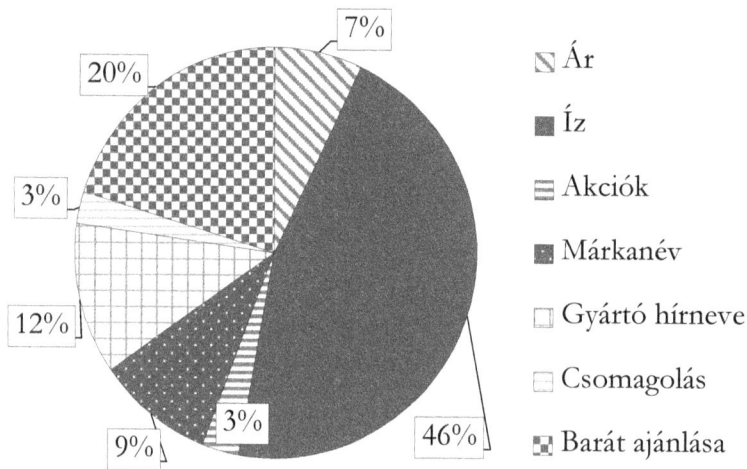

Forrás: saját kutatás

Vizsgáltam a válaszokat abból a szempontból is, hogy a választást befolyásoló tényezők (ár, íz, termékhez kapcsolódó akciók, márkanév, gyártó hírneve, csomagolás, barát vagy ismerős ajánlása) hogyan változnak aszerint, hogy milyen céllal vásárolják a pálinkát. Saját részre történő vásárlás esetében a válaszadóknál 45,8 %-ban az íz a legfontosabb valamennyi paraméter közül (7. ábra). Második helyen, a fentiekkel összecsengően, a barátok ajánlása szerepel. Az akciók és a csomagolás szinte nem is érdekes.

Figyelemre méltó, hogy az ajándékba vásárolt termékek esetében (8. ábra) az arányok eltolódnak. Megfigyelhető, hogy az íz továbbra is a legfontosabb szempont (33,0%), azonban a márkanév, a gyártó hírneve, a csomagolás és a barátok ajánlása nagyságrendileg azonos mértékben kap nem kis befolyásoló szerepet.

102

Az ajándékként történő pálinkavásárlást meghatározó tényezők (%)

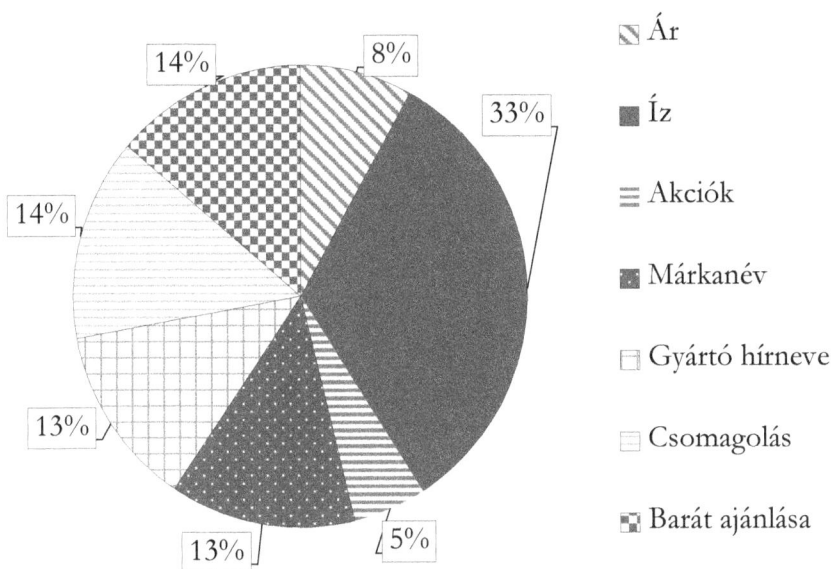

Forrás: saját kutatás

A kutatás során vizsgálni kívántam a pálinka általános megítélését is. A megkérdezettek közül csak 4,4% bízik meg teljesen a kereskedelmi forgalomban lévő pálinkák minőségében, ami igen alacsony arány. 35,7% csak közepes mértékben, 12,7% pedig egyáltalán nem biztos abban, hogy bolti választása megfelelő lesz.

A pálinka ismeretével kapcsolatos kérdések kapcsán a megkérdezettek 36,5% állította magáról, hogy teljesen tisztában van a pálinka jogszabályi fogalmával. Kedvező irányt jelöl, hogy 29,3% tudja, milyen a technológiailag hibátlan pálinka, azonban ezt az adatot érdemes fenntartásokkal kezelni, mert az érzékszervi tréningek azt mutatják, hogy nagyfokú fajtaismeret is szükséges a tökéletes bírálathoz, és ez hazánkban pálinka esetében kevesekről mondható el. Jobban közelít a személyes tapasztalataimhoz az a sajnálatos tény, hogy a válaszadók 21,5%-a bevallottan nincs tisztában a minőségi pálinka paramétereivel. A pálinkával kapcsolatos tudást a megkérdezetteknek csak 28%-a szerzi be teljes mértékben szakemberektől. Válaszaik alapján az információk forrása legkevésbé a család vagy a barátok, aminek ellentmond az, hogy a vásárlási szokásoknál a barátok ajánlása igen fontos szerepet töltött be, azaz a saját tapasztalat és ismeret hiányát a barátokéval pótolják.

A pálinka népszerűségét mutatja, hogy a válaszadók több mint fele úgy nyilatkozott, hogy a pálinka gyakori beszédtéma baráti, rokoni körben, amiből az is ered, hogy kellő mértékben tisztában vannak rokonaik, barátaik fogyasztási szokásaival is.

A felmérés szempontjából kedvező eredmény, hogy megdőlni látszik az a régi sztereotípia, mely szerint a pálinka a disznóvágások itala (20,9%): a válaszadók négyötöde inkább a baráti összejövetelek trendi italának tartja a pálinkát.

A fentiek alapján összességében elmondható, hogy a fogyasztók ismeretei bővültek, mind a készítés, mind a minőség tekintetében, ami a jó pálinkák irányába tereli igényeiket. A pálinka tehát önmagában is lehet vonzó attrakció, hiszen fogyasztók kellően ismerik, azonban további szolgáltatásokat kell hozzá kapcsolni annak érdekében, hogy a turista számára valóban teljes turisztikai terméket tudjunk kínálni és egy komplex szolgáltatáshalmazt kapjon, azaz a lehető legtöbb meglévő és/vagy még fel sem merült igényét, szükségletét kielégítse.

4.3. Utazási szokások, elvárások

Az utazások tekintetében a válaszadók 53% belföldön szeret inkább utazni, 47% pedig elsősorban külföldi úti célokat részesít előnyben. A belföldi utazásaik során az utazók 38,1%-a 3 napnál hosszabb utakat választ, míg 31,5% 1 vagy 2 napos utakat tesz. A megkérdezettek 97,7%-a utazik rendszeresen szabadidős céllal, egyharmaduk évente 3 alkalomnál többször is részt vesz 1-2 napos utakon. A legkedveltebb utazási időszak természetesen nyáron van, ekkor a válaszolók 28,8%-a utazik szívesen. 22,5% a tavaszi időpontokat kedveli, 18,9% pedig a hosszú hétvégéken keres lakóhelyétől távolabbi többnapos kikapcsolódást. A szabadidős utazások legfontosabb motivációit a 9. ábra szemlélteti.

Az jól látható, hogy a válaszadók érdeklődése szerteágazó: legtöbben utazásaik során pihenési céllal utaznak, a rekreációs és az aktív pihenés pedig hasonló arányban szerepel választásaik között. Figyelemreméltó, hogy a rekreációval majdnem azonos mértékben 11,1% gasztronómiai célú utat választ magának, ami a pálinkaturizmus fejlődése szempontjából igen kedvező lehet.

Az utazásokhoz megválasztott útitársak személyét befolyásolja, hogy a válaszadók 80,2%-a házas, ezért nem csoda, ha 68,7%-uk általában a párjával utazik. A megkérdezettek 19,8%-a egyedülálló, de csak az összes válaszadó 7,1%-a utazik általában egyedül. Azok, akinek van gyerekük, igyekeznek velük utazni, ezért 43,4%-uk családdal indul útnak. A családtagokon kívüli utastársak elsősorban a barátok (41,2%). Munkatársakkal a válaszok alapján 47,8% egyáltalán nem utazik, ahogy 65,9% iskolatársakkal sem utazik egyáltalán.

Szabadidős utazások motiváció szerinti megoszlása (%)

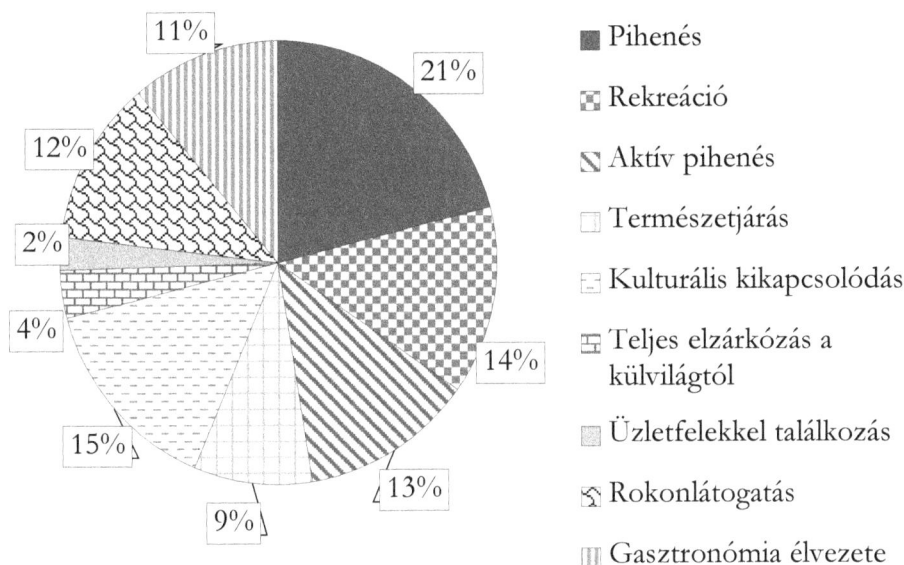

- ■ Pihenés — 21%
- ▨ Rekreáció
- ◪ Aktív pihenés
- ☐ Természetjárás
- ⊡ Kulturális kikapcsolódás
- ⊟ Teljes elzárkózás a külvilágtól
- ▦ Üzletfelekkel találkozás
- ◿ Rokonlátogatás
- ⫴ Gasztronómia élvezete

Pie chart segment labels: 11%, 21%, 12%, 2%, 4%, 15%, 9%, 13%, 14%

Forrás: saját kutatás

4.4. Pálinkatúrák fogalmának ismertsége, pálinkatúra iránti érdeklődés/kedveltségének megismerése

A kutatás keretében azt is szerettem volna megtudni, a felmérés résztvevői kirándulások alkalmával keresnek-e a környéken olyan élelmiszereket, mint például sajt, bor, pálinka, gyümölcs vagy húsáru. A válaszadók 22,0%-a szerint a gasztronómiai élmények keresése minden kirándulásuk célja, 74,7%-ot pedig, ha lehetőség nyílik rá, érdekli az ilyen típusú tevékenység. Egy későbbi kérdésre azonban, miszerint érdekelné-e olyan út, amelynek a pálinka megismerése, a főzdék felkeresése a célja, 27,5% mégis egyértelmű nemmel válaszolt. Az eredményt magyarázhatja, többek között az is, hogy a pálinkatúrák kevéssé ismertek, amit alátámaszt az a tény, hogy gasztronómiai célú utazáson a válaszadók 53,3%-a vett már részt. Pálinka-fókuszú utazáson 34,1%-uk járt, tapasztalataikat az alábbiak mutatják: 61,3% úgy gondolja, hogy hasznos információkkal gazdagodott, 48,4% szerint pedig az utazások jól szervezettek voltak. A válaszadók 40,3%-ának tapasztalatai szerint a túlzott alkoholfogyasztás egyáltalán nem nyomta rá a bélyegét az utazásra. Megfigyelhető azonban, hogy ezen megkérdezettek csak 30,6 %-a gondolta úgy, hogy a programok magas színvonalúak voltak, ami jól mutatja az egyik szükséges fejlesztési területet.

4.4.1. Fogyasztói elvárások a pálinkatúrákra vonatkozóan

A pálinkatúrákkal kapcsolatban törekedtem arra, hogy a válaszadók saját véleményüket, tapasztalataikat, ötleteiket is megoszthassák velem arra vonatkozóan, hogy mit látnának szívesen egy ilyen témában.

A pálinkatúrákkal kapcsolatos fogyasztói elvárások szerint egy pálinkatúra alapvetően főzdelátogatásról, kóstolásról szóljon. Szintén megjelent a jó minőségű pálinka, mint elsődleges elvárás, emellett a válaszadók említették a kulturált, jó szervezést, illetve – feltételezve, hogy egy ilyen út nem egy napos – az utazás kényelmességét és a jó szállás szükségességét. A felkészült utaskísérő/idegenvezető és a nagy tudású főzdei dolgozó is elengedhetetlen feltétel a megkérdezettek többsége szerint.

Elvárásként jelent meg továbbá, hogy szakmai információkat lehessen kapni a pálinka készítéséről és a jó pálinka titkáról. Többen egy ilyen út végére szeretnének mindent tudni a jó pálinkáról, és képesek szeretnének lenni a különféle fajtákat felismerni, ami nem elvárható kívánalom, de mutatja a válaszadók tájékozatlanságát és hiányos pálinkaismeretét is, ami viszont nagyon fontos adat, hiszen ez az ismerethiány alapja lehet olyan programoknak, amelyek ezt az igényt kielégítik.

A pálinka alkoholfogyasztáson túlmutató gasztronómiai szerepe is előtérbe került, mert többen is jelezték, hogy közös sütés-főzés, pálinkás ételek megismerése és pálinkás receptek megtanulása is kedvükre való lehetne.

A vásárlási lehetőség természetes elvárás (ez szintén alapja egy programnak), azonban az árak tekintetében, bár jó minőséget szeretnének, a válaszadók leszögezték, hogy „nem drágán", „emberi", „elérhető árakon" történjen mindez, összegek megjelölése nélkül.

Néhány válaszadó körültekintését mutatta azon igényük, hogy a kóstolás után ne kelljen vezetni és a szállásra eljutás is legyen megoldva. Hasonló jogos igény, hogy a családdal utazók esetében a pálinka iránt nem érdeklődők részére is legyenek szórakoztató programok. Fontos továbbá a jó társaság az utazás során, bár ez csak részben tartozik a szervező kompetenciájába.

Arra a kérdésre, hogy milyen programok segítenek jobban megismerni a pálinkát, a leggyakoribb válasz a pálinkafesztivál volt, annak ellenére, hogy szakmai szempontból egy fesztivál lehet része a pálinkaturizmusnak, de önmagában nem ad elegendő információt. A válaszok között is megjelenik a kóstoláson túlmutató, összetettebb attrakció iránti igény: nyáron gyümölcsszedés, magozásba való bekapcsolódás, és eközben az előző évi pálinka kóstolása. Olyan komplexebb elvárások is megfogalmazódtak, mint a táj mezőgazdasági jellegének összekötése a pálinkával, azaz földrajzi eredetvédett helyek látogatása, különleges technológia, különleges főzőmesterek megismerése. Végül, a válaszadók kis része szerint, szintén kívánatos program a hagyományőrző rendezvények és a helyi értékek feltárása.

5. Következtetések

Összefoglalva az eredményeket megállapítható, hogy a fogyasztók nyitottak a pálinka kérdéskörére, ami nem meglepetés. A minőségi pálinka iránt is élénk az érdeklődés, noha nem tudják megfogalmazni, mi is az, és feltehetően sokan még nem is találkoztak igazán jó minőségű termékkel. Bár utazásaik során, ha tehették, eddig is tettek próbát az ital megismerésére, helyes ismeretekkel csak kevesen rendelkeznek.

A felmérés eredményei alapján kirajzolódnak olyan trendek, melyek a pálinka megítélésére és fogyasztására pozitív hatással vannak, terjed a minőségi pálinkák fogyasztása. Bár a köztudatban a pálinka még mindig tartja tradicionális szerepét, egyre jobban kap olyan jelzőket, amiből arra következtethetünk, hogy a fogyasztó már magas minőségű italra gondol. Mivel a válaszok alapján a főzdei szakemberekkel folytatott személyes kommunikációnak kiemelt szerepe van, ez megerősíti azt a felvetést, hogy a pálinkafogyasztás népszerűsítése érdekében a fogyasztókat el kell vinni hozzájuk szervezett formában. Ekkor első kézből hallhatják az információkat, ezzel biztosítva, hogy a lehető legtöbb hasznos dolgot meg tudják jegyezni, azokat beépítsék a termékről alkotott képükbe, és a pozitív tapasztalatokat baráti vagy ismerősi körben is továbbadják (különösen fontos abból kiindulva, hogy a pálinkavásárlás és –fogyasztás során jelentős szerepet játszik a barátok véleménye).

Egy pálinkatúra alkalmával nemcsak a pálinkafőzdébe ellátogató fogyasztó szerezhet információkat, de a termelő is első kézből, a vendégtől ismerheti meg a preferenciáikat és vágyaikat, és azokat később felhasználhatja termelésének a piaci igényekhez igazításában.

Levonható az a következtetés is, hogy fontos szerepet kell, hogy kapjon egy pálinkatúra szervezésében a desztinációban működő termelő saját környezetével való megismertetése, az ott megtalálható más attrakciókkal való együttműködés érdekében. Ez a korábbiakban ismertetett igen erős versenyben komoly előnyt jelenthet számukra.

A pálinkatúra mint turisztikai attrakció termékmagja a következő: pálinkafőzdék meglátogatása, az üzem megtekintése és pálinkakóstoló, természetesen vásárlási lehetőség biztosításával. Kiegészítő attrakcióelem lehet:

- A pálinkafőzdébe szervezett főzőtanfolyam, melyen a pálinkafőzés és pálinkás ételek főzése is helyet kap.
- Gyümölcsök közös szedése és a cefre elkészítése szakértő irányításával, illetve maga a pálinkafőzés kivitelezése is.
- Egy-egy érdekes rövid előadás, szakértőktől, mely szervesen kapcsolódik a programhoz (illatokról, érlelésről stb.).
- A születésnapjukat ünneplő vendégek felköszöntése, játékos vetélkedő szervezése.
- Apró ajándék (például 0,04 dl ital), hasonlóan más gasztronómiai témájú utazásokhoz (például borturizmus).

- Wellness szálloda, kalandpark programba illesztése, a családtagok (gyerekek), a pálinka iránt kevésbé nyitott utazók érdeklődésének felkeltése céljából.

Mivel a fesztivál szó igen ismerősen cseng mindenkinek, érdemes összekapcsolni a regionálisan számtalan helyen megrendezésre kerülő pálinkafesztiválokat a térség főzdéinek felkeresésére szervezett csoportos túrákkal. Ezzel a pálinkatúrák kiegészítik a fesztiválok nyújtotta programot úgy, hogy egész évben folyamatosan biztosítják az utazni vágyóknak a lehetőséget egy adott térség felkeresésére.

Hasonló értékes pontja lehet egy ilyen útnak a felkeresett desztináció pálinka- vagy párlatversenyének programba illesztése.

Fontos eleme lehet a turisztikai eszköztárnak a meglévő tematikus utak kihasználása, bár kifejezetten pálinkára épülő tematikus út csak kétféle létezik hazánkban, a Szatmár-Beregi Nagy szilvaút és Kis szilvaút, valamint a Békési szilvaút. Mivel a tematikus utak a természeti attrakciókat bemutató útvonalak, művészeti tematika köré szerveződő utak, zarándokutak, történelmi utak, festői utak, speciális érdeklődés megcélzó utak is lehetnek (Puczkó – Rátz 2011), ezek a pálinkaturizmus szempontjából mind hordozhatnak különleges vonzerőt.

Az autentikus kereskedők, termelők összefogásával készülő, a pálinkát népszerűsítő, a termelés teljes folyamatát bemutató oktatófilm (sorozat) még inkább pozitív irányba változtathatna a fogyasztói attitűdön és élénkíthetné az érdeklődést is. Elengedhetetlenek továbbá a megfelelő média megjelenések is, legyen az egy beszélgetés a pálinkáról szakemberekkel, vagy olyan társadalmi események szervezése, mint egy pálinkaverseny, melyek kellő turisztikai attrakciót is jelenthetnek.

Összességében megállapítható, hogy a pálinkaturizmus során a pálinka fogyasztása az alapvető motiváció. Az összegyűjtött adatok alapján az is kijelenthető, hogy a minőségi pálinka alapos megismerése és az előállításához kapcsolódó tevékenységek megtanulása, átélése célja több utazónak, amennyiben mindez szórakoztató formában történik. Bár a pálinka fogyasztása önmagában is bármely turisztikai program attrakciója lehet, kölcsönösen hatnak egymásra más vonzerőkkel, és a legfurcsább attrakció kapcsolatok is sikeresen támogatják az azok iránti érdeklődést. A fentiekben felsoroltak együttese eredményezhet sikeres pálinkaturizmust, amely a fejlesztés során más turisztikai termékek esetében bevált alapokra épül, de figyelembe veszi a felmerülő termékspecifikus igényeket is.

Felhasznált irodalom

- Balázs, G. (2013): *Pálinkatörténet.* Budapesti Corvinus Egyetem, Budapest.
- Balázs, G. (2012): *A nagy párlat- és pálinkakönyv.* Inter Nonprofit Kft., Budapest.
- Balázs, G. (1998): *A magyar pálinka.* Aula Kiadó, Budapest.

- Hlédik, E. – Totth, G. – Fodor, M. (2011): A pálinkavásárlási döntést befolyásoló tényezők. *Marketing & Management* 45(2):16-22.

- Kopcsay, L. (2007): Lehet-e a pálinka turisztikai vonzerő Magyarországon? *A falu* 22(3):73-80.

- Marton, Sz. (2002): *Az égetett szeszek és az emberiség.* Bába Kiadó, Szeged

- Panyik, G. (2013): *A pálinkakészítés technológiája I.* Budapesti Corvinus Egyetem ÉTK, Budapest.

- Petrovics D. (1890): A pálinka az Alföldön és környékén. *Természettudományi Közlöny* 12(254):505-516.

- Puczkó, L. – Rátz, T. (2011): *Az attrakciótól az élményig – A látogatómenedzsment módszerei, 2. átdolgozott kiadás.* Akadémiai Kiadó, Budapest.

- Rátz, M. (2015): *A pálinka helyzetének és fogalmának újrapozícionálása a fogyasztók fejében pálinkakóstolók segítségével.* Budapesti Corvinus Egyetem ÉTK, Budapest.

- Simon, A. (2014): *Emancipáció és a nők pálinkafogyasztása.* Budapesti Corvinus Egyetem ÉTK, Budapest.

- Sólyom, L. (1986): *Pálinkafőzés kisüzemek számára. Mezőgazdasági Kiadó,* Budapest.

- Temesi, Á. – Kasza, Gy. (2014): *Marketing alapismeretek.* Budapesti Corvinus Egyetem ÉTK, Budapest.

- Várhelyi, T. (2012): *A borturizmus és jótékony hatásai* www.turizmusonline.hu/aktualis/cikk/a_borturizmus_es_jotekony_hatasai (letöltve: 2016.09.16.)

- UNWTO (2012): *Global Report on Food Tourism.* UNWTO, Madrid.

Jogszabályok

- 2008. évi LXXIII. törvény A pálinkáról, a törkölypálinkáról és a Pálinka Nemzeti Tanácsról

- Magyar Élelmiszerkönyv 152/2009 (XI.12.) FVM rendelet a Magyar élelmiszerkönyv kötelező előírásairól

- 111/2008 EK rendelet A szeszes italok meghatározásáról, megnevezéséről, kiszereléséről, címkézéséről, és földrajzi árujelzőjének oltalmáról

- 94/2008 FVM, SZMM együttes rendelet A pálinka és a törkölypálinka előállításának és jelölésének szabálya

- 2010. évi XC. évi egyes gazdasági és pénzügyi tárgyú törvények megalkotásáról, illetve módosításáról, a jövedéki törvény módosítására

6. A SÖRTURIZMUS MINT A GASZTROTURIZMUS ÚJ TERMÉKE

BUJDOSÓ Zoltán[73] – **KOVÁCS Gyöngyi**[74] – **KEREKESNÉ MAYER Ágnes**[75]

Bevezetés

A szabadidős utazások piaca mint a posztmodern élménygazdaság egyre nagyobb teret hódító eleme a XXI. században komoly változásokon ment át: alapvető összetevőinek, alkotó elemeinek a folyamatos alakulása formálja napjainkban mind a keresletet, mind a kínálatot. A turisztikai motiváció egyre hangsúlyosabb mozgatórugói napjainkban az élvezet, a szórakozás, az élmény, az attrakció, a hobby, a kaland, a dinamika, valamint új, ismeretlen, szokatlan dolgok élményének keresése, megélése (Dávid et al. 2007, Bujdosó et al. 2013). A vendégeket a szebb, tartalmasabb pihenés vonzza, stressz nélkül, átélve minden helyzet által kínált lehetőséget. Az elvárások listáján manapság már előkelő helyen szerepel az új, helyi gasztronómiai specialitások iránti érdeklődés, a teljes értékű étrend, a válogatott, elsősorban egészséges étel, de ugyanakkor azok az ételek és italok is, amelyek minőségükkel és küllemükkel magas szintű élvezetet tudnak nyújtani valamennyi érzékszervünknek. Mióta az emberek utaznak, tulajdonképpen mindvégig létezett egyfajta gasztroturizmus. A táplálkozás mint fiziológiai szükséglet, illetve az új ízek élménye kezdetektől a turizmus egyik mozgatórugója. A szakirodalmat tanulmányozva megállapíthatjuk, hogy a gasztroturizmust egyesek a kulturális turizmushoz sorolják, mások az alternatív turizmushoz, de egyre inkább az a tendencia, hogy önálló ágazattá növi ki magát.

A gasztronómia italkínálatán belül a bornak a nagyvilágban, így Európában is döntő többségben nagyobb hagyománya van, mint a sörnek; ugyanakkor a

[73] Károly Róbert Főiskola, zbujdoso@karolyrobert.hu
[74] Károly Róbert Főiskola, kgyongyi@karolyrobert.hu
[75] Károly Róbert Főiskola, amayer@karolyrobert.hu

sörök között is megjelentek a csúcssörök, melyek nem csupán szomjjoltóként funkcionálnak, hanem arra valók, hogy akár magukban, akár ételek kísérőjeként kulináris élményt jelentsenek, különösen, ha ezt egy egyedi, turisztikai élményt jelentő helyen fogyasztjuk el.

A tanulmány célja a napjainkban egyre bővülő és mind több látogatót vonzó sörturizmus, mint termék elhelyezése a turizmus rendszerében, megjelenési formáinak és jövőbeni fejlődési lehetőségeinek ismertetése.

1. A gasztroturizmus

A gasztronómia fejlődése, az egyes országok, régiók étel- és italkínálatának, kultúrájának megismerése iránti vágynak köszönhetően a kulináris célú utazások egyre népszerűbbek világszerte, a gasztroturizmus önálló termékké nőtte ki magát a turizmuson belül. Gillespie (2001) megállapította, hogy a gasztronómia tanulmányozásával megismerhetjük az adott étel-ital előállításának, termelésének módját, és azt is megérthetjük, hogy hogyan, hol, mikor és miért éppen azokat fogyasztották. Wolf (2006) szerint a gasztroturizmus az az utazási kedv, amikor az utazók az ételek, italok vagy ezekkel kapcsolatos aktivitások élvezetét hajszolják.

A gasztroturizmust kulináris turizmusnak is hívhatjuk. A kulináris turizmus definícióját Long (2004:20) ekképpen határozta meg: *„ahol az étel tárgya és közvetítője, célállomása és eszköze a turizmusnak, ahol az egyén a számára új ételek felfedezése által új kultúrákat és életmódokat ismer meg"*. A gasztroturisták olyan desztinációba tervezik az utazásukat, ahol döntően a helyi termékek és italok, vagy valamely tekintetben különlegesnek számító fogások vagy ételek jelentik az utazási motivációt. Long (2003) kutatásaiban rámutat, hogy a kulináris turizmus úti céljai maguk az ételek és italok, így azok a turizmus motivációit jelentő eszközökké válnak. A kulináris turisták felfedezik a számukra új ételeket, ezeken keresztül megismernek új kultúrákat, életstílusokat, szokásokat. A gasztroturizmus egyes színterein az ételeket úgy használják fel, hogy *„eladják"* a történetüket egy piacképes és a közönség számára vonzó identitásként, hogy így megfelelő módon elégítsék ki az érdeklődők kíváncsiságát. Végső soron a kulináris turizmus az olyan ételekhez kapcsolódó élményekről szól, amely távol áll a megszokottól, eltér a mindennapok szürkeségeitől, és így megmutatja a kulturális és életmódbeli különbséget.

Dávid et al. (2011) a kulináris geográfiát a gasztroturizmusnál bővebben értelmezik, több helyen publikált szív modelljük (1. ábra) szerint egy táj és élettér arculatát történelmi, földrajzi, etnikai, néplélektani, vallási, kulturális, gazdasági és egyéni tényezők együttesen formálják, amelyek racionális és emocionális ítéleteket, érzelmeket indukálnak, és egy sajátos rajzot alakítanak ki, amelyet történelmi ecsetvonások színesítenek. Mindezek között kiemelt szerepet játszik a gasztronómia és az italkultúra. Értelmezésükben ez a két jellemző alapvetően a sajátosságok tradíciókon alapuló értékteremtési oldalát, míg a kulinária a fogyasztói-felhasználói gyakorlatok összességét jelenti.

A kulináris geográfia szív-modellje

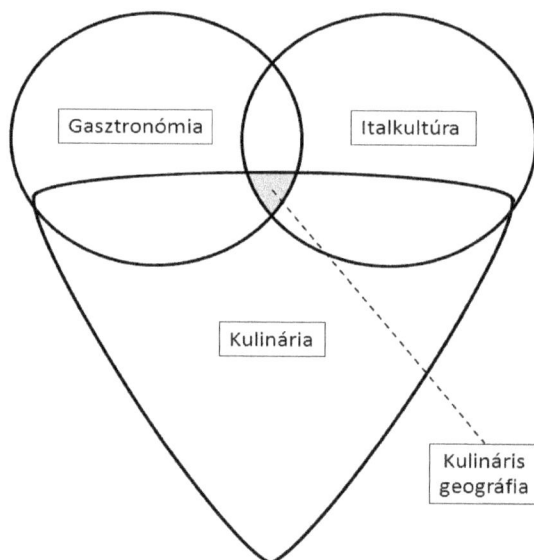

Gasztronómia

Italkultúra

Kulinária

Kulináris
geográfia

Forrás: Dávid et al. (2011)

A turizmus típusait tekintve a gasztronómiai turizmus a szabadidős turizmus részeként értelmezhető, míg a turizmus két alapformája közül inkább az alternatív, mint a tömegturizmus része. A gasztroturizmus tehát nem más, mint egy adott terület gasztronómiai értékeinek megismerését célzó helyváltoztatás (Bujdosó et al. 2012).

Egy 2015-ös amerikai tanulmány szerint gasztroturizmusnak hívhatjuk azokat a turisztikai tevékenységeket, amelyben az utazók megismerik, értékelik és/vagy fogyasztják az olyan ételeket, italokat, amelyek megmutatják, visszatükrözik az adott hely, régió vagy nemzet konyháját, örökségét és kultúráját (OCTA 2015).

A gasztroturisztikai választék igen széleskörű, különösen a nagy tradíciókkal és jelentős kulturális vonzerőkkel rendelkező országokban (Szabó 2014). Hogy elősegítsük a kulináris turizmust, az ételeknek és italoknak egyedinek és emlékezetesnek kell lenniük (Caffyn 2010). A kulináris turizmus tehát több, mint éttermek és borozók látogatása. Ide kell sorolnunk a következőket is: gasztronómiai rendezvények és múzeumok, gasztronómiai alapú tematikus utak, éttermek és cukrászdák, pubok, tematikus vacsorák, egyéb gasztronómiai attrakciók.

1.1. A sörturizmus alapjai

1.1.1. Sörforradalom

Az elmúlt 30 évben változások álltak be a világban a sörfogyasztással kapcsolatban. A mozgalom Amerikából indult. Az egyensörök ellen lázadva egyre inkább különleges söröket kezdtek el keresni a fogyasztók, sőt sokuk nemcsak kereste ezeket, hanem – egyre elmélyülve a sörfőzés tudományában – készítette is. (Dávid et al. 2009) Egyre-másra nyitottak a mikrosörfőzdék. Ez a hullám az ezredfordulóra elérte Európát is, ahol a britek és a csehek jártak élen, de Németországban, Hollandiában, Dániában és Ausztriában is nyíltak kisüzemi sörfőzdék, sőt olyan országok is csatlakoztak a mozgalomhoz, amelyek nem „sörösek", például Olaszország, Spanyolország és Franciaország. Magyarországon érdekesen alakult a helyzet. 1990-ben 300 mikrosörfőzde nyílt kihasználva azt a kiskaput, hogy a házi sör után nem kellett jövedéki adót fizetni, így olcsóbb volt, mint a nagyüzemi. Ezek minősége azonban nagyrészt nem volt említésre méltó, és amint rájuk is kivetették az adót, kétharmaduk pár éven belül bezárt, 2010-re a számuk 50 alá csökkent[76]. Amelyek azóta is életben vannak, azok felismerték azt, hogy sörkülönlegességek készítésével tudják imázsukat javítani (Vétek – Rosenstein 2015).

A sörfőzésben tehát új irányok és főzési technológiák jelentek meg, a kézműves sörök presztízse az elmúlt 5-6 évben ugrásszerűen megnőtt. Az első kézműves sörfesztivál megrendezése Budapesten 2011-ben bemutatkozási lehetőség volt a kis műhelyeknek, és bebizonyította, hogy igény van a kézműves sörökre. A kísérletezés a gyümölcsös és/vagy fűszeres ízekkel azóta sem hagyott alább, sőt Magyarországon is megjelentek a felsőerjesztésű sörök. A jó sör így lassan a gasztronómia szerves részévé válik, beszivárog a vendéglátásba, a borvacsorák mintájára sörvacsorákat rendeznek.

A kisszériás, jó söröket azonban nem elegendő elkészíteni, el is kell őket juttatni a fogyasztókhoz. A sörforradalomnak nevezett folyamat ezen részének kiépítését szinte elölről kellett kezdeni még az olyan, sörfőzdékkel sűrűn ellátott országban is, mint Németország, Belgium vagy az Egyesült Királyság. A kézműves sörökkel való foglalkozás ugyanis az eddig megszokottól egészen eltérő hozzáállást kíván a vendéglátóhelyektől: egyrészt nincs többé állandó választék, hiszen a sörfőzdék kínálata egyfolytában változik, és ha vannak is folyamatosan főzött söreik, mindig akadnak újdonságok, időlegesen vagy alkalmanként készített tételek is. Másrészt a közönség is igényli a változatosságot, ezért nem elégszik meg azzal, hogy gyakran cserélődik a választék egy-egy sörözőben, hanem egyszerre, egy időben is szeret sokféle sör közül választani. Ezért egyre több helyen vezették be a vendégsört, ami havonta, hetente vagy akár naponta változó sört jelent az állandó kínálat mellett. A sörforradalommal egy újfajta sörözőtípus is elterjedt: a sokcsapos söröző, vagy az angolszász terminológia szerint a „multi-tap bar". A

---

[76] index.hu/gazdasag/magyar/2011/10/06/legalizaljak_a_hazi_sorfozest (letöltve: 2016.02.20.)

nevéből adódóan ennek az a lényege, hogy sok, (jellemzően hatnál többféle) sört csapolnak párhuzamosan. Magyarországon jelenleg 21 féle csapolt sör jelenti az egyik legszélesebb választékot, az Élesztőház Budapesten kézműves sörözőként, sörkoktélbárként definiálja magát, ún. *„brew-stúdiót"*, grillkonyhát, lakáséttermet, de még *„hopstelt"*, azaz sörhotelt is üzemeltetnek[77]. Csehországban (Prágában) 48, Belgiumban 50 körüli a csúcs (Vétek – Rosenstein 2015). Ezeken a helyeken természetesen a palackozott sörválaszték is kiemelkedő. Magyarországon az 1980-as években ismerkedhettünk meg egy új kifejezéssel, a *„brewpub"*-bal, vagyis a sörfőzde-sörözővel. Bár a kifejezés viszonylag új, a mögötte lévő tartalom nem, hiszen évszázadokkal ezelőtt Európa számos országában elterjedt szokás volt, hogy a fogadókban helyben főzzék a sört. Különösen Angliában és Németországban volt gyakorlat, de jó példa a sörkedvelő magyarok által is jól ismert prágai U Fleků is, ahol 1499 óta főzik folyamatosan a sört. Kétségtelen, hogy a sörforradalom lendületet adott a sörfőzde-sörözők létrejöttének, hiszen a termelőhely (sörfőzde) mellett rögtön adott az értékesítő hely (söröző) is. Sok helyütt a vendéglátást kiegészítve még panzió is működik. Az USA-ban a mikrosörfőzdék 40%-a, Csehországban hozzávetőlegesen 80%-a brewpub (Vétek – Rosenstein 2015).

1.1.2. Sörturisták

A sörivók vagy akár az egyszerű turisták is gyakran érdeklődve keresik fel a látogatható sörgyárakat vagy más, sörrel kapcsolatos attrakciókat. A sörturizmus tehát egy egyre növekvő iparág, mivel már egyre több cég kínálja útjait a különböző sörfőző régiókba. Emellett szinte minden sörturizmusban érdekelt országban megtalálhatjuk azokat a sörbarát szervezeteket, melyekhez akkor fordulhatunk, ha tájékozódni szeretnénk az adott térség különlegességeiről, lelőhelyeiről, sörbárairól. Emellett már nem is mindig muszáj nekünk elutazni a sörhöz, az is jöhet hozzánk, ugyanis könnyen és egyszerűen rendelhetünk a kiszemelt régió különlegességeiből online (Bujdosó et al. 2012). A fenti tényezőknek köszönhetően a sörturizmus az alternatív turizmus egyik új, kedvelt formája lett, különösen bizonyos célcsoportokon belül.

A sörpiac legfontosabb szereplői a szocio-kulturálisan magasabb szintet képviselő, gazdaságilag az átlagnál jobban kvalifikált csoportból kikerülő középkorú férfiak. Jelentős az eseményekhez (osztálytalálkozók, sportesemények, fesztivál, legénybúcsú stb.) kötődő, sörturizmus jellegű utazás is a fent említett szegmens körében. A fiatalabbak, illetve a nők kevesebb, kevésbé karakteres sört isznak. Az alacsonyabb szocio-gazdasági csoport tagjai fizetőképességük szintje miatt inkább a nagy multi sörgyárak söreit fogyasztják, kevésbé válnak aktív szereplőivé a klasszikus sörturizmusnak (Caffyn, 2010).

---

[77] www.elesztohaz.hu/index.php (letöltve: 2016.02.20.)

2. A sörturizmus formái

A sörturizmus megjelenési formáit két nagy csoportra oszthatjuk (1. ábra). Első esetben a turista számára az elsődleges motivációt maga a sör jelenti, azaz a kiszemelt, kiválasztott sörfajta valamilyen környezetben történő elfogyasztása a cél. A továbbiakban a kategóriába tartozó turisztikai termékek, attrakciók (mint sörkóstolás, sörvacsorák, sörhétvégék) az alábbi alfejezetekben részleteiben is kifejtésre kerülnek.

Elsődleges motivációt jelenthet a sörrel kapcsolatos hely meglátogatása, amikor a turista a sörhöz kötődő attrakció meglátogatása miatt utazik, a desztináció a domináns vonzerő és a sör fogyasztása csak másodlagos vagy nem is történik meg.

1. ábra

A sörturizmus megjelenési formái

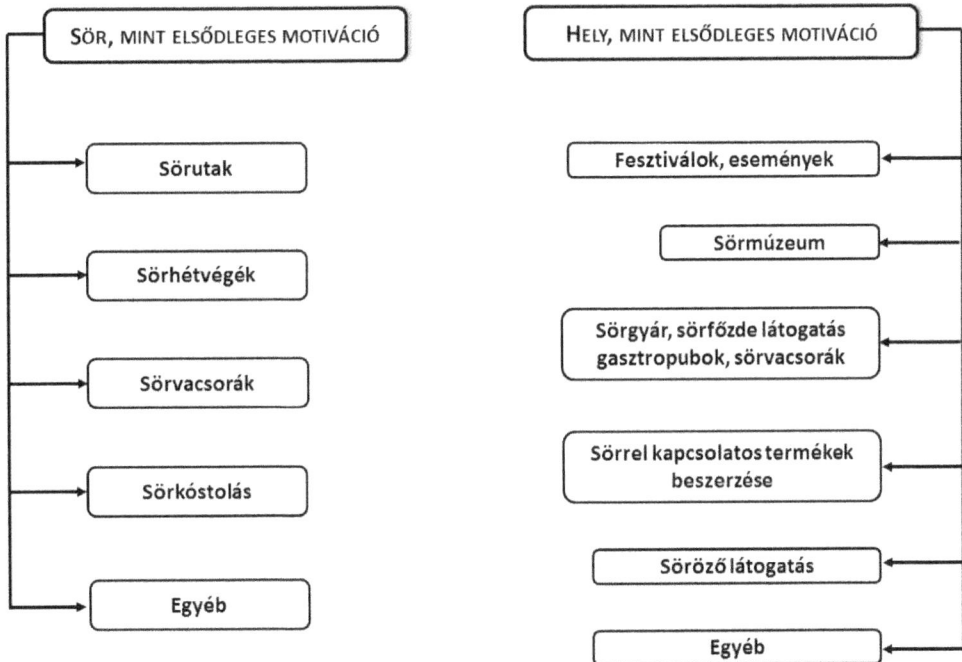

Forrás: Bujdosó – Szűcs (2012:105) alapján saját szerkesztés

2.1. A sör mint elsődleges motiváció

2.1.1. Sörkóstolás

A sörturizmus legismertebb formája talán az adott ország söreinek fogyasztása, sörözők látogatása céljából történő utazás. Kiemelkedőnek mondható e tekintetben Csehország, Németország, Belgium, Nagy-Britannia, a balti államok és Írország szerepe. Az Egyesült Királyságban például külön szervezetek léteznek, amelyek a különböző típusú sörök fogyasztását szervezik a turisták számára. A legtöbb sörfőzde részt vesz a sörtúrákat kínáló Cask Marque rendszerben, ezeket közösen reklámozza a www.visitabrewery.co.uk honlap. Nagy Britanniában jól ismert sörmárkákat találhatunk itt – mint az Adnams, Banks's, Black Sheep, Fuller's, Moorhouses, Ringwood, Thwaites, Wadworth, Wychwood stb. –, néhányan közülük évszázados múlttal rendelkezik. Túráik jól szervezettek, legtöbben szállást, programokat, egyéb turisztikai attrakciókat is ajánlanak a sörök mellé[78]. A nagy gyárak mellett fokozatosan divatossá vált kézműves sörök – melyek általában kis mennyiségben készülnek, természetes alapanyagokból, adalékok és tartósítószerek nélkül, kisipari körülmények között – termelői mára végérvényesen felkerültek Európa és a világ sörtérképére. Termékeik palettája szélesebb, a sörök íze és aromája jellegzetes és sokféle lehet. A sörturisták vagy más néven „beer-hunter"-ek ereklyeként gyűjtik ezeket a söröket.

Németországban kifejezetten kisüzemi sörre szakosodott boltok kínálják az ínyenc és különleges italokat, így például Münchenben a Beermania sörszaküzletben több mint 500 fajta sör közül választhatnak a sör-vadászok. Magyarországon is számos ilyen bolt nyílt az elmúlt pár évben. Elsőként említendő az Élesztőház, melynek első egysége, az Élesztő Kézműves Söröző 2013 tavaszán nyílt meg a Főzdefeszt szervezőinek üzemeltetésében. Az „industrial" stílusú egységben 21 csapon folyik a sör, reprezentálva a hazai és a nemzetközi „craft beer" élvonalát. Működésének második évében további egységei nyíltak a háznak, a sörbemutatókra, sörfőző tanfolyamokra kitalált Brew! Stúdió, valamint a frissítő sörkoktélbár, biokocsma, kávézó, grillbár és a sonkabár. Az Élesztő ad teret számos sörös eseménynek, így a házi sörfőzők éves versenyének is. A budapesti Csakajósör az első sörboltok egyike, ahol nemzetközi és hazai kisüzemi söröket lehet vásárolni. 2016-ban a kínálat 127 főzde különböző típusú söreit sorakoztatja fel, köztük hazai, ismert holland, belga és német főzdék, de apró dán vagy francia kézművesek termékei is megtalálhatóak[79]. 2015 tavaszán nyílt Pécsett a Kisüzem nevű sörbolt, ahol 150 féle palackozott hazai kézműves sör közül válogathatunk, de tematikus sörkóstolókat is szerveznek a helyszínen. A budapesti Beerodalom sörüzletben hazai és nemzetközi kézműves sörök széles választékát találjuk. Az online kereskedő emellett hasznos kellékekkel szolgál a hobbifőzőknek és a kézműveseknek, hiszen élesztőket, ún. „start kit"-eket, enzimeket árul, a palackozáshoz szükséges felszerelések közül is többet kínál, akár az interneten, akár a mintaboltban a vevőknek[80]. A Budapesten található Belga Sörök Háza Magyarország legnagyobb választékkal rendelkező belga sör boltja, a trappista, apátsági vagy a flamand sörökön túl tucatnyi kevésbé ismert

---

[78] visitabrewery.co.uk/breweries (letöltve: 2016.03.17.)
[79] www.csakajosor.hu/csapon_csakajosorben (letöltve: 2016.02.20.)
[80] www.beerodalom.hu/ (letöltve: 2016.02.20.)

különlegességet is árulnak. Emellett előadásokkal színesített belga sörvacsorákat kínálnak a vendégeknek, rendezvényhelyszínként is üzemelnek[81]. Említésre méltó még a szentendrei Teddy Beer sörbár, ahol a magyar kisüzemi sörökön kívül, innovatív, fine dining felé kacsingató sörkorcsolyák, *„pub food"* elfogyasztásában is részünk lehet. Legjobb, ha a sört a készítés helyén kóstoljuk! Magyarországon a Zirci Apátság Manufaktúra hirdet olyan sörestet, ahol a sörök kóstolása mellett a sörkészítés rejtelmeit is megismerhetjük (Vétek – Rosenstein 2015).

2.1.2. Sörvacsorák

A sörvacsora egy adott sörsorra készített ételsor, melynek fogásai valamiképpen reagálnak a hozzá járó sör belső tulajdonságaira – legyen az hasonlóság, harmónia vagy éppen kontraszt (Bujdosó et el. 2012). Olyan ételek készülnek sörrel, amelyek elsőre talán kicsit bizarrnak tűnnek, például a sörfagyi. A sörvacsorát kínáló éttermek mottója, hogy a sör nem csak egy hozzávaló a vacsorához, hanem az ideális ital az étkezéshez. A sör-étel párosításokban a sör háromféle szerepben léphet fel: kiegészítheti az étel ízét, vagy kontrasztként ellenpontozza, illetve tisztítja, leöblíti a nyelvet és a szájüreget (Vétek – Rosenstein 2015).

A sörvacsorák alkalmával az ital egészségre gyakorolt pozitív hatásait is igyekeznek beépíteni a menübe, az egyes fogásokhoz, ételekhez különböző típusú sört ajánlanak. A londoni Swan Hotel például az aperitiftől a desszertig kínálja söreit, fogástól függően. Hasonlóképpen a sört kapcsolja ételeihez a Restaurant Alus Seta Rigában.

2.1.3. Sörút

A tematikus utak olyan turisztikai termékek, amelyek különböző közlekedési formák igénybevételével megközelíthető természeti és mesterséges attrakciókat fűznek fel egy kiválasztott téma köré Számtalan tematikus út témáját képezik gasztronómiai termékek, melyek az adott régió fő étel- vagy italkínálatán alapulnak. Legismertebbek az egyes borvidékek borútjai. Egy-egy mezőgazdasági termék is jelentheti a tematikus utak témáját a táj jellegétől függően. Jó példák erre a hajdú-bihari Tormaút, a szatmár-beregi Szilvaút, a zalai Almaút, a sajtutak, a pálinkautak (Puczkó – Rátz 2000).

A gasztrotematikus utak jól reklámozhatják az adott területet, mert a gasztronómiai attrakción felül tartalmaznak általános turisztikai elemeket is: például a táj látványa vagy helyi kulturális örökség bemutatása. A megszállott sörturisták – meglehet, nem képviselnek tömegeket – nagy bevételt jelenthetnek a desztinációnak, jó költőknek számítanak. Egy sörút jó motiváló erő lehet számukra, hogy hétvégéket vagy rövidebb nyaralásokat tervezzenek egy adott

---

[81] www.belgasorokhaza.hu/fooldal (letöltve: 2016.02.20.)

területre, hogy ott megkóstolják a helyi söröket, meglátogassák a bárokat vagy sörfőzdéket (Csapó – Wetzl 2015).

Bár a tematikus utak kapcsán elsősorban a borutak a jellemzőek, már találunk példát a kontinensünkön sör témára épülő útra is. Ilyen a skót Stockport Ale Trail, amely három utat kínál a városon keresztül, mindegyikben szerepeltet 6-8 pubot, sörállomást[82]. Ez jó modellnek tűnik ahhoz, hogy hogyan kell összekötni a pubokat és hogyan kell további információkat adni a helyi sörfőzdékről és más közeli attrakciókról. Hasonló példaként említhető a bajor *„Bier-Tour durch München”* (*„Sörtúra Münchenen keresztül”*), ahol a turisták a sörfogyasztás mellett megismerhetik a város nevezetességeit is[83]. Az Oberfranken régió Németországban 54 sörúttal rendelkezik[84], köztük kerékpáros, autóval megközelíthető és túrával egybekötött, két órástól több napos összeállítású utakkal. A belga Gent városa érdekes várostúrákat ajánl: egy egyenruhás idegenvezető – akit bellman-nek hívnak – elviszi a látogatókat a város leghíresebb pubjaiba. Amikor itt az ideje átmenni a következő bárba, megcsöngeti a harangját[85]. Kanadai példának említhető a *„The Ale Trail”*, amely szintén közös termékként kínálja a térség attrakcióit (Plummer et al. 2005) A Baltikumban is találunk példát sörutakra, elsősorban a városokban: Kaunas, Birzai, Panevezys és Klaipeda pubjai kínálnak közös élményt a turistáknak.

2.1.4. Sörhétvége

A sörrel rendelkező települések számára alapvető fontosságú, hogy az érkező vendégek számára több napos tartózkodásra lehetőséget adó csomagot biztosítsanak. Ennek egyik lehetősége az ún. sörhétvégék szervezése. A szervezett sörrel kapcsolatos nyaralás piaca korlátozottnak tűnik, az Egyesült Királyságban is csak néhány utazásszervező ajánl sörtémájú nyaralásokat. A Warners Leisure turisztikai szolgáltató csomagjai sörkóstolást vagy sörgyárlátogatást is tartalmaznak, de egyéb italokra – krémlikőr, borok, whiskey-k – specializált programokat is kínálnak[86]. A Mountain Goat utazási iroda Lake District csomagja ajánl *„pint to pint”* utakat, bizonyos csoportoknak, de ezeket előre meg kell rendelni (Caffyn 2010).

Belgiumban szintén találkozunk hasonló példákkal. The Belgian Brewers Association és a Mashstaff of the Knights együttműködve szervezik a Belga Sör Hétvége nevű programot a brüsszeli Grand Place-on[87]. Ezen sok kicsi, közepes és

---

[82] www.stockport.gov.uk/2013/3000/558305/stockportaletrailbrochure (letöltve: 2016.02.20.)

[83] www.biertour-muenchen.de/index.php?set=touren&id=&lang= (letöltve: 2016.02.20.)

[84] www.bierland-oberfranken.de/deutsch/tourismus/bierwanderungen_121.html (letöltve: 2016.02.20.)

[85] www.tourism-review.com/various-kinds-of-beer-attract-tourists-to-belgium-news2462 (letöltve: 2016.02.20.)

[86] www.warnerleisurehotels.co.uk/breaks/weekend-breaks/drinks-inclusive/ (letöltve: 2016.02.20.)

[87] www.belgianbrewers.be/en/beer-culture/the-knighthood-of-the-brewers-mash/(letöltve:

nagyobb sörfőzde vesz részt azért, hogy bemutassa a legjobb válogatását. A sörhétvégék gyakori témája lehet a sörfőzés tudományának elsajátítása, akár sörfőző tanfolyamok szervezése is. Szintén az Egyesült Királyságban a Woolpack Inn Cumbriában ajánl olyan sörhétvégét, ahol sörkurzusokon vehetünk részt és szállást is kapunk a pubban[88].

2.1.5. Egyéb sörös attrakciók: sörwellness

A sört sok helyen nem csak inni érdemes, hanem egyéb célokra is hasznosíthatják, amely szintén turistavonzó lehet. Az egészség- és wellnessturizmus az 1990-es években felfedezte a bor, a szőlő jótékony hatásainak és a pihenésnek, rekreációnak az összekapcsolásából származó üzleti lehetőségeket, amiből hamar kibontakozott a *„vinoterápia”* mint turisztikai termék (Smith – Puczkó 2014). Ennek a mintájára, a *„sörforradalom”* nemzetközi kiteljesedésével párhuzamosan, a sör jótékony élettani hatásaira építve egyfajta sörwellness is megjelent a turisztikai kínálatban, amely a sörös nemzetekben egyre nagyobb elismerésnek és népszerűségnek örvend. A csehországi Chodovar Planá családi sörfőzdében a világ legnagyobb sörfőzdéje, az ún. *"Beerarium"* várja a fürdőzni vágyókat sörterápiás kezelésekkel, valamint ún. Beer-Wellness-el[89]. De számos további sörfürdő is található az országban, amelyeket a cseh nemzeti turisztikai hivatal tematikusan hirdet[90]. Németország és Ausztria[91] több szállodája is kínál sör-wellness kezeléseket, a maláta és a komló jótékony hatását hangsúlyozva.

2.2. A hely mint elsődleges attrakció

Számtalan turista nem elsősorban a sör fogyasztása miatt keres fel desztinációkat, hanem olyan helyek, érdekességek miatt, amelyek ugyan a sörhöz kapcsolódnak, de nem kifejezetten annak élvezete jelenti a motivációt. Alábbiakban a desztináció-központú sörturisztikai termékek – mint a sörözők, fesztiválok, múzeumok, sörgyárak és gasztropubok – kerülnek bemutatásra.

2.2.1. Sörözőlátogatás

A sörfőzés egyidős az emberiséggel, ennek köszönhetően a pubok is hosszú évszázadok óta a társadalmi élet közösségi helyeivé váltak. Kontinensünkön ez idő alatt egyediségüknek, hangulatuknak, történelmi eseményeknek és egyéb tényezőknek köszönhetően híres sörözők, pubok alakultak ki. Ezek a helyek napjainkban a turistacsalogató kiadványok hasábjain mind megtalálhatók. A bárok

---

2016.02.20.)

[88] www.woolpack.co.uk/ (letöltve: 2016.02.20.)

[89] www.chodovar.cz/id1001en-home.htm#_ (letöltve: 2016.02.20.)

[90] www.czechtourism.com/a/beer-and-wine-spas/ (letöltve: 2016.02.20.)

[91] www.venere.com/blog/germany-beer-austria-10448/ (letöltve: 2016.02.20.)

és kocsmák gyakran érdekes építészeti remekek vagy az adott régió örökségének részei. Mások már brandként említhetők, ahova a turisták igyekeznek eljutni (például az U Fleků Prágában, a Delirium Café Brüsszelben, a Ye Olde Cheshire Cheese Londonban). Néhány híres-hírhedt bár és pub már magában is minidesztinációként működik, önálló turisztikai attrakcióként vonzza a turistákat. Ilyenek a The Tan Hill Inn Yorkshire Dales-ben, amely a tengerszint felett legmagasabban fekvő pub Nagy Britanniában, az U Kalicha, amely Švejk kocsmájaként lett híres, a The Signal Box Inn a lincolnshire-i Cleethorpes-ban, amely a legkisebb pub a világon (egy időben mindössze hat vendég befogadására képes), vagy a Pub Na Spilce Plzenben, amely a legnagyobb pub a világon. Bátran kijelenthetjük tehát, hogy a pubok a sörturisták zarándokhelyei (Everett 2016).

2.2.2. Fesztiválok, események

A sörfesztiválok számára vonatkozóan pontos adatok a Föld egészére vetítve nem léteznek, a statisztikák csoportosításai alapjai is sokszor eltérnek, hiszen a sörfesztiválok között akadnak kisebb regionális, nagyobb országos, illetve nemzetközi érdeklődésre számot tartó rendezvények is. Vannak általános és vannak tematikus, valamely sörtípusra szakosodott fesztiválok. Természetesen valamennyi sörfőzde, sörgyár szervez évente fesztiválokat, ezek hatóköre a helyitől a nemzetköziig terjed, sokszor nem csupán napi látogatókat, hanem eltöltött vendégéjszakákat is generálnak. Néhány jelentősebb sörfesztivál – kiemelten a kézműves sörfőzdék ünnepei – a világban, illetve szűkebb környezetünkben:

- Great American Beer Festival – háromnapos fesztivál az USA Colorado államában, Denverben: a világ legnagyobb ilyen jellegű rendezvénye, szakmai konferencia és sör-étel párosítási bemutatók is program részét képezik;
- Great British Beer Festival – a Campaign for Real Ale (CAMRA) szervezi; a négy és fél napos eseményen sörkóstoló kurzusokon, sörfőzde bemutatókon, sörismereti előadásokon és sörversenyen is részt vehetnek a látogatók;
- Biermeile (Internationales Berliner Bierfestival) – a Berlinben megrendezett sörfesztivál a világ leghosszabb sörkertjében (2200 m) 800 ezer látogatót vonz évente;
- Braufest Berlin – a budapesti Főzdefeszt exportjaként került 2013-ban Berlinbe, a kisebb kézműves sörökre és készítőikre fókuszál; 2015-ben már 15 ezer látogatót vonzott;
- Craft Bierfest Wien – 2013-ban rendezték meg először Bécsben;
- Cesky Pivni Festival – 2008 májusában tartották először Prágában, 17 napos rendezvény napi 10 ezer látogatóval;
- Festival Minipivovaru – 2013 óta a prágai Várnegyedben rendezik, ahol kimondottan mikrosörfőzdék jelenítik meg a kínálatukat;

- Salon Piva – Kassán és Pozsonyban rendezik meg ezt a kézműves sörfesztivált; ahol a sörkülönlegességek mellett gasztronómiai különlegességeket is megkóstolhatunk;
- Zythos Bier Festival – a legjelentősebb belga sörfesztivál, melyet 2004 óta rendeznek meg minden év áprilisának utolsó hétvégéjén Leuvenben;
- Müncheni Oktoberfest – bár egyesek szerint ez inkább egy népünnepély, mint sörfesztivál, mégsem hagyhatjuk ki a felsorolásból, hiszen Bajorország turizmusának egyik legjelentősebb eseménye; a rendezvényt évente több, mint hat millió ember látogatja, amely 1 milliárd eurónál nagyobb bevételt jelent a város számára.

A Magyarországon megrendezett jelentősebb sörfesztiválok:
- Cseh Sörfesztivál, Budapest – 2008 óta minden év júniusában megrendezik, 2015-ben már majdnem két hétig tartott; a sörkínálatot 30-35 regionális sörfőzde biztosítja, cseh sajtokat és sörkorcsolyákat is fogyaszthatunk;
- Belga Sörfesztivál – Budapesten a Vajdahunyad várban 2010-ben rendezték meg először, 2015-ben a Bálnába költözött; 200 féle belga sör, sajt és sonka kóstolható;
- Főzdefeszt Budapest – 2011-ben rendezték meg először, elsődleges célja a magyar kisüzemi sörfőzés bemutatása volt; bár később is ez maradt a fő cél, a következő fesztiválon helyet kaptak a bemutatkozó otthonfőzők és kisebb-nagyobb külföldi sörfőzdék, sörimportőrök is; a Fővárosban évente két alkalommal tartják, de ezen kívül vidéken is szerveznek Főzdefeszt hétvégéket; 2013-ban nemzetközi porondra léptek az előbbiekben említett Berlin Braufesttel; 2015-ben úgy látszik, megtalálták a legalkalmasabb helyszínt, a Városligetet (Vétek – Rosenstein 2015);
- A Békéscsabán megrendezésre kerülő Csabai Sörfesztivál és Csülökparádé 2015-ben már a 15. születésnapját ünnepelte, évről évre nagy érdeklődés követi;
- A Miskolci Sörfesztivál fiatal rendezvény: a 2015-ben negyedik alkalommal megrendezett eseményen 70.000 sörkedvelő gyűlt össze,
- Szegeden a Nemzetközi Söröm nevű fesztivál kifejezetten a kézműves sörökre fókuszál, 2016-ban másodjára kerül megrendezésre;
- Hegykőn a Kézműves Sörök és Pálinkák Fesztiválja elnevezésű rendezvényen már annak neve is hangsúlyozza a kínálat jellegét;
- Hajdúszoboszlón a Grillétel- és Sörfesztivál a tavasz nyitórendezvénye, 2016-ban már 12. alkalommal.

Meg kellett említeni a sörfesztiválok mellett azokat a rendezvényeket, eseményeket is, amelyek szintén a sörhöz kapcsolódnak, de kiegészülnek valamilyen unikális vonzerővel. Ilyennek tekinthető a Litvánia több városát összefogó Sörmaraton, melynek lényege, hogy valamennyi résztvevő a térkép szerint meglátogatja az ellenőrzési pontokat (bárok, kávézók), ahol a tulajdonosok feladatokat oldatnak meg a versenyzőkkel. A sörmaraton során sört inni nem szükséges, de nem tilos, viszont csak gyalog, futva vagy tömegközlekedési eszközzel lehet közlekedni, minden más járművel tilos! Hasonló esemény a Beer Bike Competition az egyesült államokbeli Houstonban: egy egyetemi kerékpárverseny és egy ivó verseny kombinációja, amelynek története az 1957-es évekig vezethető vissza. A Rice University-nél tartják és a világ összes részéről érkeznek ide egyetemisták.

2.2.3. Sörmúzeumok, gyűjtemények

A sörfőzdék fontos részét képezik az ipari örökségnek, de pubok, fogadók és bárok szintén lehetnek fontos építészeti vagy örökségi értékek. Számos régi vagy mai sörfőzde vagy pub működik múzeumként. Európa számos országában találkozhatunk a helyi sörgyárban működő sörmúzeummal, amely a sörfőzés mellett a sörkultúrával is megismerteti a turistát. Néhány példa erre: a Plzeňi Sörmúzeum (*Pivovarské muzeum v Plzni*), az észt Saku Sörfőzde és Múzeum (*Saku Õlletehas*), a müncheni Sörfesztivál Múzeum (*Bier- und Oktoberfest Museum*) vagy a dublini Guinness otthona, a *Guinness Storehouse*. Ugyanakkor találkozhatunk olyan esetekkel is, amikor a gyűjteménynek nem maga a sörgyár, hanem egy másik épület ad helyet. Jó példa erre a litván Alaus sörkiállítás a Birža-Kastélymúzeumban vagy a budapesti Dreher Múzeum. A sör nemcsak önmagában kínál témát múzeumok számára, összetevői is lehetnek kiállítási kellékek, mint például a belgiumi Poperinge, amely komló múzeumáról híres. Ugyanakkor a sörhöz kapcsolódó kellékek (poharak, korsók, stb.) is képezhetik kiállítások anyagát. A brüsszeli De Bier Tempel a különböző sörtípusok mellett poharakat, könyveket, korsókat és más sörhöz kapcsolódó témákat mutat be, míg a magyarországi Győr városa több alkalommal rendezte meg a Söröskorsó és Nosztalgia Söralátét Kiállítást az elmúlt években. A sörösdoboz múzeum (*Beer Can Museum*), amely Massachusetts állam East Taunton városában van, több mint 5000 különböző sörösdobozt mutat be.

2.2.4. Sörgyár, sörfőzde látogatás

A sörturizmus leginkább ismert, klasszikus formája a sörgyárak, sörfőzdék turisztikai célú látogatása, melynek során a turista fő motivációja nem feltétlenül a sör fogyasztása, a sörgyártás megismerése, hanem a turisztikai attrakció felkeresése. Gondolhatunk itt például a világ legrégebbi sörfőzdéjére, a bajorországi Weichenstephanra. Természetesen ahhoz, hogy egy sörgyár, sörfőzde látogatható legyen, rendelkeznie kell megfelelő infrastruktúrával, elsősorban látogatóközponttal. Európában Nagy-Britannia sörös attrakciói rendelkeznek komoly látogatószámmal, melyek közül néhánynak a látogatószámát, illetve annak változását az 1. táblázatban ismertetjük. Az adatok rávilágítanak a sörös attrakciók népszerűségének a szintjére, illetve a sörturizmus népszerűségének változására is (a londoni Tower látogatószáma 2014-ben 3.081.939 fő volt) (VisitEngland 2014).

Csehország szinte valamennyi sörgyára rendelkezik látogatóközponttal, sörgyár látogatási lehetőséggel, így Plzeň, České Budějovice, Prága és a kisebb sörfőző városok egyaránt. Németországban az ún. élménysörfőzdék kezdenek elterjedni egyedi vonzerőként (például Watzdorfer, Schussenrieder, Hachenburger). Ezekben a sörfőzdékben nem feltétlenül a látogatás, a kóstolás, hanem az élményszerzés a cél. A turisták egyedi ajándékokat készíthetnek, sört főzhetnek. A svájci Feldschlösschen sörgyár programjának neve *„Rheinfelden – Experience World of Beer"*[92], szintén komplex sörös élményt kínálva a turistáknak.

Belgiumban a sörfőzés a kolostorokból indult, és az apátságok ma is fontos helyei a sörkészítésnek. Ugyanakkor a szerzetesek ma már a turisták kiszolgálására is képesek. Több kolostorban a szerzetes jelen kell, hogy legyen az előállítási folyamatnál, és az eladott sörök eladásából származó bevétel túlnyomó részét jótékonysági célokra fordítják.

1. táblázat

A brit sörfőzdék látogatottsága

Sörattrakció	Látogatók száma 2010-ben (fő)	Látogatók száma 2014-ben
Elgood's Brewery and Garden, Cambridgeshire	7.347	6.897
Black Sheep Brewery Tours, Harrogate	n.a.	80.000
Shepherd Neame Brewery Tours, Kent	17.394	23.705
York Brewery, York	n.a.	8.321
St Peter's Brewery and Visitor Centre, Suffolk	17.500 (2008-ban)	Jelenleg szünetel
St Austell Brewery Visitor Centre, Cornwall	30.000 (2008-ban)	n.a.

Forrás: VisitEngland Annual Visits to Visitor Attractions Survey (2015)[93]

Magyarországon is találhatunk látványfőzdét: például a Rotburger Látványsörfőzde[94] Pilisvörösváron található. A Zip's Brewhaus[95] Miskolcon a

[92] www.tourismus-rheinfelden.ch/dl.php/de/5519368ec107d/Ortsbroschure_2013_neu_e.pdf (letöltve: 2016.02.20.)

[93] www.visitengland.com/biz/resources/insights-and-statistics/research-topics/attractions-research/annual-survey-visits-visitor-attractions (letöltve: 2016.02.20.)

[94] www.rotburger.com/index.php (letöltve: 2016.02.20.)

[95] www.zips.hu/ (letöltve: 2016.02.20.)

kisüzemi Zip technológia látványos referenciaüzeme. A domonyi Bigfoot[96] sörfőzdében üzemlátátogatást hirdetnek. A Rizmajer Sörfőzdében[97] Csepelen sörbemutatókon és vezetett látogatásokon vehetünk részt. Valamint természetesen a Dreher sörgyár is hirdet látogatási lehetőséget: sörutazás program keretében bemutatják páratlan szépségű Főzőházukat, és felfedik a nemes nedű számtalan titkát.

2.2.5. Gasztropubok

A „gasztropub" nemcsak mint kifejezés új, hanem a mögöttes tartalom is az. Olyan pubot jelöl, amelynek megmaradt a kötetlen légköre és továbbra is szívesen fogad nem étkező vendégeket, de ételkínálatát úgy alakította ki, hogy mint ebédlő- és vacsorázó hely is célpont legyen. A gasztropubok jellemzően modern bisztró-stílusú konyhát visznek, némely egészen magas színvonalon, mint például a Michelin csillagos angliai The Hand Flowers Pub. Az első gasztropub – amelyről a műfaj feltehetően az elnevezését is kapta – a kanadai Victoriában 1984-ben megnyitott és ma is működő Spinnakers Gastro Brewpub volt. Európában a londoni The Eagle Pub számít úttörőnek. Amikor David Eyre és Mike Bellben 1991-ben átvették a pubot, alaposan átgondolták, hogy mi az, amit feltétlenül meg kell tartani: maradt a kötetlen családias légkör, a terítetlen asztalok, a széles sörválaszték, viszont kidobtak mindent, amit fölöslegesnek tartottak. Ismert gasztropubok a londoni The White Swan, a The Poacher Kentben vagy a Belga Queen Brüsszelben. A gasztropubokban általában csak ebéd- és vacsoraidőben van teljes étlap, a köztes időben szűkített bármenüvel szolgálnak (Farley 2009).

A csupán sört kínáló pubok az elmúlt időben rájöttek arra, hogy ha kínálatukat gasztronómiai különlegességekkel vagy akár szálláshelyekkel bővítik, nagyobb turistalétszámot tudnak elérni. Persze sokszor nehéz ezeknek a szálláshelyeknek felvenniük a versenyt az ismertebb hotelekkel, ahol például könnyebb a foglalás, és amelyek néha ugyanúgy kínálnak étkezési és sörözési lehetőséget (Caffyn 2010). Sajátos ötvözete a sör- és az ételkínálat, a sörturizmus és a gasztronómia kapcsolatának a litvániai Zibininkai HBH pas Juoza élményétterme, amely saját sörfőzdével is rendelkezik és a turisták egyedi élményszerzését célozza meg.

2.2.6. Sörrel kapcsolatos termékek beszerzése

Nem csak maga a sör, hanem a hozzá kapcsolódó termékek, eszközök is jelenthetik az utazás alapját. Ilyen termékek lehetnek a söralátétek, a sörös korsók, sörös dobozok, poharak, a címkék vagy akár a kupakok is. Egyre többen utaznak ún. ereklyegyűjtő túrára, hogy az adott ország söféleségeihez kapcsolódó

---

[96] www.bigfootsorfozde.hu/visitation.php (letöltve: 2016.02.20.)
[97] www.rizmajersor.hu/ (letöltve: 2016.02.20.)

eszközöket beszerezzék. Leggyakrabban a söralátétek gyűjtése jelenti a motivációt. A söralátéteket először a XIX. században használták olcsóbb bárokban abból a célból, hogy megóvják a söröket a belerepülő rovaroktól (a tehetős sörkedvelőknek lecsukható tetejű porcelánkorsója volt). Mára ez leginkább marketingeszköz, melyeken akciókat, információkat vagy akár hirdetéseket is közölhet a gyártó cég. A söralátét-gyűjtést *„tegestology”*-nak nevezik, amely a latin teges (takarás, fedés) előtag és az –etis (szőnyeg, fonat) szavakból alakult ki. A hobbinak nagy lendületet adott a '60-as években az Amerikai Egyesült Államokban az akkor népszerű humoristapáros, Morecambe és Wise egyik rövid előadása, melyben az alátétgyűjtés szépségeiről meséltek[98]. A mai gyűjtők sokszor nem csak pubokat látogatnak gyűjteményük bővítése érdekében, hanem ún. gyűjtő börzékre járnak. Számos ilyen börze létezik, különösen Közép-Európában. A legnagyobb talán a szlovákiai Martinban, illetve a cseh Olomoucban található. A gyűjtők sokszor szervezetekbe tömörülnek (*The British Beermat Collectors Society, The Brewery History Society, The Australian Beer Can Collectors Association* stb.), amelyek éves rendezvényeket is tartanak, és dajkálják és bátorítják a sörrel kapcsolatos dolgokat gyűjtőket.

2.3. A sör és a turizmus egyéb kapcsolódási pontjai

Több olyan sörhöz kapcsolódó hely, tevékenység is található szerte a világban, amely az előző típusokba nem vagy csak nagyon nehezen sorolható bele. Fontos ugyanakkor ezekről is szólni, hiszen utazási motivációt jelenthetnek. Egyrészt a sör és a turizmus kapcsolata már a tudományos élet számára is kutatási témát jelent, számtalan kisebb konferencia foglalkozik a két termék kapcsolatával. Ugyanakkor az oktatás és a képzés is egyre szélesebb lehetőséget kínál a sörrel foglalkozók számára. Kiemelkedik a németországi Bad Gleichenberg idegenforgalmi intézményének (*Tourismusschulen Bad Gleichenberg*) sör-sommelier képzése, ahol a sörkultúrát tanulják meg a fiatalok, akik szintén Európa több országából jönnek.

Különleges és talán meglepő párosítás a sör és a sport összekapcsolása, az ún. *beer-pong* (Lippman 2010). A játékban pingpong labdákkal kell a kihívó fél vagy kétfős csapat előtt álló söröspoharakba beletalálni. A sportágat több országban űzik, 2001 óta hivatalos szervezetük is létezik, a BPONG, akik évről-évre bajnokságokat rendeznek tekintélyes nyereményekkel. A World Series of Beer Pong[99] verseny az utóbbi években ezernél is több látogatót vonzott.

És végül, de nem utolsósorban említést érdemelnek a sörturisták tájékozódását, a sörrel kapcsolatos attrakciók elérését csúcstechnológiai háttérrel támogató Android Beer Guide-ok, melyekben rá lehet keresni a sör nevére, a sörfőzdére, a készítő országra vagy a sörtípusra. Van, amelyik a helyi sörfőzdéket

---

[98] www.morecambeandwise.com/ (letöltve: 2016.02.20.)
[99] www.bpong.com/ (letöltve: 2016.02.20.)

is szűri, másik a bár személyzetének nyelvtudását helyezi előtérbe, illetve egyre terjednek az értékelős applikációk is, ahol kritizálni, listázni lehet a söröket, a sörfőzdéket. Ennek köszönhetően a turista már utazása előtt, virtuálisan részese lehet a sör-élménynek.

3. Következtetések

A sör egyre népszerűbb motiváló tényező az utazásokhoz, egyre több sörturista keresi fel a világ sörnagyhatalmait. Ugyanakkor a turistát egyre inkább az élményszerzés lehetősége motiválja, ezért a sörturizmus kínálata is évről-évre bővül. A szakmának szembe kell nézni az új kihívásokkal, amelyek arra ösztönzik a kínálatot, hogy új termékekkel, szolgáltatásokkal álljon elő. Ennek alapja a sör összekapcsolása a helyi attrakciókkal, úgynevezett *"sörcsomagok"* összeállítása. A sörcsomag egy speciálisan sör témájú utazás, amely tartalmazza a sörfőzdék meglátogatását, híresebb pubok felkeresését, fesztiválokon vagy sörkóstolásokon való részvételt és esetleg ajánl sétát vagy más, étellel-gasztronómiával kapcsolatos tevékenységet. Caffyn (2010) is hangsúlyozza, hogy a sörkóstolást tematikusan kell összekötni más termékek megismerésével, legyen az húskészítmény, sajt vagy akár csokoládé.

A sörturizmus egyre letisztultabb formái, attrakciói jelennek meg a turisztikai piacon, ami a sört mint nemes italt helyezi előtérbe, emelve ezzel a presztízsét, megalapozva az igényes sörfogyasztás kultúráját és méltó helyét a gasztroturizmus rendszerében. A sörturizmus tökéletesen illeszkedik a legmodernebb turisztikai trendek sorába, akár a helyi termékek felértékelődését, akár az interaktív attrakciók térnyerését, akár a kulináris élmények megerősödését tekintjük. Átgondolt, professzionális megszervezése és lebonyolítása kulcsszerepet játszhat a helyi turizmus erősödésében, a bevételek helyben tartásában, a sörök tiszteletének kivívásában szerte a világon.

Felhasznált irodalom

- Bujdosó, Z. – Dávid, L. – Kovács, Gy. – Tőzsér, A. – Major-Kathi, V. (2013): A kulturális örökség, mint a turizmus és az élménygazdaság új eleme. In: Dávid, L. – Tőzsér, A. – Bujdosó, Z. (szerk.): *A kulturális turizmus új dimenziói*. Regionális Turizmuskutatás Monográfiák; 4, pp. 65-83.
- Bujdosó, Z. – Kerekesné Mayer, Á. – Újvári, K. (2012): *Gasztronómia a vendéglátásban*. Károly Róbert Főiskola, Digitális tankönyvtár. http://www.tankonyvtar.hu/hu/tartalom/tamop412A/20100010_12_Gasztr onomia_a_vendeglatasban/2923/index.html (letöltve: 2016.02.20.)
- Bujdosó, Z. – Szűcs, Cs. (2012): Beer tourism – from theory to practice. *Academica Turistica – Tourism and Innovation Journal* 5(1):103-111.

- Caffyn, A. (2010): Beer and tourism: A relationship worth fostering. *Tourism Insights* 2010 February. http://www.insights.org.uk/articleitem.aspx?title=Beer%20and%20Tourism:%20A%20Relationship%20Worth%20Fostering (letöltve: 2012.05.20.)

- Csapó, J. – Wetzl, V. (2015): A sör és a sörút, mint turisztikai attrakció megjelenési lehetősége az idegenforgalomban Magyarországon – esélyek és lehetőségek. *Modern Geográfia* 3(4):1-14.

- Dávid, L. – Tóth, G. – Bujdosó, Z. – Herneczky, A. (2007): A turizmus és a regionális versenyképesség kapcsolatának mutatói a Mátravidék példáján keresztül. *Észak-Magyarországi Stratégiai Füzetek* 4(1):3-20.

- Dávid, L. – Kerekesné Mayer, Á. – Remenyik, B. – Bujdosó, Z. (2011): A versenyképes gasztroturisztikai termékfejlesztés lehetőségei. In: Liebmann, L. – Marosvölgyi, B. – Solymos, R. (szerk.): *Innováció a Károly Róbert Főiskolán.* Károly Róbert Főiskola, Gyöngyös, pp. 47-52.

- Dávid, L. – Kerekesné-Mayer, Á. – Ujvári, K. (2009): Az ivás kultúrája. *Turizmus Trend* 12:9.

- Everett, S. (2016): *Food and Drink Tourism: Principles and Practice.* SAGE Publications Ltd., London.

- Farley, D. (2009): New York develops a taste for gastropubs. *Washington Post online.* May 24, http://www.washingtonpost.com/wp-dyn/content/article/2009/05/22/AR2009052201105.html (letöltve: 2014.08.13.)

- Gillespie, C. (2001): *European Gastronomy into the 21st Century.* Butterworth-Heinemann, Oxford.

- Long, L. M. (2004): *Culinary Tourism.* University Press of Kentucky, Kentucky.

- OCTA (2015): *The Rise of Culinary Tourism. Special Report.* Ed. by Ontario Culinary Tourism Alliance and Skift Travel Team. http://www.discovermuskoka.ca/images/pdf_files/OCTA-The-Rise-of-Culinary-Tourism.pdf (letöltve: 2016.03.12.)

- Plummer, R. – Telfer, D. – Hashimoto, A. – Summers, R. (2005): Beer tourism in Canada along the Waterloo-Wellington Ale Trail. *Tourism Management* 26(3):447-458.

- Puczkó, L. – Rátz T. (2000): *Az attrakciótól az élményig.* Geomédia Kiadó, Budapest.

- Smith, M. – Puczkó, L. (2014): *Health, Tourism and Hospitality. Spas, Wellness and Medical Travel,* Routledge, London.

- Szabó, G. (2014): Gasztrokultúra és turizmus. In: Hanusz, Á. (szerk.): *Területfejlesztés – turizmustervezés.* Tóth Könyvkereskedés és Kiadó Kft., Debrecen, pp. 37-46.

- Vétek, Gy. – Rosenstein, R. (2015): *Sörkönyv.* Corvina Kiadó, Budapest.

- Wolf, E. (2006): *Culinary Tourism: The Hidden Harvest.* Kendall/Hunt Publishing, Dubuque, IA.

7. ÉLMÉNYTEREMTÉS A SÖRTURIZMUSBAN – A GUINNESS STOREHOUSE ÉS A HEINEKEN EXPERIENCE LÁTOGATÓKÖZPONTOK ÖSSZEHASONLÍTÓ ELEMZÉSE

RÁTZ Tamara[100] – KISS Róbert[101]

> *„A Guinness annyira része az ír mindennapoknak,*
> *mint a magyarnak a brazil szappanoperák, és a*
> *hatásuk az agyra egyformán pusztító."*
>
> *(Ismeretlen szerző)*

Bevezetés

Ha Guinness, akkor Írország, ha Írország, akkor Guinness. Ezt a fogalomtársítást is lehetne említeni, mint a leggyakoribb sztereotípiát, amely elsőként jut az ember eszébe a két szó hallatán, és amelyre csak ráerősít a Guinness logója (1862-től), a hárfaembléma, amely később egyben Írország szimbólumává is vált. A neves sör sikere nem meglepő, hiszen maga a termék az ország kulturális örökségét képező pub-kultúrát leginkább megtestesítő nemes nedűt jelenti, egy jelentős exportcikket, amely Dublinból indult világhódító útjára. A kulturált sörfogyasztás mint napjaink egyre fontosabb gasztronómia vonzereje szorosan kötődik a felhőtlen szórakozáshoz, kikapcsolódáshoz, a pub, a sör, a whiskey, a kelta zene, a pergő ritmusú ír tánc és az ír könnyűzene együtteséhez (Guiney 2002).

Bár Amszterdam és Hollandia eltérő kulturális asszociációkkal – például tulipán, szélmalom, fapapucs, bicikli (sőt, *„Bicikli"*) – jellemezhető (White – Boucke 1989), a Heineken sörmárka hasonló helyet foglal el a holland

[100]Kodolányi János Főiskola, tratz@kodolanyi.hu
[101]I-Shou University, robertkiss@isu.edu.tw

gasztronómiai identitásban, mint a Guinness Írországban. Nem meglepő tehát, hogy mindkét fővárosban a legnépszerűbb turisztikai attrakciók közé tartozik egy-egy sör tematikájú látogatóközpont, részben a bemutatott téma általános vonzerejének köszönhetően (Bujdosó – Szűcs 2012), részben azonban a központok – a dublini Guinness Storehouse és az amszterdami Heineken Experience – innovatív, élményközpontú, látogatóbarát kialakításának eredményeképpen. Mindkét létesítmény megtestesíti azt a Gilmore és Pine (2002) által megfogalmazott alapelvet, mely szerint az élményteremtés célja a marketing feleslegessé tétele, eszköze pedig olyan tényleges vagy virtuális helyszínek létrehozása, amelyek lehetővé teszik, hogy a fogyasztók elmerüljenek az adott márka által kínált élményben. Jelen tanulmány célja a két sörturisztikai attrakció összehasonlító elemzése, különös tekintettel az alkalmazott interpretációs és látogatómenedzsment eszközökre, illetve ezek szerepére az élményteremtésben.

1. Dublin és a Guinness Storehouse

A Temple Barnak, a dublini belváros vendéglátóegységek sokaságával büszkélkedő területének 1991-től kezdődő fejlesztése, majd ezt követően a szomszédos keleti területeknek, így például a Docklands térségének a turisztikai jellegű rekonstrukciója jól illusztrálja mindazon törekvéseket, amelyeket a várostervezők és -vezetők az ír főváros komplex turisztikai vonzerejének népszerűsítése érdekében véghezvittek. Amíg azonban a Temple Bar egy jól lehatárolható, kisebb belvárosi terület, ahol az elmúlt több mint három évtizedben hivatalosan is jelen van az ír örökséget szimbolizáló pub-kultúra védelme (Cullinan 1992), addig az utóbbi, a belváros és a keletre fekvő kikötő közötti területnek sokkal vegyesebb használatát eredményezték a turisztikai jellegű beruházások. A kínálatbővítő turisztikai infra- és szuprastrukturális fejlesztések közé tartoznak minőségi szállás- és vendéglátóhelyek, valamint a turizmust is szolgáló létesítmények, mint például az új színház, a kibővített, modernizált koncertközpont, a világszínvonalú – építészetileg a Guinness sörösdoboz alakját felidéző – konferenciaközpont, valamint galériák, kiállítások, illetve a Liffey-folyóhoz és a korábbi dokkokhoz köthető aktív turisztikai termékek sokasága (Kiss 2009).

A városközpont és annak környékének fejlesztési vonulatához szorosan kapcsolódik a 2000-es évben az egykori fermentáló épületében létrehozott, a város dél-nyugati ipari zónájában elhelyezkedő, jelen tanulmány írországi vizsgálati tárgyát képező Guinness Storehouse, a sörgyár látogatóközpontja. A történelmi jelentőségű turisztikai fejlesztés eredményeként létrejött Guinness Storehouse gyakorlatilag megnyitásától kezdve az ország leglátogatottabb, folyamatosan növekvő számú vendéget vonzó, belépődíjas turisztikai attrakciója. 2015-ben több mint 1,5 millió vendéget fogadott, megelőzve ezzel a Cliffs of Moher Visitor Experience-t és a Dublini Állatkertet is[102]. Ugyanebben az évben a Guinness

---

[102] www.attractionsmanagement.com/detail.cfm?pagetype=detail&subject=news&codeID

Storehouse – számos újításának köszönhetően –, egyrészt közel másfélmilliós rekord látogatószámot produkált, másrészt elnyerte a World Travel Awards *„Európa vezető turisztikai attrakciója"* díját. Olyan versenytársaknál bizonyult jobbnak, mint például az Akropolisz vagy az Eiffel Torony. A turizmus szakmai *„Oscar-díjának"* is tartott elismerés újabb impulzust ad a további fejlesztéshez. Az elmúlt 15 évben összesen 14 millió látogató kereste fel a folyamatosan megújuló látogatóközpontot, így egyes források szerint a Dublinban megszálló évi 4,1 millió vendégnek 29%-a felkeresi a látogatóközpontot[103], mások szerint közel fele[104]. A Guinness Storehouse népszerűségéhez sok minden hozzájárul. Elsősorban magának a márkának az országgal történő azonosítása, másodsorban a város turisztikai látnivalóinak viszonylagos földrajzi közelsége, de erősíti a Dublin Pass városkártyát megvásárlók számára nyújtott ingyenes belépés lehetősége, illetve a népszerű hop-on hop-off városnéző buszjárat révén biztosított egyszerű megközelítés is. A kulturális értéket képviselő épületek szomszédságában az ipartörténeti örökségek fizikai jelenléte különleges történelmi hangulatot kelt a látogatókban, különösen mivel ahhoz gasztrokulturális program is társul (Puczkó – Rátz 2006). A gyárépület és környéke ennek következtében alkalmanként filmforgatási helyszínként is funkcionál, hiszen az eredeti állapotban megőrzött ipari negyed különböző témájú alkotások számára képes megfelelő fizikai hátteret biztosítani (Irimiás 2015). A Guinness Storehouse fejlesztése nemcsak örökségvédelmi, hanem városfejlesztési szempontból is fontos, hiszen a környező ipartörténeti terület megóvása nemcsak magára az ipari termelésre, hanem az épített környezetre is kiterjedt.

1.1. A Guinness története

A gyáralapító Arthur Guinness – ahogyan azt a látogatóközpont történetet bemutató honlap is részletezi[105] – 1752-ben 100 fontot örökölt keresztapjától, Arthur Price-től, Cashel érsekétől, amelyből három évvel később a szomszédos Kildare megyei Leixlipben létrehozta első sörfőzdéjét. A kor kereskedelmi szállítását sokáig jelentősen befolyásoló vízi utak kiépítése (például Grand Canal) 1757-ben indult el, ami kedvező hatással volt a későbbi fejlesztésekre. Ennek is köszönhető, hogy Arthur Guinness 1759-től elindította új vállalkozását, amikor is jelenlegi helyén, a Liffey-folyó déli oldalán, 9000(!) évre bérbe vette a St. James's Gate-nél fekvő 4 hektáros területen lévő, gyengén felszerelt, használaton kívüli sörfőzdét, ingyenes vízhasználattal. Az évi 45 fontos bérleti díj fejében

---

=321889 (letöltve: 2016.09.10.)

[103] www.marketwired.com/press-release/big-win-irish-tourism-as-guinness-storehouse-is-named-europes-leading-tourist-attraction-2053217.htm (letöltve: 2016.09.10.)

[104] www.attractionsmanagement.com/detail.cfm?pagetype=detail&subject=news&codeID =321889 (letöltve: 2016.09.10.)

[105] www.guinness-storehouse.com/content/pdf/factsheets/factsheet_pdf_1.pdf (letöltve: 2016.09.10.)

kimondottan barna söröket, kezdetben angol ale-t, majd 1776-tól portert gyártottak, ezt követően pedig a XIX. században már stout néven is illették az itt készülő termékeket. Tíz évvel az alapítást követően már Angliába exportálták a sört, majd az 1790-es években gyárbővítés kezdődött, és 1799 után már csak porter sört készítettek.

1. kép

Guinness reklámfigurák a XX. század első feléből

Fotó: Rátz Tamara

1803-ban meghalt a 10 gyerekes gyáralapító, helyét fia Arthur Guinness II vette át, neki köszönhető a nedű világhódító útja. A XIX. század folyamán a Guinness először a legnagyobb ír (1833), majd a legnagyobb globális sörgyárrá (1886) nőtte ki magát[106]. Az alapító unokája, Sir Benjamin Lee Guinness, aki az ír közélet aktív résztvevőjeként a főváros képviselője, később polgármestere is volt, folytatta az üzletet[107]. A XIX. század második felére már az értékesítés 10%-a tengerentúlon történt, megjelentek technikai újítások is (például üvegpalack alkalmazása), és az

---

[106] www.guinness-storehouse.com/content/pdf/factsheets/factsheet_pdf_4.pdf (letöltve: 2016.09.10.)
[107] www.guinness-storehouse.com/content/pdf/factsheets/factsheet_pdf_3.pdf (letöltve: 2016.09.10.)

akkor 1,2 millió hordós termelésével a Guinness első sörgyárként került a londoni tőzsdére. A vállalat igen jelentős munkáltatóvá vált: a XX. század elején már *"10.000 szájat etetett"*, emellett már évtizedek óta jótékonykodott és intenzíven fejlődött, aminek eredményeként az első világháború kirobbanása előtt az amerikai keresletnek a felét már helyben palackozták.

A világválság alatt 1929-ben kreatív reklámfogásként új szlogenekkel – például *"A Guinness jó Neked!"* (*"Guinness is Good For You!"*), és *"Istenem, a söröm!"* (*"My Goodness, My Guinness!"*) –, rajzolt állatfigurákkal (a leggyakoribb egy tukán volt) (1. kép) és egy kétségbeesett állatgondozó asszisztálásával népszerűsítették a terméket. A humort sem nélkülöző reklámfogás a brit piacon elengedhetetlennek tűnt az értékesítésben. A II. világháborút követő évtizedekben is folytatta terjeszkedését a vállalat, a palackozóüzemek mellett termelőegységeket is kihelyeztek külföldre, közvetlenül a fogyasztópiachoz, így elsősorban Afrikában, illetve a karibi és az ázsiai térségekben hódítottak több évtizeden át.

2. Amszterdam és a Heineken Experience

A Heineken Experience Amszterdam belvárosának déli részén, a történelmi sörfőzde eredeti épületében található, a többszörösen átalakított látogatóközpontban azonban a látogató egyszerre érezheti magát a XIX. és a XXI. században. Az épület 1988-ig működött főzdeként: ekkor a gyártás átkerült egy modern, nagyméretű városszéli üzembe, az eredeti gyárépületben pedig 1991-ben megnyílt az első információs és bemutatóközpont, amely hamarosan Amszterdam egyik legnépszerűbb turisztikai attrakciójává vált. 2001-ben a látványosságot átkeresztelték Heineken Experience-re, 2008-ban pedig jelentős bővítésen és átalakításon esett át a létesítmény, amely amellett, hogy rendezvényközpontként is funkcionál, jelenleg 4 szinten mutatja be – a látogatók érzékeire hatva, a legkorszerűbb interaktív megoldások alkalmazásával – a Heineken márka történetét és jelenét.

Az intézmény örökség-értékét mutatja, hogy a Heineken Experience az Ipari Örökség Európai Útjának egyik kiemelt állomása, olyan helyszínek mellett, mint például a Völklingeni Vasmű, a skóciai New Lanark ipari mintatelepülés vagy a blaenavoni Big Pit Nemzeti Szénmúzeum (ez utóbbiak valamennyien az UNESCO világörökség részei is) (ERIH 2016).

Visszatekintve az elmúlt évekre, az átalakítást követően az attrakció látogatószáma dinamikusan növekedett: 2009-ben a látogatók száma a meghaladta a 350 ezer főt[108], 2011-ben az 500 ezer főt[109], 2015-re pedig elérte 900 ezer főt[110].

---

[108] www.iaapa.org/docs/default-source/eas-2015/erwin-taets-amp-robert-arvidsson.pdf (letöltve: 2016.09.10.)
[109] www.dutchdailynews.com/heineken-experience-receives-record-number-of-visitors-in-2011/ (letöltve: 2016.09.10.)
[110] www.blooloop.com/news/heineken-experience-900-000th-visitor-brc/38173 (letöltve: 2016.09.10.)

Amszterdam kulturális és szabadidős kínálatának gazdagságát jelzi, hogy a magas látogatószámban is kifejeződő népszerűsége ellenére a Heineken Experience nem szerepel a város hivatalos turisztikai honlapján kiemelt legfontosabb 20 látnivaló és tevékenység között[111]. Megjelenik azonban ugyanitt a látogatóközpont a kihagyhatatlan holland attrakciók listáján[112], valamint a sörök rajongóinak összeállított ajánlásban is mindenképpen megtapasztalandó élményként szerepel[113].

2.1. A Heineken története

A Heineken sörgyár története 1864-ben kezdődött, amikor a 22 éves Gerard Adriaan Heineken megvásárolta az amszterdami Hooiberg („*Szénakazal*") sörfőzdét, amely ebben az időszakban a város egyik legnagyobb kapacitású főzdéje volt. Közel egy évtizeddel később (1873) pedig sor került az alapító nevét viselő Heineken sörgyár (Heineken's Bierbrouwerij Maatschappij N.V.) megalapítására. A gyárban a kezdetektől fogva elsődleges célként tűzték ki, hogy a lehető legmagasabb minőségi színvonalnak megfelelő sört főzzenek. Ennek érdekében a Heineken saját laboratóriumot épített, amely – abban az időben világszerte egyedülálló módon – az alapanyagok minőségétől a végtermék tökéletességéig mindent ellenőrzött. 1886-ban Doctor Elion megalkotta az azóta híressé vált, a Heineken által kizárólagos joggal használt „*A*" sörélesztőt, amely a mai napig is az egyik legfontosabb alkotóeleme a Heineken-sörnek, meghatározva a termék egyedi és megkülönböztető ízét. Az amszterdami gyárban főzött lager-típusú sör hamarosan Hollandia vezető prémium sörévé emelkedett, a zöld üveg és a minden egyes palackon megjelenő Heineken márka pedig nemzeti minőségi szimbólummá vált az országban (Heineken 2016a).

Az alapító fia, Henry Pierre Heineken az 1930-as évek elején célul tűzte ki a nemzetközi piacok meghódítását is. A cég exportállomásainak egyike az Amerikai Egyesült Államok volt: az első Heineken szállítmány 1933 áprilisában, pontosan 3 nappal az alkoholtilalom feloldása után érkezett meg a New York állambeli Hobokenbe, jelentős publicitást biztosítva a márkának (a Heineken azóta is az Egyesült Államok első számú importsöre). A globális piacon való további – kezdetben export-irányultságú, később befektetési, felvásárlási jellegű – terjeszkedés eredményeképpen az 1980-as évek elején mintegy 140 országban lehetett hozzájutni eredeti Heinekenhez. Az évtized egyúttal két jelentős korszak végét is jelentette: 1988-ban legördült az utolsó üveg Heineken az eredeti gyár, az amszterdami Stadhauderskade palackozójának futószalagjáról, 1989-ben pedig az alapító unokája, Alfred Henry „*Freddy*" Heineken is visszavonult az elnöki székből

---

[111] www.iamsterdam.com/en/visiting/what-to-do/top-20-things-to-do-in-amsterdam (letöltve: 2016.09.10.)

[112] www.iamsterdam.com/en/visiting/what-to-do/attractions-and-sights (letöltve: 2016.09.10.)

[113] www.iamsterdam.com/en/visiting/what-to-do/eating-and-drinking/bars-and-cafes/beer-sampling-in-amsterdam (letöltve: 2016.09.10.)

(Heineken 2016b). A terjeszkedés azonban nem állt meg: a szocialista rendszer összeomlása megnyitotta a kelet-európai piacokat is a vállalat számára, a XXI. század felvásárlásai eredményeképpen pedig napjainkban a cég a globális piacon 192 országban van jelen és napi 25 millió pohár sört értékesít (Heineken 2016a). Bizonyos értelemben azonban a vállalat megmaradt családi vállalkozásnak (a Heineken Holding többségi tulajdona az alapító dédunokája kezében van), ami jelentősen befolyásolja a márka minőséggel kapcsolatos elkötelezettségét és ennek kommunikációját is.

3. A Guinness Storehouse mint látogatóattrakció

A látogatóközpont elemzése során törekedtünk arra, hogy megvizsgáljuk, mennyiben teljesültek az attrakció kialakítása során a hatékony interpretáció legfontosabb alapelvei, melyek szerint (Beck – Cable, 2002, Tilden 2008, Puczkó – Rátz 2011):

- az interpretáció több, mint információátadás,
- az interpretáció célja a látogató kognitív és/vagy emocionális befolyásolása,
- ennek érdekében a hatékony interpretáció törekszik arra, hogy minden érzékre hasson,
- az interpretáció tartalmának és stílusának igazodnia kell a különböző vendégszegmensek igényeihez,
- az interpretációs program kialakítása során fontos a legmodernebb technikai megoldások alkalmazása, de olyan módon, hogy az interpretáció tárgya maradjon a figyelem fókuszában.

Írország elsőszámú turisztikai attrakciójának, a Guinness Látogatóközpontnak a honlapja öt nyelven érhető el, ami a városba érkező turisták jelentős részére teszi lehetővé az anyanyelvükön való tájékozódást. A weboldal interaktivitása igen színvonalas, hiszen a létesítmény egyes szintjeit fotókon, a hozzájuk kapcsolódó attrakcióelemekkel mutatja, miközben lehetőség van a klasszikus menüszerű keresésre is. A beléptetés tervezhetősége érdekében az online foglalásokat 20%-kal támogató rendszerben különféle programokhoz, szolgáltatásokhoz kapcsolódó jegyek között lehet válogatni, amelyek vezetés nélküli bejárást tesznek lehetővé a Látogatóközpontban.

A honlapon hangsúlyosan jelenik meg a közösségi oldalakhoz történő gyors eljutás lehetősége, ami különösen fontos a fiatal, de már az alkoholfogyasztásra jogosult korosztály számára. A fiatal fogyasztói kört jól mutatja, hogy a Guinness Storehouse a legnépszerűbb Facebook check in helyszín Írországban[114]. A honlap tartalmáért és pontosságáért maga a gyár a felelős, az éppen aktuális programok, tudnivalók érhetők itt el. A korosztályok kezelésénél

---

[114] www.guinness-storehouse.com/en/press/release/69 (letöltve: 2016.09.10.)

segítség, hogy gyerekek nem látogathatják önállóan a létesítményt, csak szülői kísérettel.

Kilátás Dublin belvárosára a Gravity Barból

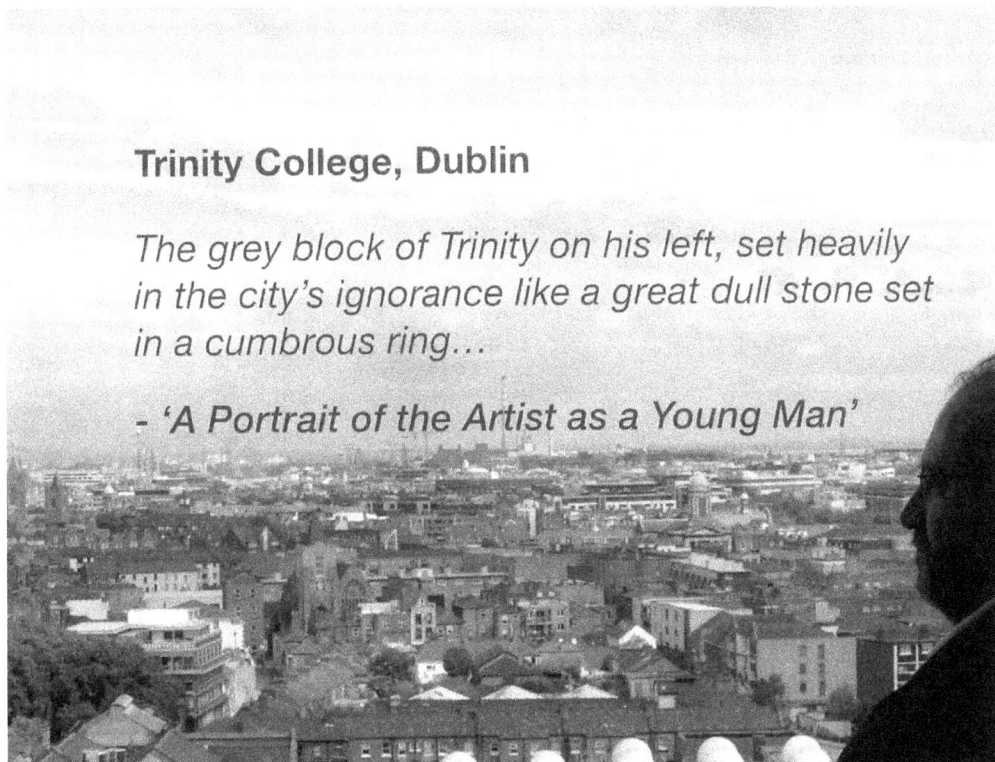

Trinity College, Dublin

The grey block of Trinity on his left, set heavily in the city's ignorance like a great dull stone set in a cumbrous ring...

- 'A Portrait of the Artist as a Young Man'

Fotó: Kiss Róbert

A Látogatóközpont a világ egyik leglátogatottabb márka-bemutatója a wolfsburgi Autostadt és az atlantai World of Coca-Cola mellett, egyben a Diageo csoport – a világ egyik legjelentősebb alkoholok forgalmazásával foglalkozó multinacionális cége – legnagyobb tréning központja is. A hétemeletes helyszín egyik különlegességét az adja, hogy ez az ún. Chicagói építészeti iskola Brit-szigeteken megvalósult első alkotása (1904)[115], ami emeli a sajátos történelmi hangulatot, és jelzi, hogy egy nem szokványos ipari létesítményről, egy vasbeton elemek adta vázra támaszkodó, 38 méter magas, 51 méter széles és 46 méter hosszú épületről van szó. A világ legnagyobb – 26 méter magas, 14,3 millió pint tartalmú[116] – fából

---

[115] www.visitdublin.com/see-do/details/guinness-storehouse/30482/#53.343248|-6.284198|16 (letöltve: 2016.09.10.)

[116] www.guinness-storehouse.com/content/pdf/factsheets/factsheet_pdf_5.pdf (letöltve: 2016.09.10.)

készült fermentáló hordói idővel elavultak, nem illeszkedtek a modern technológiához, így helyüket átvette az alumínium, amelyek új helyre kerültek, és az épületet végül 1986-ban bezárták. A létesítmény másik különlegessége az, hogy több mint egy évtizeddel később, 1997-ben fogadták el az új látogatóközpont építéséről szóló terveket, amely a világhírű ír márka népszerűsítését célozta. A Guinness Storehouse kivitelezése közel négy évet vett igénybe. Így került újra hasznosításra a legmagasabb turisztikai célra alkalmazott ipari épület Dublinban. Ennek tetején – 46 méteren – található a Gravity Bar, a 360 fokos belvárosi körpanorámával bíró kilátó, amely üvegtábláinak felirataival segít a tájékozódásban (2. kép).

A belváros közeli elhelyezkedésnek köszönhetően könnyű az attrakció megközelítése, az útjelző táblák jól láthatóan, a márka színével harmonizáló tájékozódást adó piktogramokkal és iránymutató jelekkel segítik a turista útbaigazítását. A rendbe tett környezet alkalmas nagyobb tömegek fogadására, a főváros turisztikai látnivalóit összekötő busz megállója közel van a bejárathoz és kitáblázott. A parkolóhelyek nagysága viszont nem jelentős, és rossz időben gondot okozhat a csúcsidőben érkezőknek az utcán történő várakozása. Az épület belsejében a kordonokkal irányított sormenedzsment a helyszín optimális térfelhasználását célozza. A bejárat alkalmas nagyobb tömegek levezénylésére, a fogadótér tágas, mégis sokszor kicsinek tűnik. A kétségkívül impozáns fogadótérben a nemzetközileg megszokott infrastruktúra van jelen (mosdók, pénztár, gyülekezőhely, márkabolt), de a növekvő számú internetes jegyrendelés ellenére is sokszor szűk a pénztárak kapacitása, ami hosszabb várakozást és kellemetlen élményt eredményezhet. A nagy üvegfelületek egyfelől világossá és beláthatóvá teszik a teret, ezáltal alkalmasak az érdeklődés felkeltésére, egyben a tér kitágítására, másrészt érzékelhetővé teszik az épület egyediségét adó szerkezetet, a lekezelt tartó fémgerendákat, mintegy fokozva az ipari jelleget, és a történelmi idők érzésére készíti az érkezőket. A sorban állást Guinness reklámok, hirdetések megtekintése és aktuális információk olvasása teszi kényelmesebbé, elviselhetővé, ami egyben kezdete a Guinness-élménynyújtásra való ráhangolásnak is. A kijelölt találkozóhelynél kevés az ülőalkalmatosság, ami egy-egy idősebb csoport esetében problémát okozhat, ugyanakkor a mozgássérültek által látogatható intézmény számos díjat is nyert. Maga a biztonságos kiépítés aggodalom-mentes körbejárást jelent, egy újabb célcsoport megcélzásával.

A Guinness Storehouse egyik ír gasztro-specialitása

Fotó Rátz Tamara

Az attrakció bemutatásának logikája szintről-szintre jól követhető, megtervezett: egy nagy „söröskorsóban" araszol a látogató felfelé, hogy annak legfelső emeletén, a már említett Gravity Barban – a főváros legmagasabb bárjában – hozzájusson a jól megérdemelt, különböző érzékszervei által már a bemutatás során megismert stouthoz. Ez az útvonaltervezés az ösztönzés egyfajta megnyilvánulásaként is értelmezhető, hiszen a sikeres látogatás végén a vendég elnyeri méltó jutalmát. Az emeletek közötti lépcsők tágasak, rendezettek, jól segítik a nagyobb tömegek mozgását, a földre festett irányjelző nyilak egyértelműsítik a haladási irányt. A lefelé haladás elkülönül a felfelé haladótól, ami szakszerű. A látogató útvonala szakmailag irányított, miközben az egyéni bejárás során teljesül az individuális élményszerzés és az attrakciómenedzsment ismeretterjesztő jellege is. Utóbbinál egyrészt betekintést kapnak a látogatók magába a sörgyártásba, másrészt a nemzetközi terjeszkedés folyamatába. Mindkettő esetében a statikus és dinamikus interpretációs eszközök vegyes felhasználásával élnek, melyek közül leginkább a sörkészítés összetevőinek megtekintése, tapintása, szaglása, ízlelése emelhető ki. Ennek csúcspontja a kóstolás, amely az összes érzékszervnek élményt nyújt. Az ezekre gyakorolt hatás további – akár kézzelfogható – szintjét jelenti a túra során a különféle Guinness-szel készült étkek megkóstolása, így lehetőség van a Brewers

Dining Hall étteremben, vagy az 1837 Bar & Brasserie asztalainál a fogyasztásra, illetve az egy átlagos ír pub hangulatát idéző Arthur's Bar helyiségeiben a sörözésre. A Guinnessnek a gasztronómia területén is megjelenő márkaépítése különösen sokat jelent az ír vendéglátásnak, ennek a folyamatnak a zászlóshajója a Guinness Storehouse (3. kép).

A látogatóközpontban az ismeretterjesztés a Guinness család igen színes történetébe is betekintést nyújt, hiszen a família jeles személyiségeinek a közösségi életben betöltött jelentős, sok esetben városalakító szerepe a mai napig emeli a Guinness mint márka értékét. Ez részben a belföldi, részben az ír gyökerekkel rendelkező angolszász (elsősorban brit, amerikai, kanadai és ausztrál) kereslet számára jelenthet emocionális élményt, hasonlóan a gyárban alkalmazott sörfőzési eljárás 250 éves tradíciójához. A társadalmi elkötelezettség ragyogó példája az Arthur Guinness Alapnak a 250. évforduló kapcsán történő létrehozása, amely fejlődő országokban támogat olyan közösségi vállalkozásokat, társadalmi kezdeményezéseket, amelyek a szegénységből való kitörést segítik. Mindez a program jól illeszkedik az elődök társadalmi felelősségvállalásához, annak méltó továbbvitelét jelenti.

Fentiek mellett a gazdasági felelősségvállalás egyik szükségszerű lépéseként a turisztikai attrakciófejlesztés terén a legjelentősebb döntés az egész látogatóközpont 2012-es – fentiekben már bemutatott – újradefiniálása volt, amely során minden egyes szintet még koherensebbé és interaktívabbá varázsoltak, illetve (online is) újragondolták a Guinness történetet. A kor látogatói igényei felé való elmozdulás szakmailag és gazdaságilag is beigazolódott: 35%-os látogatószám- és 240%-os nettó profitnövekedést eredményezett, és megtérültek az utóbbi 5 év beruházásai.[117] A sikerhez hozzájárultak az új attrakciók, mint a Connoisseur Experience (Műértők Bárja), ahol a brandhez tartozó különféle söröket lehet megízlelni VIP programként egy szakértő segítségével, de ugyancsak ekkor alakították ki Guinness Globalt, egy interaktív kiállítást, amely a termék fogadtatását mutatja be a világon. A Guinness Academy-ben a sör megfelelő csapolását tanulhatják meg a látogatók, és a „végzett hallgatók" tanúsítványa és emlékképe egyből a közösségi oldalukra linkelhető[118]. A Guinness Közösségi Térkép egy izgalmas digitális installáció, amely a világ egyik legrészletesebb felbontású interaktív képernyője, ahová a világ bármely tájáról üzeneteket küldhetnek a brand kedvelői, valamint a látogatók is posztolhatják üzeneteiket a Guinness Közösség oldalára. A valóban globális bemutatót a Guinness Info-rajzos Fala adja, ahogyan életre kelti a sörfőzde világhódító útját a rögös kezdetektől a 150 országos jelenlétig. Ugyancsak ehhez a fejlesztéshez kapcsolódik

---

[117] www.attractionsmanagement.com/detail.cfm?pagetype=detail&subject=news&codeID =321889 (letöltve: 2016.09.10.)
[118] www.guinness-storehouse.com/content/pdf/factsheets/factsheet_pdf_11.pdf (letöltve: 2016.09.10.)

– a gasztronómiát jobban hangsúlyozó – Guinness Íz élmény, egy kibővített márkabolt és egy interaktív újdonság Arthur Guinness történetéről.

A hatékony interpretáció felé törekvés következő mérföldköve a 2015-ös fejlesztésekben nyilvánult meg, amelynek keretében megvalósult a Guinness brand elmúlt 80 éves története reklámjainak, videóinak, reklámkampányainak az újbóli életre keltése (4. kép). Mindez az Instagram megjelenést erősítette, amelynek hozadéka becslések szerint évi 350 millió médiabenyomás, hír, üzenet[119]. A Guinness Storehouse digitális és közösségi világ felé történő nyitása jól illeszkedik az országos irányhoz, hiszen a Tourism Ireland is ehhez igazítja promóciós tevékenységét: a Facebookon a harmadik, a Twitteren és a Youtube-on a második legnépszerűbb nemzeti turisztikai szervezet[120].

4. kép

Reklámok felidézése a Guinness Storehouse-ban

Fotó: Rátz Tamara

Fenti attrakcióelem fejlesztések jól követik az Y generáció igényeit, akik számára így biztosítják a márkával történő erőteljesebb megismerkedést, sőt, ezek a térinformatikai és okos alkalmazásokra építő interpretációs fejlesztések a

---

[119] hotelandrestauranttimes.ie/guinness-storehouse-develops-giant-social-media-wall/ (letöltve: 2016.09.10.)

[120] www.guinness-storehouse.com/en/press/release/69 (letöltve: 2016.09.10.)

hamarosan alkoholfogyasztó szegmensként is realizálódó Z generáció számára is vonzerőt jelentenek majd. Ugyancsak a márka iránti elköteleződést célozta az a reklámkampány, amelyben a Guinness a tipikusan írek kedvelte sportok (rögbi, kelta foci, hurling stb.) támogatásával a 2005/2006-os és a 2009/2010-es angol első ligás rögbi bajnokság névadó szponzora volt (Guinness Premiership). A szegmens fontosságát mutatja, hogy a rögbi hat nemzetének közös, legnézettebb európai klubbajnokságának éppen legnagyobb vetélytársuk, a kontinentális sörkészítés egyik legjelentősebb képviselője – jelen tanulmány másik sörmárkája –, a Heineken volt a névadó szponzora (Heineken Cup 1995-2013).

A folyamatos fejlesztések egyrészről a fogadókapacitás, -terület bővítését, másrészről a piaci igényeknek megfelelő attrakciós elemek alkalmazását jelentik majd a jövőben is, amely a megfelelő egyénre szabott interaktív élmények növelését célozza. Harmadrészt a korábbi látogatók visszatérésre motiválása is célja a menedzsmentnek. A további tervek csak megerősítik, hogy az ír turizmus legikonikusabb márkája a kiemelkedő éve(ke)t követően további rekordokra törekszik. A legnagyobb előnye a brand iránt érdeklődő piaci szegmensek interpretációs újdonság iránti nyitottsága és az ennek való megfelelés igénye a menedzsment részéről, míg a legnagyobb gátja a 2016 nyarán bejelentett Brexit lehet, hiszen az Egyesült Királyság adja a látogatók 27 %-át.

4. A Heineken Experience mint látogatóattrakció

A Heineken Experience az év minden napján várja a látogatókat, a napi nyitvatartási idő viszont a szezonnak és a hét napjainak megfelelően változik. Bár az attrakció honlapjára való belépéshez az érdeklődőnek a születési dátuma és az országa megadásával igazolnia kell, hogy hazájában legálisan fogyaszthat alkoholt, a létesítmény maga kiskorúak számára is látogatható azzal a feltétellel, hogy felnőtt kíséretében érkeznek és nem kóstolhatnak sört a látogatás során.

Hasonlóan a fentebb vizsgált Guinness Storehouse-hoz, a Heineken Experience mint attrakció programjában is markánsan megjelennek mindazon alapelvek, amelyeket az előző részben a hatékony interpretáció előfeltételeiként azonosítottunk.

A látogatóközpont célja egyértelműen a Heineken márka pozíciójának erősítése, a brandhez való kötődés kialakítása a látogatókban. Bár a Heineken világába való bevezetésnek fontos komponense a sörgyár mint sikeres családi vállalkozás fejlődéstörténetének bemutatása, valamint a sör egyedülálló minőségét garantáló alapanyagok és technológiai megoldások megismertetése a vendégekkel, legalább ekkora – ha nem nagyobb – hangsúlyt kap a „Heineken-életérzés" átadása, a sörfogyasztás jellegzetes miliőinek felidézése lüktető zenével, kreatív reklámokkal, kipróbálható DJ-szettel vagy csocsóasztallal, illetve természetesen ingyenes sörkóstolókkal. A látogatók túlnyomó része értékeli azt, hogy a megszokott informatív bemutatáson túl szórakoztató élményt kap, ahogy azt az alábbi vendégvélemények is tükrözik[121]:

- „A túra kicsit lassan indult, de aztán elkezdődött a party."

- „Más sörgyár-túráktól eltérően ez tele volt játékokkal és szórakozással. A túra egy része olyan volt, mintha egy nagymenő koleszban lennénk, és még rá is játszottak erre a hangos, idegesítő elektronikus zenével. Volt egy szoba, ahol meg lehetett nézni egy csomó népszerű Heineken reklámot, ezzel is emlékeztetve arra, hogy miért is imádjuk annyira az ikonikus zöld üveget."

- „Én általában azt gondolom, hogy 'ha láttam egy sörfőzdét, láttam az összeset', de a Heineken Experience tényleg tesz erőfeszítést annak érdekében, hogy szórakoztatóbb legyen. Igen, megvan a szokásos unalmas szöveg az erjesztési folyamatról, ami olyan 'blablabla, mikor iszunk végre sört', de a multimédia ébren tart és elég érdekes is."

- „Ez egy jó kis túra, ugyanolyan magasra értékelem, mint az írországi Guinness látogatást. Bár először azt gondolhatnánk, hogy egy történelmi épület vagy egy templom meglátogatása hasznosabb időtöltés, azt mondom, hogy vannak, akiknek a Heineken sörfőzde meglátogatása vallásos élmény… és még ott van a sör is."

5. kép

A látogatók bevonása a Heineken élménybe

Fotó: Rátz Tamara

---

[121] www.yelp.com/biz/heineken-experience-amsterdam (letöltve: 2016.07.22.)

A látogatók bevonásának első lépésére a belépést követően azonnal sor kerül: a jegyvásárlás vagy az online megváltott jegyek érvényesítése után a vendégek először egy Heineken sörös rekeszt szállító biciklin fényképezkedhetnek, saját magukon kívül a fotón két holland ikont is megörökítve, majd pedig a bejárati folyosón végighaladva keresgélhetik és a legtöbben örömmel meg is találhatják meg az anyanyelvükre lefordított „welcome" – a magyar verzióban „üdvözlet" – feliratot. A legújabb technológiai megoldásokat felvonultató, a Heineken sörgyár fejlődését röviden bemutató bevezető filmet követően pedig lehetőség nyílik újabb egyéni és csoportképek elkészítésére, ezúttal a cég korai reklámjaiból kiválasztva a megfelelő keretet (és a képek megosztásával hozzájárulva a márka építéséhez) (5. kép).

6. kép

Heineken reklámfilmekkel relaxálva

Fotó: Rátz Tamara

Hasonlóan a Guinness Storehouse belső struktúrájához, a Heineken Experience-ben is egy meghatározott útvonalat követnek a látogatók, ami lehetőséget nyújtott az attrakció tervezőinek egy világos interpretatív történet megalkotására. A több szálból felépülő történet központi üzenete annak bemutatása, hogy hogyan vált a Heineken sörfőzde családi vállalkozásból olyan globális sörbirodalommá, amely képes volt megőrizni az eredeti családi cég legfontosabb alapelveit, mint a kiemelkedő minőség vagy a társadalmi felelősségvállalás. A családtagok szerepvállalása a vállalat fejlődésében leginkább a történeti visszatekintést nyújtó első termekben jelenik meg, a társadalmi felelősség kérdése azonban visszatérő momentum: míg a múltból a munkásoknak biztosított, az átlagosnál lényegesen jobb élet- és munkakörülmények kerülnek megemlítésre, a jelenben egyaránt helyet kap a tradíciót képviselő söröslovakkal való állatbarát bánásmód – a lovak még vidéki nyaralásra is jogosultak évente egyszer –, vagy éppen különböző sportcsapatok szponzorálása. A Heineken brand globális jelenléte statisztikai adatokon és aktuális reklámfilmeken keresztül egyaránt szintén ismétlődő témája az interpretatív történetnek: míg a számok a látogatók kognitív ismeretein keresztül hatnak, a sokszínű élethelyzeteket bemutató, vicces karaktereket felvonultató, rendszerint megkülönböztető zenével aláfestett reklámfilmek érzelmileg erősítik meg a márka univerzális identitását. Reklámfilmek nézésére a látogatás több alkalommal is lehetőséget nyújt: először egy elsötétített lounge-ban közösségi élményként élvezhetjük a múlt és a jelen legsikeresebb Heineken-hirdetéseinek véget nem érő folyamát, majd pedig zölden világító, egyedi multimédiás nyugágyakban helyet foglalva relaxálhatunk reklámfilmeket nézve (6. kép).

7. kép

A „Brew You" ride

Fotó: Rátz Tamara

143

Az élmény megítélése döntően pozitív, bár a látogatói kommentek között megjelennek a túlzottan kommerciális megközelítést kritizáló vélemények is[122]:

- *„Egy csomó interaktív dolog van a „túra” rész után a reklám/marketing/szponzorációs kampányaikhoz kapcsolódóan, ami érdekes.”*

- *„Az egésznek party hangulata van, és egyszer sem érzed, hogy most már menni kellene. Igazából azt hiszem, egész éjszakára ott lehetne maradni.”*

- *„Az egész látogatás alatt a nagyszerű Heineken sört dicsérik, és jobbról-balról hirdetésekkel bombáznak. Még egy olyan pont is van, ahol le lehet feküdni egy nyugágy-szerűségbe, amely körbeölel, és semmi mást nem csinálsz, csak reklámokat nézel. Ha ez nem az agymosás definíciója, akkor nem tudom, mi az.”*

8. kép

Testre szabható Heineken Experience ajándéktárgyak

Fotó: Rátz Tamara

Fotó: Kiss Róbert

Bár az áramlás az attrakción belül irányított és a látogatók valamennyien egy meghatározott útvonalat követnek, az információnyújtás különböző szintjei lehetővé teszik minden vendég számára az élmény individualizálását, az egyéni érdeklődésnek és a rendelkezésre álló időtartamnak megfelelően. Az interpretatív paneleken a kulcstémák hangsúlyos kiemelése segít az orientációban és az érdeklődés felkeltésében, a részletes leírások és a gazdag kép-és tárgyanyag pedig hozzájárul a történet egyes elemeinek mélyebb megismeréséhez. Ugyanez igaz az

---

[122] www.tripadvisor.com (letöltve: 2016.07.14.)

interaktív elemek kipróbálásának lehetőségére is: a látogató szabadon választhat az érdeklődését felkeltő játékok között, a látogatóközpontokban viszonylag ritkán megtalálható beltéri „ride" esetében pedig a várható sorban állási idő – tematikus parkokban jellemző módon történő – feltüntetése és a ride kihagyásának lehetősége egyszerre segíti az időfelhasználás hatékony tervezését, illetve a szimulátor nyújtotta élménytől idegenkedő szegmensek számára az esetlegesen kellemetlen tapasztalat elkerülését. Érvényesül tehát a Heineken Experience-ben az interpretáció azon alapelve, miszerint különböző igényekkel érkező, eltérő keresletű vendégcsoportok számára különböző szintű interpretációs programot kell kínálni.

A látogatóközpont sikerességének valószínűleg legfontosabb eleme a teljes attrakciót jellemző magas szintű interaktivitás, a látogatók számos különböző módon történő bevonása – például virtuális sörcsapolás, virtuális DJ-zés, virtuális sörbuborékokban sétálgatás –, az interpretációs folyamat egyes szakaszaiba, ami elősegíti az érdeklődés felkeltését, a Heineken brandhez és a Heineken Experience-hez való érzelmi kapcsolódást, valamint a létesítmény vendégek általi, szájreklám útján történő népszerűsítését. A vendégek bevonásának különleges formája a „Brew You – Be The Beer" ride, egy olyan 4D szimuláció, amelynek keretében a látogató belülről élheti át a sörfőzés teljes folyamatát, a malátaőrlemény elkészítésétől az erjesztésen át a palackozásig, fizikailag – például vízcseppekkel, forró levegő befújásával, rázkódással – is illusztrálva az egyes lépéseket (7. kép).

A látogatás során a dinamikus interpretációs megoldások gyakorlatilag a vendégek valamennyi érzékét célba veszik: a látást például a tablókon szereplő történetek és fotók révén, a hallást a reklámfilmek zenéjének lejátszásával, a tapintáson, illetve a bőrfelületen keresztül történő érzékelést pedig az árpával teli tartályok vagy a ride vízcseppjei és forrósága által. A lóistállók jellegzetes „lószaga" vagy a sörfőzdét átható malátaillat a szagláson keresztül teremt emlékezetes élményt, az ízlelőbimbók pedig mind a félkész, malátából és vízből álló ital megkóstolása, pedig a többszöri sörkóstolási lehetőség során aktivizálódhatnak.

További hatékony módja a látogatók bevonásának a személyre szabott termékek elkészítésének és megvásárlásának lehetősége. A Heineken Experience egyrészt lehetőséget ad egyedi, tetszőleges névre szóló címkével ellátott palackok megrendelésére – úgy elhelyezve az ehhez szükséges számítógépet az interpretatív útvonalon, hogy mire a vendég végez a teljes programmal, az elkészült palack a kijáratnál várja –, másrészt többféle mintájú póló is individualizálható az ajándékboltban a látogató nevének megadásával (8. kép).

A belépőjegyen kívül további költésre nem hajlandó vagy képes látogatók pedig, virtuális ajándékként, emailben tovább küldhető Heineken-csillagos fotón örökíthetik és oszthatják meg a látogatás emlékét, ezzel is hozzájárulva a látogatóközpont szájreklám keretében történő népszerűsítéséhez (9. kép).

145

9. kép

A Heineken Experience-látogatás virtuális emléke

Amsterdam

Fotó: Heineken Experience 2012

5. Következtetések

Bár a vizsgált sörturisztikai attrakciók a gasztroturizmus rendkívül tág palettájának csak egy szűk szegmensét képviselik, mindkét példa jól illusztrálja a földrajzi-kulturális identitás (Füreder et al. 2011) fontosságát a gasztronómiai turizmus fejlődésében. Noha mindkét látogatóközpont népszerűsége nagymértékben köszönhető kreatív és technikailag korszerű interpretációs megoldásaiknak, mind a Guinness Storehouse, mind pedig a Heineken Experience kulturális szempontból is kihagyhatatlan látnivalóként jelenik meg az érintett fővárosok turisztikai kínálatában, hiszen olyan sörmárkákat képviselnek, amelyek kitörölhetetlenül beépültek az ír, illetve a holland életérzésbe. Mindkét attrakció profiljában komplex módon összefonódva jelenik meg az élményteremtés, a gasztronómiai örökség megőrzése és bemutatása, valamint az adott márka piaci imázsának erősítése, kiválóan illusztrálva a nemzeti identitás építésének és a globálisan versenyképes vállalkozások fejlődésének lehetséges közös érdekszféráját.

Mindkét látogatóközpont hatékonyan használja ki a fizikai adottságaiból, és a sörmárka, illetve a desztináció kulturális örökségéből adódó lehetőségeket. Az építészetileg vonzóbb Guinness Storehouse-ban a legfelső szinten helyezkedik el a sörkóstolás legfontosabb helyszíne, a bár, ahol a történelmi-ipari negyedre látványos kilátást biztosító üvegfalakon a város egyes pontjaihoz kapcsolódó irodalmi idézetek láthatók, emlékeztetve a látogatót Dublin gazdag irodalmi örökségére. A Heineken Experience bárjának tényleges ablakai nincsenek, a virtuális ablakként funkcionáló képernyőkön azonban világvárosok tájképei váltakoznak, világkörüli utazás élményét kínálva a sört kóstolgatóknak, s egyúttal kihangsúlyozva a márka globális jelenlétét. A látogatóközpont belépőjegye pedig magában foglal egy rövid hajóutat is a Heineken márkaboltig, lehetővé téve, hogy a vendégek kipróbálják a csatornákon való hajókázást, az amszterdami turisztikai kínálat egyik emblematikus tevékenységét.

A hazai attrakciók számára is hasznosak lehetnek az összehasonlító elemzésből levonható tanulságok. Egy desztináció gasztronómiai öröksége jelentős turisztikai keresletet indukálhat (Michalkó 2012), de a siker előfeltételei között szerepel a konzekvens márkaépítés, méghozzá nem elsősorban a turizmus területén, hanem a fogyasztói termékek piacán. Az emlékezetes látogatói élmény megteremtésében kulcsszerepe van az alkalmazott interpretációs technikáknak. A hatékony interpretáció alapelvei az elmúlt évtizedek során alapvetően nem változtak, a különböző interaktív megoldások köre azonban a technológiai fejlődés eredményeképpen jelentősen bővült, napjaink egyre tapasztaltabb látogatói pedig elvárják ezen technikai megoldások kreatív, egyedi élményt nyújtó alkalmazását.

Felhasznált irodalom

- Beck, L. – Cable, T. T. (2002): *Interpretation for the 21st Century: Fifteen Guiding Principles for Interpreting Nature and Culture, 2nd ed.* Sagamore Publishing, Urbana IL.

- Bujdosó, Z. – Szűcs, Cs. (2012): A New Way of Gastronomic Tourism: Beer Tourism. *Acta Turistica Nova* 6(1):5-20.

- Cullinan, E. A. (Ed.) (1992): *Development Programme for Temple Bar.* Temple Bar Properties Ltd., Dublin.

- ERIH (2016): *Anchor Points. The milestones of European industrial heritage.* www.erih.net/anchor-points.html (letöltve: 2016.04.04.)

- Füreder, B. – Irimiás, A. – Michalkó, G. (2011): Az ízek összehoznak: Szicília gasztroturizmusa. In: Michalkó, G. – Rátz, T. (szerk.): *A turizmus dimenziói: humánum, ökonómikum, politikum. Turizmus Akadémia 5.* Kodolányi János Főiskola, Székesfehérvár, pp. 97-107.

- Gilmore, J. H. – Pine II, B. J. (2002): Customer Experience Places: The New Offering Frontier. *Strategy & Leadership* 30(4):4-11.

- Guiney, D. (2002): *The Tourism and Travel Industry in Ireland.* Gill & Macmillan Ltd., Dublin.

- Heineken (2016a): *The Heineken Story.* www.heineken.com/We-are-heineken/Heineken-Story (letöltve: 2016.03.14.)

- Heineken (2016b): *A Heineken vállalat története.* www.heinekenhungaria.hu/sajtoszoba/sajtomappa/a-heineken-vallalat-tortenete (letöltve: 2016.04.08.)

- Irimiás, A. (2015): *Filmturizmus: A filmek és televíziós sorozatok turisztikai szerepének és hatásainak geográfiai vizsgálata.* Akadémiai Kiadó, Budapest.

- Kiss, R. (2009): Turizmusorientált fejlesztések Dublin Docklands területén. In: Michalkó, G. – Rátz, T. (szerk.): *A tér vonzásában: a turisztikai termékfejlesztés térspecifikus vonásai*. Kodolányi János Főiskola – MTA Földrajztudományi Kutatóintézet – Magyar Földrajzi Társaság, Székesfehérvár – Budapest, pp.128-144.

- Michalkó, G. (2012): *Turizmológia: elméleti alapok*. Akadémiai Kiadó, Budapest.

- Puczkó, L. – Rátz. T. (2011): *Az attrakciótól az élményig. A látogatómenedzsment módszerei, 2. bővített kiadás*. Akadémiai Kiadó, Budapest.

- Puczkó, L. –Rátz, T. (2006): Managing an Urban World Heritage Site: The Development of the Cultural Avenue Project in Budapest. In: A. Leask – A. Fyall (Eds.): *Managing World Heritage Sites*. Butterworth-Heinemann, Oxford, pp.215-225.

- Tilden, F. (2008): *Interpreting Our Heritage, 4[th]ed*. The University of North Carolina Press, Chapel Hill.

- White, C. – Boucke, L. (1989): *The UnDutchables. An Observation of the Netherlands: Its Culture and its Inhabitants*. White Boucke Publishing, Lafayette, CO.

8. AZ ITÁLIAI GASZTRONÓMIA FELLEGVÁRA: A CASA ARTUSI

IRIMIÁS Anna[123]

Bevezetés

A gasztronómiai fesztiválok, a különleges étkekhez, hozzávalókhoz vagy elkészítési módokhoz köthető helyek és események gazdagítják a történelmi városok turisztikai kínálatának palettáját (Puczkó – Rátz 2003). Az elmúlt évtizedben a turizmus és a gasztronómia kapcsolatának feltárása több szempontból is foglalkoztatni kezdte a kutatókat. Ezt a töretlen érdeklődést bizonyítja, hogy számos rangos folyóirat (például *Tourism Review International* 2006; *Journal of Heritage Tourism* 2013) tematikus számot szentelt a témának. A kutatásokban különleges figyelmet kapott a helyi ételek és főzési módok szerepe a helyi-, regionális- és nemzeti identitás építésében (Hjalager – Richards 2002), hiszen, bár sztereotípiának tűnik, egy-egy tipikus étellel, mint mondjuk a paradicsomos-bazsalikomos spaghetti, egy népet azonosíthatunk (Füreder et al. 2013). Ugyanakkor kevés példát találunk arra, hogy a nemzeti-gasztronómia identitás születésének helyszínét földrajzi pontossággal azonosítani lehessen. Ez alól kivétel Olaszország, ahol az Emilia-Romagna régióban megbúvó Forlimpopolit tartják az olasz konyha városának. Ennek oka, hogy Forlimpopoliban született Pellegrino Artusi, aki 1891-ben, csupán harminc évvel az olasz egyesítést követően, saját költségén jelentette meg korszakalkotó szakácskönyvét *„A főzés tudománya és az étkezés művészete"* címmel. Korszakalkotó, mert a közel 800 receptet összegyűjtő könyv az ételek és elkészítési módok szempontjából kísérelte meg egyesíteni Itáliát, hasonlóan ahhoz, ahogy Alessandro Manzoni *„A jegyesek"* (1827) című regényével próbált meg egységes irodalmi nyelvet teremteni a nyelvjárások kavalkádjában (Montanari 2010). Az olasz

---

[123] Kodolányi János Főiskola, irimias@kodolanyi.hu

gasztronómia fellegvára a 2007-ben nyitott Casa Artusi – azaz Artusi Ház – kulturális központ, főzőiskola, könyvtár és étterem, mely méltó emléket állít a házias olasz konyha atyjának és népszerűsítőjének. A gasztrokultúra ünnepe pedig az immár 20 éve megrendezésre kerülő Artusi Fesztivál keretében csúcsosodik ki, mikor Forlimpopoli a gasztronauták kitüntetett célpontjává válik.

Jelen esettanulmány kutatási kérdései, hogy az olasz kisváros Forlimpopoli hogyan kamatoztatja Artusi örökségét, és a gasztronómia miként vált a város márkájává. A kutatás során a hazai és nemzetközi szakirodalom feldolgozását követően az egy esetre épülő esettanulmány módszerét választottam. Az adatgyűjtési fázisban a többszörös terepbejárás, a személyes interjúk, a közvetlen megfigyelés, a dokumentálás és a dokumentumelemzés kapták a legfőbb hangsúlyt (Mitev 2015). A tanulmányban először Forlimpopoli városát mutatom be, majd Pellegrino Artusi jelentőségét vázolom fel, amelyet követ az Artusi fesztivál és az Artusi Ház részletes elemzése.

1. Artusi városa: Forlimpopoli

Emilia-Romagna régió a *piadina,* az élesztő nélküli kis kerek lepény földje. A régió közigazgatási székhelye Bologna, híres városai pedig Piacenza, Parma, Reggio Emilia, Modena, Ferrara, Ravenna, valamint a tengerparti Rimini. 2014-ben a régióban 9 millió 258 ezer turista 35 millió 549 ezer vendégéjszakát töltött el, melynek 54,6%-a a tengerparton, míg 26%-a Bolognában koncentrálódott (Rapporto annuale 2015). Összehasonlításként ugyanabban az évben a Balaton idegenforgalmi régió 1 millió 445 ezer vendéget és 4 millió 884 ezer vendégéjszakát regisztrált (KSH 2015). Jelen esettanulmány fókuszában ugyanakkor nem egy világörökség helyszín vagy egy tipikus 4S (*sun-sea-sand-sex*) desztináció áll, hanem egy olyan kisváros, melynek összesen két háromcsillagos szállodája van és a felfedező típusú turistáknak szolgál vonzerővel (Puczkó – Rátz 2011).

Az Adriai-tengerparttól 25 km-re, észak-déli irányban Ravennától és Riminitől hozzávetőlegesen azonos távolságra fekszik Forlimpopoli. Amennyiben léteznek a gasztronómiához kapcsolódó jó gondolatokat inspiráló helyek, akkor Forlimpopoli városa ilyen (Michalkó – Fazekas 2016). Forlimpopoli, mint az elnevezés etimológiája is mutatja (*forum Popilii*), egy római eredetű település, amely lakosságát tekintve (13.220 fő) Balatonfüredhez hasonlítható. A település évszázadokon keresztül a pápai állam felé igyekvő zarándokok (olaszul *pellegrini*) egyik kötelező állomása volt[124]. A város főterét egy középkori erőd uralja, melyet Albornoz érsek 1360 és 1365 között építtetett, miután Nagy Lajos királytól kért magyar zsoldos katonák segítségével elfoglalta és a Szentszék hatásköre alá vonta a várost (Lukcsics 1932). Az erőd Forlimpopoli városmárkájának centrális eleme, valamint az önkormányzat és a régészeti múzeum székhelye. Artusi városa, ahogy

---

[124] www.emiliaromagnaturismo.it (letöltve: 2016.04.25.)

a városvezetők és városmarketingesek Pellegrino Artusinak hódolva titulálják a települést, a gasztrokultúrával azonosítja magát (1. ábra).

Forlimpopoli városának logója az Albornoz erőddel és Artusi nevével

Forrás: www.forlimpopolicittartusiana.it

Az egyértelműen megfogalmazott városi üzenet és küldetés, azaz a főzés és az étkezés magas szintű kultúrájának proklamálása, elősegíti, hogy a városmarketingben az olasz gasztronómia iránt érdeklődő szegmensre fókuszáljanak, ugyanakkor a helyi lakosság számára is értékes szórakozási lehetőségeket kínáljanak (Michalkó 2012). Az olasz konyha atyjának Pellegrino Artusit tartják, ezért a következő fejezetben ismertetem Artusi és receptgyűjteményének jelentőségét.

2. Pellegrino Artusi – az olasz házias konyha megteremtője

„A főzés tudománya és az étkezés művészete” című, 790 receptet magába foglaló szakácskönyv, a Casa Artusi illetékesei szerint, minden olasz háztartásban fellelhető (személyes interjú, 2016). A könyv megjelenését követően számos kiadást megélt és töretlen sikere az olasz irodalmi népszerűségi listán csak Carlo Collodi *„Pinokkió kalandjai”* (1881) és Edmondo de Amicis *„Szív”* (1886) című könyveinek sikerével vetekszik (Montanari 2004). Pellegrino Artusi (1820-1911), Forlimpopoli híres szülötte, jómódú kereskedő volt, aki szabadidejében az irodalomnak és a konyhaművészetnek hódolt. Bár szinte egész életében Firenzében lakott és alkotott, mégis szülővárosát, Forlimpopolit tartják az olasz konyha otthonának. Artusi sokat utazott Itáliában és jól ismert olyan kereskedővárosokat, mint Trieszt, Livornó, Firenze, Bologna és Nápoly. Utazásai során Artusi érdeklődéssel és tisztelettel fordult az igen eltérő helyi konyhák, alapanyagok és főzési módok felé (Montanari 2004). Hazaérve minden új receptet kipróbált házvezetőnője, Marietta Sabatini és szakácsa, Francesco Ruffilli segítségével, majd tapasztalataikat beépítették a receptgyűjteménybe. A korábban megjelent elit szakácskönyvekhez képest Artusi műve egy háziasszonyoknak írt olasz polgári szakácskönyv volt, azzal a nem rejtett céllal, hogy egyesítse és

minden olvasóval megismertesse Itália sokszínű gasztronómia kultúráját (Montanari 2010). Szintén formabontó kezdeményezés volt, hogy Artusi, mivel saját maga adta ki szakácskönyvét, melyet postai úton juttatott el megrendelőihez, közvetlen levelezési kapcsolatban állt olvasóival. Az olvasók válaszleveleikben tanácsokkal, javaslatokkal árasztották el Artusit, valamint családi recepteket és házi praktikákat osztottak meg vele. Artusi az új recepteket Marietta segítségével elkészítette és megkóstolta, majd azokat saját javaslataival kiegészítve vezette át a receptgyűjteménybe. Bár a szakácskönyv célja az olasz gasztronómia regionális és helyi gazdagságának bemutatása volt, a legtöbb recept Emilia-Romagna, Toscana, Lombardia, Liguria, Lazio és Szicília régiókhoz köthető (Montanari 2004). Számunkra további érdekesség, hogy Artusi a tésztafélék receptjeihez a legtöbb alkalommal magyar finomlisztet (*farina d'Ungheria*) ajánl a hozzávalók ismertetésénél.

A szakácskönyvet nem csupán a változatos receptek, hanem a szerző alapos irodalmi képzettsége és könnyed humora teszik olvasmányossá és szórakoztatóvá. A könyv továbbá felér egy higiéniai és illemtani útmutatóval is, melyre a XIX. század végén (ahogy sokszor még ma is) igen nagy szükség volt. A tisztasági és egészségügyi normákról szóló fejezetben (Artusi 2007:15) például hosszan ír az emésztés folyamatáról, valamint a tiszta, napos és szellőztetett konyha fontosságáról, és a testmozgás jótékony hatásairól, míg a viselkedési normákat óvatosan szövi a recepteket téma köré csoportosító fejezetek bevezetőiben. A szószoknak (Artusi 2007:149) dedikált fejezetet például így kezdi: *„A legjobb szósz, melyet a vendégeiteknek felszolgálhattok, az a mosoly és a lehengerlő kedvesség. Avagy ahogy Brillant-Savarin[125] jegyezte meg: 'Meghívni valakit annyit tesz, mit felelősséget vállalni a boldogságáért azon idő alatt, amelyet a házadban tölt el.'"*

Természetesen az egész szakácskönyvet érdemes olvasgatni, nem csupán a receptek miatt, hanem mert szórakoztató korképet fest Itáliáról. Mégis, amenyiben Artusi a konyhaművészettel és a vendéglátással kapcsolatos legfőbb üzenetét kívánjuk összefoglalni, akkor az általa megfogalmazott tíz pontot érdemes szem előtt tartani:

1. Becsülje meg a természetes alapanyagokat
2. Használjon minőségi hozzávalókat
3. Használjon az évszaknak megfelelő alapanyagokat
4. Törekedjen az egyszerűségre
5. Főzzön szenvedéllyel, összpontosítson arra, amit csinál és legyen pontos
6. Gyakoroljon türelmesen
7. Változtasson, de a helyi sajátosságokat és az adott évszakot figyelembe véve
8. Ha változtat valamit, azt egyszerűséggel és jó ízléssel tegye
9. Értékelje az egyszerű konyhát

---

[125] Anthelme Brillant-Savarin (1755-1826) kiváló francia gasztronómus. Leghíresebb műve az 1825-ben megjelent *Physiologie du goût*. A mű letölthető innen: gallica.bnf.fr/ark:/12148/bpt6k1063697/f8.image.r=physiologie+du+gout.langFR

10. Ne bízzon a szakácskönyvekben (az enyémben sem)

A regionális és helyi olasz gasztronómia iránti tisztelet és szeretet tette lehetővé, hogy Artusi műve egyfajta örökségvédelem alatt álljon és segítségével a város kulturális és gasztroturisztikai szolgáltatásai széles körben ismertté váljanak.

3. Festa Artusiana – a gasztrokultúra ünnepe

Quan és Wang (2004) meglátása szerint a turisták utazásaik során olyan gasztronómiai élményekre vágynak, melyek a megszokott napi étkezési szokások határait túllépik, változatosságot és újdonságot jelentenek. Az élményközpontú turisztikai szolgáltatások Forlimpopoli esetében a kulináris élvezetek és az ételekhez köthető hagyományok és kultúra köré épülnek. A város életében talán legfőbb esemény a Mezőgazdasági és Erdészeti Minisztérium védnöksége alatt álló *Festa Artusiana*, azaz az Artusi ünnep (1. kép). A Festa Artusiana immár 20 éve minden júniusban kilenc napon keresztül lázban tartja várost. Az ünnep jelentős turisztikai esemény, mely 2015-ben több mint 150 ezer látogatót vonzott Forlimpopoliba[126]. A rendezvény vezérfonala a házias konyha, Artusi közel 800 receptje, valamint a helyi hozzávalók, egészséges ételek és ételkülönlegességek celebrálása. Továbbá a szervezők minden évben új tematika köré építik az eseményeket. 2016-ban, a milánói EXPO üzenetét tükrözve, a pazarlás elkerülése és az újrafeldolgozás fontosságának népszerűsítése került fókuszba.

Ugyanakkor nem pusztán gasztronómia fesztiválról van szó, hasonlóan a Budapesten megrendezett Pálinka és Kolbász Fesztivál vagy a Balatonfüredi Borhetek esetéhez, hanem célja a nemzeti és helyi identitás megerősítése, a minőségi ételek és italok fogyasztásának elősegítése. A fesztivál társadalmi és kulturális hatásai (Rátz 1999) között említhetjük a gasztronómiai innováció és hagyományőrzés közötti diskurzust, a helyi vállalkozók, mezőgazdászok, termelők, szolgáltatók támogatását, valamint a kulturális sokszínűség megerősítését. A fesztivál programját az étkezés és főzés művészetével foglalkozó tudományos előadások, műhelyek, kóstolók, színházi és balett darabok, koncertek, gyerekműsorok, gasztronómiai vetélkedők és vásár színesítik[127]. Az esemény jelentőségét szemlélteti, hogy az utcák és terek neveit átkeresztelik a fesztivál 9 napjára. Így az erőd előtti Garibaldi tér Artusi térré változik, de sétálhatunk és kóstolhatunk a 0 Km utcán, a Minden szószok utcán vagy akár a Likőrök és Fagylaltok utcáján.

---

[126] www.gamberorosso.it (letöltve: 2016.07.05.)
[127] www.festartusiana.it (letöltve: 2016.06.11.)

1. kép
Artusi-ünnep Forlimpopoliban – Az Albornoz erődhöz közeli utcán kihelyezett tábla Artusi eperfagylalt receptjét (755. recept) ismerteti meg a fesztiválozókkal

Fotó: Irimiás Anna

A fesztiválon 2005 óta minden évben kiosztásra kerül a Marietta-díj, melyet Artusi hűséges házvezetőjének tiszteletére alapítottak. A Marietta-versenyben csak amatőr szakácsok vehetnek részt. A szabályok szerint egy Artusi-által inspirált risotto vagy tészta receptet kell a versenybizottság számára elküldeni, majd a kiválasztott recepteket a versenyzőknek a Casa Artusi konyhájában kell zsűri előtt elkészíteniük. A 2016-os Marietta versenyzői között szerepelt egy veronai banki tisztviselő, egy rovignoi könyvtáros, egy vicenzai nyugdíjas úr, egy altinoi alkalmazott és egy sofőr Cagliariból (4. kép)[128].

A fesztivál sikere nagyban függ az éttermek és vendéglátóhelyek minőségi szolgáltatásaitól (Presenza – Del Chiappa 2013). A folyamatos minőségellenőrzés végett a város létrehozott egy Gasztronómia Tanácsot, melynek feladata a fesztivál idején felszolgált menük, fogások minőségének vizsgálata és az éttermekre és vendéglátóhelyekre vonatkozó egyéb kikötések betartásának ellenőrzése. A szervezők célja, hogy Artusi által ihletett ételek kerüljenek a vendégek asztalára, ezért erősen javasolják a vendéglátósoknak, hogy olvassák Artusi szakácskönyvét (ingyenesen letölthető pdf formátumban a Casa Artusi

---

[128] www.festartusiana.it/premio-marietta (letöltve: 2016.06.11.)

honlapjáról) és az étlapokon a receptek mellett szereplő számmal igazolják a recept eredetét (2. kép).

2. kép
A Fratti étterem menülapja Forlimpopoliban – az ételek neve mellett Artusi számozott receptjét is jelölik, autentikusságot kölcsönözve ezzel a fogásoknak

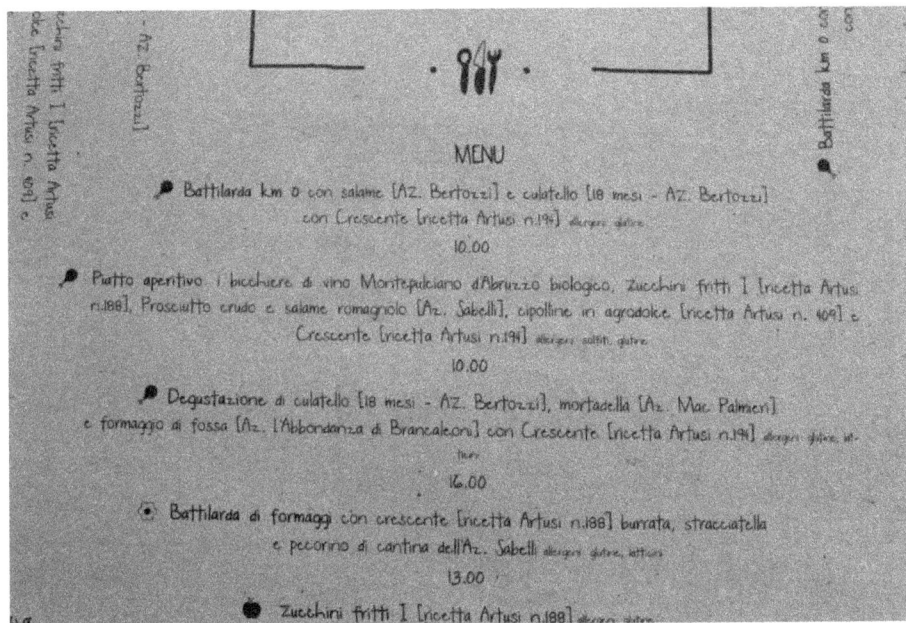

Fotó: Irimiás Anna

Továbbá fontos kikötés, hogy csak friss, helyi és az évszaknak megfelelő alapanyagot használhatnak (például kizárólag szabadon tartott tyúktól származó tojást), helyi kézművesektől és kistermelőktől szerezzék be a hozzávalókat (például kizárólag kistermelőktől vásárolt méz engedélyezett) és a hagyományos elkészítési módokat alkalmazzák (például a kávét csak olasz mokkában lehet elkészíteni). A Gasztronómia Tanács a fesztiválra vonatkozó szabályokat már februárban nyilvánossá tette a honlapján és felkéri a fesztiválozókat, hogy ezek alapján értékeljék a szolgáltatásokat és jelezzék az esetleges hiányosságokat. Amennyiben az éttermek és vendéglátóhelyek nem tartják be maradéktalanul az előírásokat, nem vehetnek részt a fesztiválon és pénzbírságot rónak ki rájuk. A minőségellenőrzésnek és a koordinált menedzsmentnek köszönhetően 2016-ban 53 étterem és vendéglátóhely várta az Artusi-fogásokra vágyó ínyenceket (3. kép).

A fenntarthatóságot és az újrahasznosítást népszerűsítő Artusi Fesztivál egyik hangulatos vendéglátóhelye

Fotó: Irimiás Anna

4. Artusi Ház – a házias olasz gasztrokultúra szentélye

Lee, Wall és Kovacs (2015) meglátása szerint a területfejlesztésben a kreatív étel klaszterek akkor lesznek sikeresek, ha a menedzsment feladatának tartja a hely minőségének folyamatos fejlesztését és képes a turisták és helyiek között érdemi és jelentőséggel teli kapcsolatot kiépíteni. Ezt a feladatot, valamint a meghatározó és döntési hatalommal bíró szereplők – *stakeholderek* – közötti együttműködést a Casa Artusi menedzsmentje látja el. Forlimpopoliban 2007-ben nyitották meg az Artusi Házat, melynek társtulajdonosai a Casa Artusi polgári jogi társaság, Forlimpopoli önkormányzata, valamint a Forlí Takarékszövetkezet. A társaság alaptőkéje €100.000. A ház igazgatója a középkor-történész és gasztroszakértő Massimo Montanari, aki a gasztrokulturával kapcsolatos kutatások olasz és nemzetközi úttörője, művei magyar nyelven is olvashatóak. Az Artusi ház egy korábbi egyházi épületben, a Chiesa dei Servi-ben kapott otthont, ahol a modern olasz belsőépítészeti design és a XV. századi kolostor építészeti elemei izgalmasan ötvöződnek. A Casa Artusi Emilia-Romagna Íz Múzeumok hálózatának, valamint a Nemzeti Emlékház Egyesületének tagja, mely 48 emlékház tevékenységét koordinálja[129]. Az Artusi Ház küldetése, hogy a házias olasz konyhaművészet kulturális központja legyen (4. kép).

4. kép

A 2016-os Marietta verseny döntőseinek bemutatása az Artusi Ház korábbi kolostorként működő részében

Fotó: Irimiás Anna

Az Artusi Ház háromszintes épület, mely több jól elkülöníthető látogatói térből áll. A földszinten, közvetlen a bejáratnál Pellegrino Artusi személyének szentelt múzeum és kiállítótér, valamint az ajándékbolt található. A múzeumban szervezett tárlatvezetéseket évente mintegy 35 ezer látogató veszi igénybe (személyes interjú, 2016). Az Artusi Ház ékköve az értékes könyvtár, mely „*A főzés tudománya és az étkezés művészete*" könyv minden kiadását és fordítását őrzi, valamint gasztronómiai témájú művek igen gazdag kollekciójával rendelkezik. 2014-ben a könyvtárnak 6830 tagja volt, ami Forlimpopoli lakosságának 51,7%-át teszi ki, vagyis bizonyítja, hogy az Artusi Ház nem csupán turisztikai látogatóközpont, hanem a helyi lakosság kulturális életének egyik színhelye (személyes interjú, 2016).

Az összekötő folyosókon folytatódik a kiállítási tér, mely a modern épületszárnyat a korábbi kolostor termeivel köti össze. A szuggesztív hangulatú termekben konferenciákat, előadásokat szerveznek, melyeknek egyik fénypontja az

---

[129] www.casedellamemoria.it (letöltve: 2016.07.05.)

Artusi étteremben eltöltött ebéd vagy vacsora. Az elegáns étteremben Artusi receptjei szerint készített fogásokat szolgálnak fel, különös hangsúlyt fektetve a helyi és regionális konyha képviseltetésére, valamint az évszaknak megfelelő hozzávalók használatára. Természetesen minden fogás neve mellett feltüntetik Artusi receptjének számát, így a vendégeknek nem csak érdekes gasztrotörténelmi élményben van része, hanem akár otthon is elkészíthetik az ízletes fogásokat. Az Artusi Ház pincészetében pedig hangulatos fogadó várja vendégeket. 2016. júliusáig a Casa Artusi étterme 695 recenziót kapott a Tripadvisoron, melynek 86%-a kiváló és nagyon jó értékelést tartalmaz az étterem szolgáltatásairól. Az értékelésekben a vendégek hangsúlyozták az elegáns terítést és tökéletes felszolgálást, a Casa Artusi márkával ellátott tányérok és poharak egyediségét, valamint a házias Artusi gasztrohagyományok modern formába öntését.

5. kép

Piadina-készítés bemutató az Artusi Házban

Fotó: Rátz Tamara

Az Artusi Ház továbbá küldetésének tartja az *edutainment* (szórakozva tanulás) égisze alatti oktatást. Az első emeleten rendezték be a kiválóan felszerelt főzőiskolát, mely 20 önálló főzőpozíciót biztosít. A főzőiskolát 2008-ban nyitották meg és azóta több mint 50 olasz és külföldi séf osztotta meg tudását a résztvevőkkel. A hétvégi foglalkozások a legnépszerűbbek, ugyanakkor a cégeknek ajánlott csapatépítésre használt kurzusok vagy az egyéni tanfolyamok is nagy érdeklődésre tartanak számot. A főzőiskola diákjainak 60%-a Emilia Romagna régióból származik, ami azt jelenti, hogy az Artusi Ház a régión kívüli gasztroturistáknak (40%) is vonzerővel szolgál (személyes interjú, 2016). Az iskola termében egy demonstrációs részt is kialakítottak, így azok az érdeklődők, például konferencia résztvevők, akik csupán egy bemutatót szeretnének látni, de nem kívánnak saját maguk is kötényt ölteni, szintén részt vehetnek az élményben, melyet egy kóstoló tesz vonzóbbá (5. kép). A főzőiskola egész évben kínál kurzusokat, gyerekeknek, kezdőknek és haladóknak egyaránt. A legtöbb tanfolyam a regionális fogások, mint a *piadina*, gyúrt és kelesztett tészták, tengeri halas ételek oktatását és kóstolását tűzi ki célul. Ez az erős kulturális és gasztronómiai identitás élesen szembe állítható például a Budapesten oly népszerű főzőtanfolyamokkal, ahol a főzőiskolák kínai, vietnami, olasz, francia és egyéb tipikusnak gondolt ételek elkészítési módját oktatják. Ha a Casa Artusiban valamint megtanulhatunk a gasztrokultúráról, az az, hogy nem létezik *„olasz konyha”*, hiszen a helyi és regionális konyhák dominálnak az országban.

5. Következtetések

Az étkezés és italfogyasztás a turizmus szerves része, hiszen a turisták az otthonuktól távol is eleget tesznek fiziológiai szükségleteiknek. Azonban, ahogy Massimo Montanari (2004) hangsúlyozta, az étel maga is kultúra. Egy-egy fogás tradíciók, szokások és innováció ötvözete. Ha egy kultúra mélyebb megismerésére vágyunk, a legkézenfekvőbb dolog megkóstolni azokat az ételeket, amelyeket az adott kultúra képviselői fogyasztanak. Egy város akkor válik gasztroturisztikai célterületté, ha hitelesen tudja képviselni az ételekben és italokban megnyilvánuló helyi és regionális identitást. Magyarországon erre példa Villány, melyek neve összefonódott a borászattal, vagy Nagykanizsa a *„dödölle fővárosa”*, bár ebben az esetben inkább csak egy étellel azonosítja magát a város.

Forlimpopoli esetében több szerencsés tényező is megfigyelhető. Annak ellenére, hogy a város földrajzi adottságai nem túl jók a régió többi településéhez képest, mégis sikeresen kialakított egy olyan gasztronómiára épülő városmárkát, amely egyedivé teszi (Tózsa 2014). Pellegrino Artusi örökségét a gasztrokultúra ápolásával, az innovatív termékek és szolgáltatások fejlesztésével és az egyedi élmények biztosításával kamatoztatják. A helyi és regionális sajátosságokra büszke gasztronómiai célállomás menedzsmentje sikeres együttműködést alakított ki a környékbeli kistermelőkkel és mezőgazdászokkal, a vendéglátóipar képviselőivel ugyanúgy, ahogy a gasztronómia történetével foglalkozó kutatókkal és a kulturális egyesületek vezetőivel. Forlimpopoli esetében megállapítható, hogy az egyértelműen megfogalmazott küldetés, az átgondolt és dinamikus menedzsment, valamint a fogyasztói szegmensek pontos meghatározása lehetővé teszik, hogy

Artusi ne csupán városmárka legyen, hanem garancia a minőségi gasztronómiai szolgáltatásokra.

Felhasznált irodalom

- Füreder, B. – Irimiás, A. – Michalkó, G. (2011): Az ízek összehoznak: Szicília gasztroturizmusa. In: Michalkó, G. – Rátz, T (szerk.): *A turizmus dimenziói: humánum, ökonómikum, politikum. Turizmus Akadémia 5.* Kodolányi János Főiskola, Székesfehérvár, pp. 97-107.

- Gambero Rosso (2016): *Vent'anni di Festa Artusiana a Forlimpopoli. La cucina italiana secondo Pellegrino Artusi.* www.gamberorosso.it/it/news/1024927-vent-anni-di-festa-artusiana-a-forlimpopoli-la-cucina-italiana-secondo-pellegrino-artusi (letöltve: 2016.07.05.)

- Hjalager, A-M. – Richards, G. (Eds) (2002): *Tourism and Gastronomy.* Routledge, New York.

- KSH (2015): A Balaton idegenforgalmi régió vendégforgalma, 2014. *Statisztikai Tükör* 12:1-4. www.ksh.hu/docs/hun/xftp/stattukor/regiok/veszpremidforg/veszpremidforg1412.pdf (letöltve: 2016.06.23.)

- Lee, A. H. J. – Wall, G. – Kovacs, J. F. (2015): Creative Food Clusters and Rural Development through Place Branding: Culinary Tourism Initiatives in Stratford and Muskoka, Ontario, Canada. *Journal of Rural Studies* 39:133-144.

- Lukcsics, P. (1932): Magyar zsoldosok a pápaság szolgálatában a XIV. században. *Hadtörténelmi Közlemények* 33:125-157.

- Michalkó, G. (2012): *Turizmológia: elméleti alapok.* Akadémiai Kiadó, Budapest.

- Michalkó, G. – Fazekas, I. (2016): Jó helyek, jó gondolatok, jó cselekedetek: a turisztikai desztinációk szerepe az utazók inspirálásában In: Kókai, S. (szerk.): *A változó világ XXI. századi kihívásai: tanulmánykötet Prof. Dr. Hanusz Árpád egyetemi tanár 70. születésnapja tiszteletére.* Nyíregyházi Egyetem Turizmus és Földrajztudományi Intézet, Nyíregyháza, pp. 409-420.

- Mitev, A. (2015): Esettanulmány módszer. In: Horváth, D. – Mitev, A. (szerk.): *Alternatív kvalitatív kutatási kézikönyv.* Alinea Kiadó, Budapest, pp. 129-155.

- Montanari, M. (2010): *L'identità italiana in cucina.* Editori Laterza, Roma-Bari.

- Montanari, M. (2004): *Il cibo come cultura.* Editori Laterza, Roma-Bari.

- Pellegrino, A. (2007): *La scienza in cucina e l'arte di mangiar bene. Introduzione e note di Camporesi, P.* Einaudi, Torino.

- Presenza, A. – Del Chiappa, G. (2013): Entrepreneurial Strategies in Leveraging Food as a Tourist Resource: A Cross-regional Analysis in Italy. *Journal of Heritage Tourism* 8(2-3):182-192.

- Puczkó, L. – Rátz, T. (2011): *Az attrakciótól az élményig. A látogatómenedzsment módszerei.* Akadémiai Kiadó, Budapest.

- Puczkó, L. – Rátz, T. (2003): *Turizmus történelmi városokban. Tervezés és menedzsment.* Turisztikai Oktató és Kutató Kkt., Budapest.

- Quan, S. – Wang, N. (2004): Towards a Structural Model of the Tourist Experience: An Illustration from Food experiences in Tourism. *Tourism Management* 25(3): 297-305.

- *Rapporto annuale sul movimento turistico e la composizione della struttura ricettiva dell'Emilia Romagna.* Bologna, 2015. http://www.regione.emilia-romagna.it/urp/novita-editoriali/archivio-pubblicazioni/rapporto-annuale-sul-movimento-turistico-e-la-composizione-della-struttura-ricettiva (letöltve: 2016.05.05.)

- Rátz, T. (1999): *A turizmus társadalmi-kulturális hatásai, PhD disszertáció.* Budapesti Közgazdaságtudományi és Államigazgatási Egyetem, Budapest.

- Tózsa, I. (szerk.) (2014): *Turizmus és településmarketing.* Budapesti Corvinus Egyetem Gazdaságföldrajz és Jövőkutatás Tanszék, Budapest.

9. A GASZTRONÓMIA ÉS A TURIZMUS EGY ÚJ ATTRAKCIÓJA: A LAKÁSÉTTEREM

NÉMETH Anna Katalin[130] – JUHÁSZ-DÓRA Katalin[131]

Bevezetés

A gasztroforradalom, a közösségi gazdaság és a keresleti oldalon tapasztalható növekvő igény a folyamatos új élmények iránt vélhetően mind generáló tényezői voltak a lakáséttermek kialakulásának és elterjedésének. Ahogy ez az új gasztronómiai szolgáltatás teret nyert, azaz egyre több fogyasztóra lelt, a különleges gourmet termék fokozatosan a turizmus egy új trendjévé erősödött. Miről is beszélünk azonban pontosan? Étteremről vagy inkább egy titkos gasztronómiai szeánszról? Igazából megállapítható, hogy a kettő egyvelegéből született meg a lakáséttermek rendkívül összetett fogalma.

Ezen új vendéglátó ipari modell megtestesítői részleteiben országonként, kultúránként, de legtöbbször tulajdonosokként is igen eltérőek lehetnek, ám gasztronómiai, turisztikai és társadalmi szerepvállalásukban a világ minden táján nagy egyezőségeket mutatnak. Példának okáért a gasztronómiai estek színteréül választott helyszínek igen változatosak, sokuknak csak a fantázia szab határt. A tulajdonosok leginkább a magánlakásokat, galériákat vagy a hangulatosan kialakított belső udvarokat preferálják, de nagy számban színesítik a listát a farmok, parkok vagy garázsok is, nem beszélve az egyéb titkos helyszínekről. A speciális vendéglátói forma magyar megnevezése, a *„lakásétterem"*, találóan magában foglalja a *„lakás"* szót, mely egyúttal rámutat a gasztronómiai összejövetelek leggyakrabban választott helyszínére is. Az éttermek különbözőségében az a hasonlóság, hogy mind egyedi elképzelés alapján, sajátos

---

[130] Universität der Künste Berlin – Hochschule für Schauspielkunst "Ernst Busch" – Hochschulübergreifendes Zentrum Tanz Berlin (HZT), anna.katalin.nemeth@gmail.com
[131] Budapesti Corvinus Egyetem, katalin.juhaszdora@gmail.com

dizájnban biztosítják a speciális hangulatot egy-egy ízorgia átéléséhez, a menüt pedig sokszor nem hivatásos séfek, hanem egyszerűen főzni szerető műkedvelők varázsolják az asztalokra (Csíki 2009).

1. kép

Érkeznek a vendégek egy lakásétterembe Jerevánban

Fotó: Rátz Tamara

Az új vendéglátói forma a kezdetekben nem más volt, mint a kubai forradalom győzelme után, Fidel Castro uralma alatt, a Comandante által az imperializmus fészkének vélt éttermek bezárására adott leleményes reakciója a helyi lakosságnak. Hagyományos étkezdék híján a családok együtt s egymásra kezdtek főzni, majd végül vendégül látták az arra tévedt turistákat is. Ezeket az aprócska éttermeket, melyek családi kisvállalkozásként a nehézsorsú háztartások megélhetéséhez hivatottak hozzájárulni, *„paladaroknak"* nevezték, melyek napjainkban is sajátos arculatát adják Kuba turizmusának (Balázs 2009). A titkos élvezet így a turistáknak köszönhetően, az ezredforduló táján indult útnak a világban és telepedett meg különböző országokban és városokban, mindenhol egyedi formát öltve. Kubából kiindulva a kezdetekben főként Dél-Amerikában és az Egyesült Államokban hódított a koncepció. A tengerentúlon elsőként az Egyesült Királyság fogadta be az újdonságot. Onnan már egy-két évtized alatt sikerült a trendnek behálóznia egész Európát és megvetni lábát Ázsiában és Ausztráliában is (Batka 2012) (1. kép). Ma már egy igen jelentős gasztroturisztikai attrakcióról beszélhetünk, amely különleges terméke a turizmusnak, és legyen szó akár profitorientált avagy nonprofit jellegű vállalkozásról, közvetett módon, utazás-ösztönző hatása révén, másodlagos bevételt generál az ágazatban (Vinkó 2009). A turizmus egy aktuális trendjét ismerhetjük fel benne, hiszen az egész világot érintő, folyamatosan terjedő, mind keresleti, mind kínálati oldalról egyre bővülő szolgáltatásról beszélhetünk.

1. A lakásétterem mint turisztikai termék

A kutatás célja a lakáséttermek világszerte való megjelenésének és elterjedésének a feltérképezése, valamint ezen újszerű szolgáltatás turizmusban vállalt szerepének feltárása és továbbgondolása. Ennek alappilléreként szükség mutatkozott egy olyan definíció megalkotására, mely képes ezen különleges szolgáltatás mibenlétének releváns és objektív prezentálására. A fogalom kikristályosításához a New York Times „The World's Best Secret Dining Clubs" című cikke nyitotta meg utat. Az itt felvonultatott éttermeknek, valamint a későbbiekben az összes, a kutatás során fellelt lakásétteremnek alaposabban utánajárva, azok hitvallásait és működési leírásait összegezve a következő alternatív definíció megalkotására került sor. Lakásétterem alatt értjük a pop-up éttermek azon típusát, mely gasztronómiai, vendéglátói tevékenységét ideiglenesen, nem meghatározott időközönként végzi. Színterei lehetnek, állandó vagy változó jelleggel, magánlakások vagy egyéb, vendéglátásra szokatlannak vélhető, ad hoc módon kiválasztott helyszínek. Üzemeltetője és séfje lehet egy vagy több, a gasztronómia iránt elkötelezett, professzionális képzettséggel csak opcionálisan rendelkező személy. Ars poeticája magában foglalja az étterem kiválasztott vendégei számára exkluzív minőségű gasztronómiai élmény biztosítását, olyan bensőséges családias légkörben, ahol lehetőség van a kikapcsolódásra, az étel hosszas élvezetére, új kapcsolatok megteremtésére, és az adott konyha művészetének titkaiba való betekintésre is. A szolgáltatás gasztronómiai jellege mellett sokszor egészül ki egyéb kulturális, szellemi vagy művészi értéket hordozó tevékenység kínálatával. Mindezen komplex élmény kigondolása, megalkotása, és professzionális vagy hobby szintű működtetése együttesen adja a tulajdonos és/vagy séf szakmai vagy személyes jellegű önmegvalósításának élményét.

A fogalom tükrében már jól látható a trend jelentős turisztikai vonatkozása, mely alapjában, a gasztronómia hídján keresztül valósul meg. A szolgáltatáshalmaz diverzifikált és minden esetben egyedi kínálatával a gasztroturisztikai kínálat önálló termékeként is értelmezhető. A lakáséttermek igen jó példaként szolgálnak a turisztikai elsődleges szuprastruktúra turizmuselméleti sajátosságára, miszerint bizonyos feltételek teljesülése esetén önmaguk is idegenforgalmi vonzerővé válhatnak (Michalkó 2007). Így a titkos gasztronómiai klubok, mindamellett, hogy étteremként a turisztikai szuprastruktúrának egyértelműen részét képezik, önálló attrakcióként is megállhatják helyüket. A lakáséttermek többsíkú, turisztikai szemléletű vizsgálatához fontos átlátni a turizmus alapvető összefüggéseit, a turizmus és a gasztronómia szoros kapcsolatát, valamint a turizmus kulturális hatásait és azok jelentőségét.

A turizmus társadalmi és kulturális hatásai azt fejezik ki, hogy milyen módon járul hozzá a turizmus az élet minőségében, az értékrendszerekben, az egyéni viselkedésben, a családi kapcsolatokban, a munkamegosztásban, a közösség szerveződésében, a közösség életstílusában, a biztonságban, az erkölcsi alapelvekben, a kreativitás kifejeződésében és a hagyományos szertartásokban bekövetkező változásokhoz (Rátz 1999). A következőkben a fent említett meghatározást szem előtt tartva szeretnénk vázolni a gasztronómia és a turizmus új trendjének, a lakáséteremnek a turizmus hídján keresztül kifejtett kulturális hatásait és jelentőségét, valamint többrétű szerepét a turizmusban.

1.1. A lakásétterem turisztikai szerepvállalása, valamint társadalmi és kulturális jelentősége

A termék turisztikai vonatkozásainak vizsgálatához érdemes a turizmus definíciójából kiindulnunk. *„A turizmus lényege a személyek élményszerzéssel párosuló környezetváltozása, amelynek során szolgáltatások igénybevételére kerül sor"* (Michalkó 2007:33). A diszkrecionális jövedelem és a rendelkezésre álló szabadidő megléte esetén a motiváció az a kulcsfontosságú összetevő, amely e hármas egységéből megszülető utazás célállomását és az ott eltöltött idő során szerzett élmények típusát leginkább determinálja. A motiváció latin elnevezés, jelentése indoklás, megokolás, illetve a motivációtan és a lélektan szempontjából, az emberi cselekedeteket mozgató erők elmélete szerint, a cselekvés ösztönzőit és kiváltóit jelenti (Bakos 1976). *„Cselekvéseink alapvető indítékai azok a késztetések, amelyeket valamely szükséglet jelentkezése hoz létre. Ezeket a késztetéseket, amelyek a szükségletet csillapító viselkedésre irányulnak, nevezzük motivációnak"* (Bernáth – Révész 2002:201). Az attrakció legfőbb vonzereje titokzatosságában és extrémitásában rejlik, hiszen e két egyediséget sugalló tulajdonsága olyan prioritást formál a kínálatban, melynek fogyasztása a célcsoport számára presztízs értékként jelenik meg. A kiváltságosság érzetét keltő szolgáltatás minden gasztronómiai kötődésű avagy szakmailag elkötelezett embert motivál, és egyben olyan kiemelkedési lehetőséget is biztosít, mely sokakat az önmegvalósítás útjára segíthet fel. A motiváció konkrét utazási döntéssé vagy egy adott szolgáltatás igénybevételének elhatározásává a desztináció vagy az attrakció alapján válik, azaz a motiváció és a vonzerő között a turizmus rendszerében különösen erős kapcsolat van (Puczkó – Rátz 2011).

A lakáséttermek keresleti és kínálati tulajdonságai

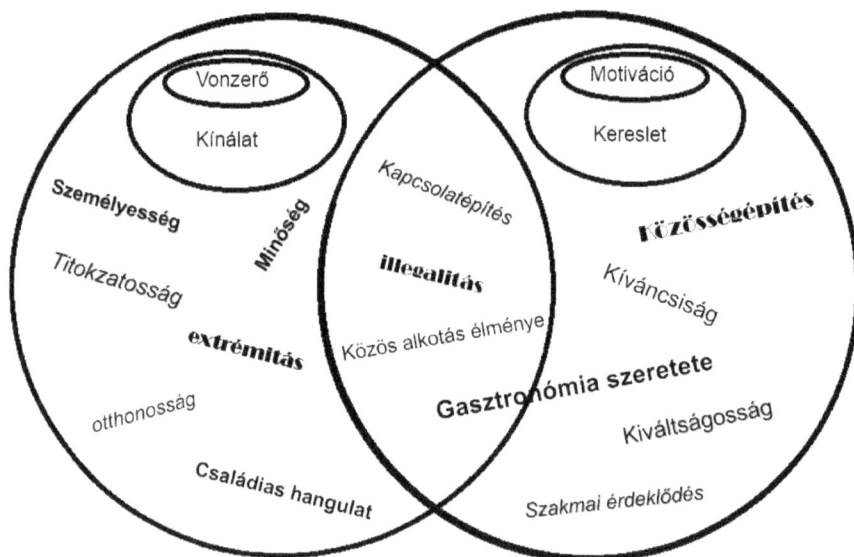

Vonzerő

Kínálat

Motiváció

Kereslet

Személyesség

Minőség

Titokzatosság

Kapcsolatépítés

illegalitás

közösségépítés

Kíváncsiság

extrémitás

Közös alkotás élménye

otthonosság

Gasztronómia szeretete

Kiváltságosság

Családias hangulat

Szakmai érdeklődés

Forrás: saját szerkesztés

Az 1. ábrán a lakásétterem fogalma egyrészről vonzerőként, másrészről motivációként kerül bemutatásra, a keresleti és a kínálati oldalról megközelítve. Vonzerőként az érzelmi síkon fontos tulajdonságok kínálatát tárja fel, melyek a kereslet oldalán, az emberekben kiváltódó motivációik és szükségletek által valósulhatnak meg. Maslow[132] szükségletek hierarchiájának piramisát a turizmussal rendkívül szoros összefüggésben vizsgálhatjuk, a motiváció fogalmára és annak a turizmusban való kulcs fontosságú szerepére építve. A turizmus, sokszínűségének köszönhetően, valamely formájában bármely emberi szükséglet felmerülése esetén gyógyírt kínálhat. Ezen összefüggést mutatja be Maslow szükséglethierarchia piramisának Michalkó (2007) által átdolgozott turisztikai szemléletű értelmezése (2. ábra).

A szükségletek hierarchiája abból fakad, hogy minden következő szükséglet csak az őt megelőző beteljesítése után merül fel, ami azt jelenti, hogy bármely szintre való törekvés esetén is az azt megelőző összes szükségletnek folyamatosan kielégített szinten kell maradnia. A turizmus, jól láthatóan, a maslowi piramis bármely szintjén elhelyezkedő igények beteljesítésének egyik eszköze lehet, legyen szó egészségügyi okokból történő utazásról, vagy a szeretet szükségletét leggyakrabban kielégítő VFR[133] turizmusról. A megbecsülést, az

---

[132] Abraham Maslow (1908-1970) amerikai pszichológus és filozófus
[133] Visiting Friends and Relatives – Barátok és rokonok meglátogatása

elismerést is jelentheti egy-egy utazás az emberek életében, s akkor még nem beszéltünk az önmegvalósítást szolgáló, vagy akár az esztétikai, akár a kognitív szükségletek kielégítésének céljából történő utazásokról. Az itt megjelenített kapcsolatrendszert továbbgondolva és átültetve a gasztronómiai turizmus jelenleg vizsgált specifikus termékére, arra a következtetésre jutottunk, hogy a lakáséttermek a piramis különböző szintjein elégíthetnek ki szükségleteket.

2. ábra

A szükségletek hierarchiája és turisztikai kapcsolatai

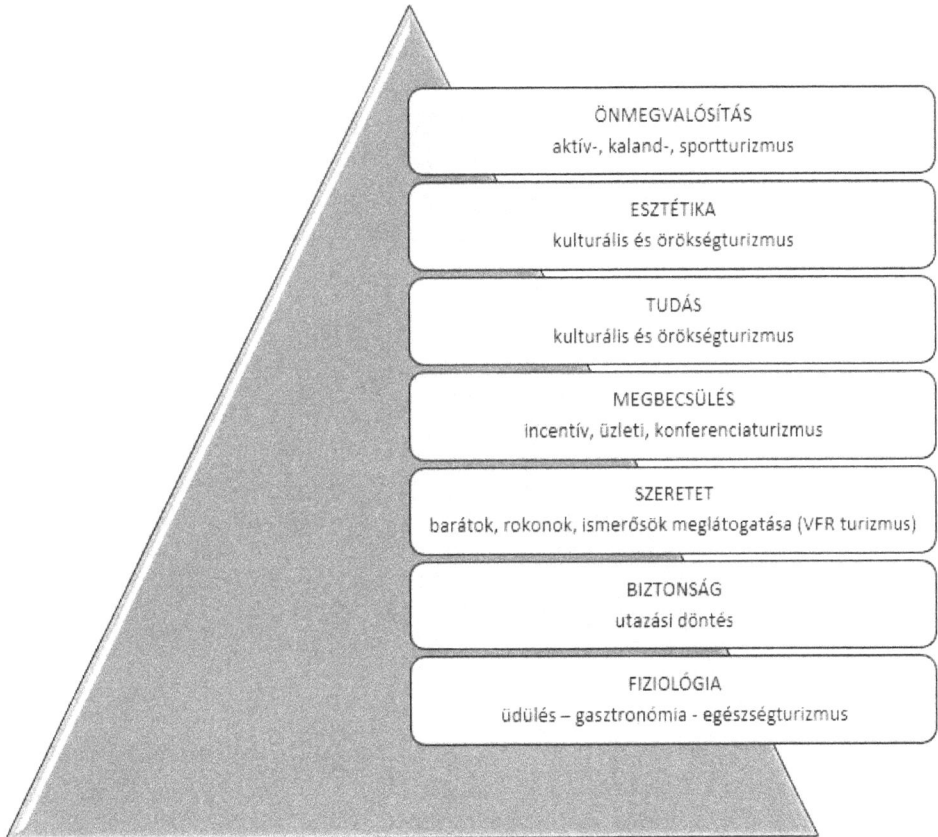

Forrás: Michalkó 2007:47

A táplálkozás mint fiziológiai szükséglet, és egyben mint a gasztronómia alapja, a hierarchia legalsó szintjén jelenik meg elsőként, ám a hierarchia egymásra épülő rendszerét tekintve az összes következő szint bázisát adja. Minden egyén esetében a személy társadalmi-kulturális hátterének függvényében változik a táplálkozás mint fiziológiai szükséglet kielégítésének mikéntje. Amennyiben az étkezés túllép alapvető tápanyag beviteli funkcióján, gasztronómiai élményként, a maslowi piramis több szükségletének kontextusában is elfoglalhatja helyét. Ha a gasztronómiára mint művészetre, kulturálisan összekötő elemre vagy

167

közösségteremtő erőre tekintünk, az akár a piramis egyéb motívumainak megoldásaként is értelmezhetővé válik. Így akár a rangsor csúcsán elhelyezkedő önmegvalósításnak is beteljesítője lehet.

2. kép

Jó hangulatú közös főzés egy barcelonai lakásétteremben

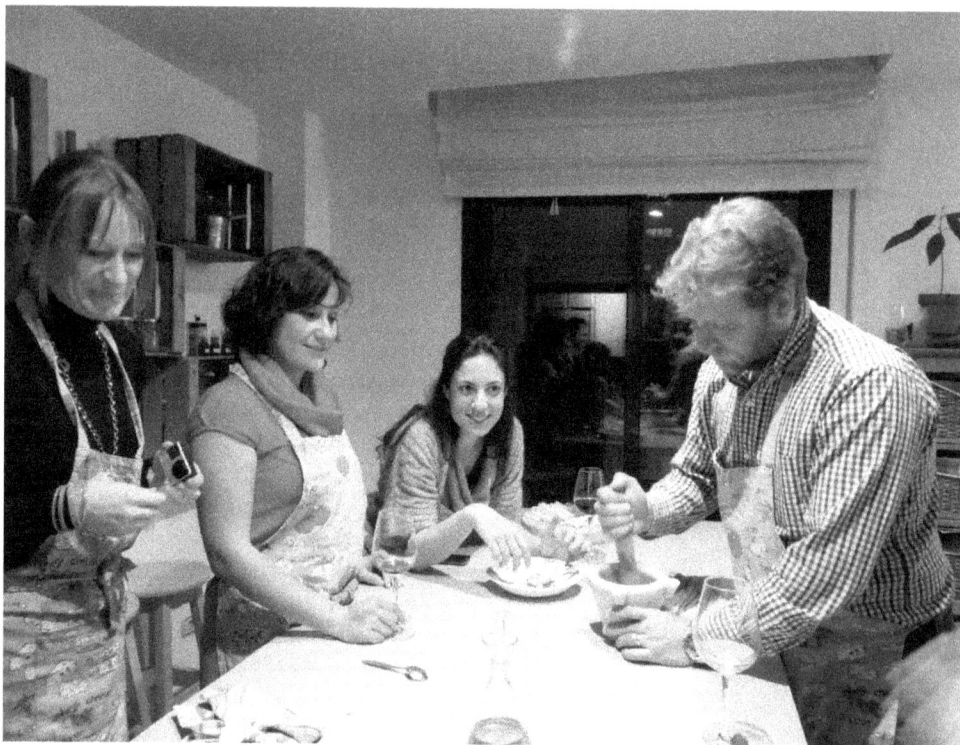

Fotó: Rátz Tamara

Végigvezetve ezt az elméleti felvetést kifejezetten a lakáséttermek példáján, azok szerepvállalása a piramisban megjelenített szükségletek kielégítésében a következőképpen alakul. A lakásétterem, a vendéglátás egy új termékeként, erőteljesen gasztronómiai profiljával lehetőséget kínál a fiziológiai szükségletek legfontosabbikának, a táplálkozásnak a kielégítésére. Ám ezen különleges éttermek vendégei sok esetben nem csak éhségük enyhítése céljából keresik fel eme titkos vendéglátóegységeket, hanem azért is, mert ott egy helyben kaphatnak több szükségletüket egyszerre kielégítő szolgáltatást. A piramisban szereplő biztonsági szükségletet, most a gasztronómia síkján értelmezve, a lakáséttermekben vizsgálhatjuk mind a fogyasztók, mind a szolgáltatók oldaláról. A titkos vacsoraklubok bensőséges, családias légköre – ahol sokszor a vendég és a vendéglátó együtt ül asztalhoz –, valamint a gasztroklubok vendégek számára is nyitott konyhája, továbbá azok szájról-szájra reppenő jó híre akár nagyobb higiéniai biztonság érzetét keltheti a vendégekben, mint egy hivatalos egészségügyi hatóság által kiállított minőségi bizonyítvány. A szolgáltatók számára pedig a saját üzlet, a saját vendégkör kialakítása, azaz a szolgáltatás mindennemű szabadsága olyan biztonságérzetet adhat, melyet egy hagyományos vendéglátói formában vagy más területen dolgozva nem biztos, hogy eddig elérhettek. A szeretet szükségletének enyhítésében a lakáséttermek ismét igen nagy szerepet vállalhatnak a turizmus segítségével. Annak köszönhetően, hogy a titkos vendéglátóhelyek legfőbb tulajdonságai között találhatjuk a bensőségességet és a családias hangulatot (2. kép), máris egyértelművé válik, miként képes egy lakásétterem a szeretet szükségletét kielégíteni. Ezen a szálon tovább haladva fontos megemlíteni a vacsoraklubok jó hangulatú, közös étkezéseinek kapcsolatteremtő, szociális érzékenységet javító hatását, valamint a kultúrákat megőrző és összekapcsoló jellegét. Ezek által a szeretet egyik legfontosabb elemét képesek biztosítani, a valahova tartozás, a be- és elfogadás élményét. Így akár a VFR turizmus részeként képesek szerepet vállalni társadalmi-kulturális jelentőségű vonzerőként, melyekhez egy nagyobb értelemben vett család tartozik mint fogyasztói kör.

A magyarországi lakáséttermek közül kiemelendő példa a Romani Platni roma lakásétterem, melynek kettős célja magában foglalja a nyitást mind a nagyközönség, mind a romaság felé. Éttermükben lehetőséget kínálnak a roma kultúra megismerésére és megőrzésére annak gasztronómiáján keresztül (Boros A. 2011). A cigányság a magyar kultúrának meghatározó része, sokaknak egyből a zene jut róluk az eszébe, azonban a konyhájuk is hangsúlyos szereppel bír. A cigánykonyhát zsíros, paprikás és csípős ételek és ízletes falatok jellemzik. A roma lakáséttermek működésén keresztül betekintést nyerhetünk a cigány nők életébe, és közelebbről megismerhetjük a kultúrájukat, értékrendjüket. A roma nők gyakran összejártak hímezni, kézimunkázni, közben beszélgetéssel múlatták az időt, a lakáséttermek pedig a közös alkotás lehetőségének egy másik példája számukra. A roma kultúrában a család nagyon fontos szereppel bír, és a roma nők legtöbbször az egész életüket kizárólag a családjuknak szentelik, megteremtik a meleg, biztos otthont, ellátják a háztartásbeli feladatokat és nevelik a gyermekeket. A roma asszonyok háztartásainak a lakáséttermekből származó bevétel egyrészről gazdasági szempontból kereset-kiegészítést, másrészről személyes megbecsülést is jelent, ugyanis csak nagyon kevés roma asszonynak adatik meg a lehetőség, hogy eljárhasson dolgozni, mivel legtöbb esetben a családfő ezt nem engedi. A Magyarországon található roma lakáséttermek nagy népszerűségnek örvendnek, növekvő vendégkörrel és folyamatosan bővülő törzsvendégkörrel rendelkeznek.

A megbecsülés szükségletének enyhítését adhatja egy lakásétterem, hiszen sok esetben a titkos éttermek tulajdonosai épp ezen megfontolásból vágnak bele újszerű vállalkozásukba, ahol sikerességük esetén az egyik legfőbb visszajelzés a megbecsültség, a fennmaradó, illetve a folyamatosan erősödő érdeklődés, a bővülő vendégkör. A megbecsültség szükségletének kielégítésében tehát főként a hivatásturizmus jelenik meg összekötő kapocsként, jelen esetben példaképpen a lakáséttermek séfjeinek hivatalos jellegű utazásai. A séfek egymás lakáséttermeiben több alkalommal is vendégszereplést vállalnak, továbbá a szolgáltatás jellegéből adódóan a változó helyszínek miatt szükséges az utazás. Idesorolhatjuk még az idényjelleggel működő underground éttermeket, melyek elhelyezkedése legtöbbször a tulajdonos lakhelyétől eltérő, így hivatásturisztikai utazást indukál. A piramis csúcsa felé haladva, a kognitív, illetve esztétikai szükségletek kielégítéséhez a kulturális és örökségturizmust hívhatjuk segítségül. A lakásétterem, ahogy már a szeretet szükségleténél részben említésre került, rendkívül jelentős kulturális értékkel rendelkezik. Nemcsak képes egyes nemzetek ételeit megőrizni és áthagyományozni a következő nemzedékekre, de hozzá valódi szellemi vagy művészi értéket csatol. Történhet ez a vendéglátó és az általa képviselt kultúra konyhaművészetének mélyebb megismertetésében, az adott ország kulináris vagy azzal összefüggésben levő tradícióinak áthagyományozásában, vagy egyéb, nem a gasztronómiához kapcsolódó, szellemi vagy művészi értéket hordozó kiegészítő tevékenység által.

A lakásétterem egyértelműen a kulturális és örökségturizmus sajátos attrakciójának tekinthető. Mindezen szükségletek beteljesítését követően, az önmegvalósítás terén fürkészve a titkos gasztronómiai esteknek helyt adó éttermek tulajdonságait elmondhatjuk, hogy a jelenlegi lakásétterem-tulajdonosok közel száz százaléka legfőbbképpen az önmegvalósítás szándékából nyitotta meg lakásának kapuit és kínál azóta is kisebb-nagyobb rendszerességgel gasztronómiai esteket.

Maslow szükséglethierarchia piramisának segítségével feltárhatóvá vált a lakásétterem mint turisztikai termék vonzerejének sokszínűsége, különösen diverzifikált, utazásösztönző jelentősége. Az attrakció turizmusban betöltött szerepét és a turizmus hídján keresztül kialakuló társadalmi-kulturális hatásait összegezve elmondható, hogy a lakásétterem önmagában is jelentős kulturális, szociális és gasztronómiai értéket képvisel, ám turisztikai befolyása talán még számottevőbb. Sokoldalú turisztikai termékként, olyan utazásösztönző vonzerőként van jelen az idegenforgalom piacán, mely a kulturális, az örökség-, a hivatás-, a gasztronómiai és a VFR turizmus területén egyaránt jelentőséggel bír mindamellett, hogy a turizmus másodlagos szuprastruktúrája elemeként már alapjaiban is hozzájárul az ágazat működéséhez.

2. A lakáséttermek helyzetének és terjedésének vizsgálata

Titkos klubok és vendéglátóhelyek már évek óta működnek a világban, a bennfentesség látszatát módfelett kedvelő ínyencek garázsok, pincék, galériák, zegzugos kertek és sátrak között vándorolnak, hogy különleges gasztronómiai szeánszokon vehessenek részt. Ilyen hely például Prágában az *U Jednoho pokoje* (a Pavlova tér közelében), a Párizs első kerületében működő *Hidden Kitchen* (*"Zugkonyha"*), Berlin-Kreuzbergben a hihetetlenül népszerű *Salon Radtke* (üzemeltetőjét *Shy Chef – Szégyenlős szakács* – néven ismerik az interneten[134]), Bécs környékén pedig Angelika Apfelthaler lakásétterme, a *The Dining Room*. Ez utóbbi esetében 2007-ben egy álom valósult meg a teljesen autodidakta módon tanult szakácsnő számára, a kis, négy asztalos osztrák étterem ötfogásos menüsorral, mediterrán ízvilággal és igazi családias hangulattal várja az odalátogatókat (Glover 2008). Az elkészített ételek között olyan érdekességek szerepelnek, mint karamellizált fügés kecskesajt torta, sáfrányos-meggyes szószban tálalt tengeri sügér vagy rózsavizes mandulatorta. A szakácsnő szívesen dolgozik marokkói és toszkán ízekkel is.

2008-ban került sor először a *Travel & Leisure* című honlap által a világ tíz legjobb lakáséttermét bemutatató lista megalkotására, mely még abban az évben, a New York Times-nak köszönhetően, a nyomtatott sajtóban is napvilágot látott. Földrajzi megosztottságban a kiemelt tíz étteremből öt az Egyesült Államokból, három Európából, egy Japánból, egy pedig Dél-Amerikából való (Glover 2008). A bemutatott titkos vendéglátóhelyek jól tükrözik a kínálat sokféleségét, ám azóta a lakáséttermek száma tovább növekedett, és feldolgozottságuk is javult. Számos közösségi vacsorákra invitáló oldallal és fórummal találkozhatunk, a következőkben ezek közül a BonAppetour és a BookaLokal kínálata kerül nagyító alá, amelyek világszerte összesítik a lakáséttermek felhozatalát.

3. ábra

A BonAppetour oldalon regisztrált lakáséttermek száma kontinensenként

Forrás: saját szerkesztés a www.bonappetour.com alapján (letöltve 2016.04.08.)

---

[134] www.valasz.hu/kultura/lakasetterem-24728 (letöltve: 2016.03.10.)

A BonAppetour alapítói imádnak utazni, és a „*glokalizációra*" esküsznek, szerintük az új helyek megismerése csak akkor lehet teljes, ha azok helyi élményekkel társulnak. Giovanni Casinelli 2012-es ötlete alapján született meg a gyűjtőoldal, karácsonykor ismerősei Szingapúrból érkeztek Párizsba, és azzal a ténnyel szembesültek, hogy minden étterem zárva volt, viszont az utcán sétálva a házak ablakaiból családi meghitt pillanatok tárultak szemük elé. Szívesen osztoztak volna az élményben, erre az ötletre alapozva indult el 2013-ban a BonAppetour web alapú közösségi fórum, amely többek között egyedi lakáséttermeket sorakoztat fel (3. ábra).

A *BonAppetour* működése a közösségi gazdaság alapelvén működik, ahol az érdeklődő vendégeknek lehetőségük van a világ számos pontján a helyiek otthonában étkezni. Az oldalon lehetőség van vendégként és házigazdaként való regisztrációra. 2016 áprilisában öt kontinensen 503 lakáséttermet listáztak: Afrikában két városban 4, Ausztrália és Óceánia területén három városban 5, Ázsia tizenöt városában 64, Dél-Amerika három városában 7, Észak- és Közép-Amerika 10 városában 31, míg Európa 17 országának 36 városában 392 lakásétteremmel álltak összeköttetésben. Meglepő módon az európai országok lakásétterem-kínálatának vizsgálatakor magasan vezet Olaszország, több mint 200 lakáséttermet listázva, a második helyen áll Franciaország mindössze 53 lakáséttermet számlálva, majd Spanyolország büszkélkedik a harmadik helyen 26 regisztrált lakáséttermével. Magyarország lakáséttermeinek túlnyomó része nincs jelen ezen a gyűjtőfórumon, aminek több oka is lehet: egyrészről meg szeretnék őrizni titkos jellegüket, másrészről a lakáséttermek kapacitása véges, egy este általában 10-16 fő kerül kiszolgálásra pontosan a személyes, egyedi, autentikus jellegükből fakadóan, és az alábbi vendégszám kommunikálásához nem is feltétlen szükséges az online jelenlét többféle lehetőségével élni. Egy másik kérdés pedig az üzemeltetéssel, illetve a lakásétterem célszegmensével áll összefüggésben, ugyanis ezek az események nem mindennaposak, heti, havi rendszerességgel kerülnek megrendezésre, néha tematikus formában, előfordul, amikor baráti körök részére szervezik őket, ilyen esetben nem is nyitnak a külföldi vendégek felé. Következtetésként levonható tehát, hogy a lakáséttermek online jelenléte összefügg a profiljukkal, a célközönséggel és azzal is, hogy hobbiból vagy üzleti jelleggel kerülnek-e megrendezésre a lakomák.

A következőkben egy másik gyűjtőoldal, a *BookaLokal* kerül elemzésre, amely 2012 óta érhető el (4. ábra). Egyedi gasztronómiai élményeket sorakoztat fel, nem mindennapi helyszíneken, csoportok számára is elérhető kínálatot nyújt különleges alkalmakra. A BookaLokal-t Evelyn White, az utazás és a gasztronómia szerelmese azzal a céllal alapította, hogy összegyűjtse az autentikus élményt kínáló helyeket az érdeklődők számára. Az alapító felhívja a figyelmet a fenntarthatóság és a biztonság szignifikanciájára a megosztáson alapuló étkezések során. Az oldal lehetőséget nyújt a helyi vendéglátók és a jövőbeli vendégek közötti kapcsolat kialakítására. Autentikus gasztronómiai élmények tárháza sorakozik fel, számos opcióból lehet választani a pezsgőkóstolástól a főzőműhelyeken át egyedi éttermi ajánlatokig és fix áras menükig.

4. ábra

A BookaLokal oldalon regisztrált lakáséttermek száma országonként Európában

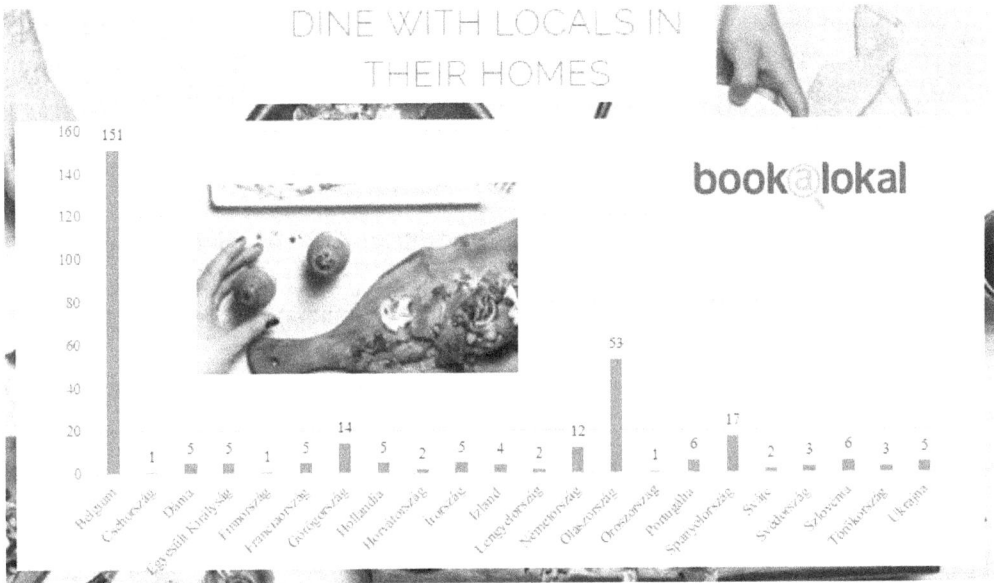

DINE WITH LOCALS IN THEIR HOMES

book lokal

160 151
140
120
100
80
60 53
40
20 14 12 17
1 5 5 1 5 5 2 5 4 2 1 6 2 3 6 3 5
0

Belgium Csehország Dánia Egyesült Királyság Finnország Franciaország Görögország Hollandia Horvátország Írország Izland Lengyelország Németország Olaszország Oroszország Portugália Spanyolország Svájc Svédország Szlovénia Törökország Ukrajna

Forrás: saját szerkesztés a www.bookalokal.com alapján (letöltve 2016.04.06.)

Az oldalon több mint 500 lakásétterem érhető el, ezek közül 202 az Amerikai Egyesült Államokban, 308 pedig Európában található. A 4. ábra jól szemléleti az országonkénti megoszlást, kiemelkedően magas a Belgiumban (151 db), Olaszországban (53 db) és Spanyolországban (17 db) található lakáséttermek száma.

A két online közösségi fórum elemzése során az előző feltevéseink beigazolódtak azzal kapcsolatban, hogy a lakáséttermek profilja és a célszegmens nagyban meghatározza az online megjelenésüket. Autentikus és titkos jellegük megőrzése miatt csekély azoknak a száma, amelyek online felületen megjelennek, a magyarországi lakáséttermek a BookaLokal oldalon nincsenek feltüntetve, csak a BonAppetour oldalon jelennek meg 7 lakáséttermet kínálva. Ennél a számnál azonban sokkal többet számlálhatunk hazánkban.

2.1. Lakáséttermek megjelenése Magyarországon, a kezdetektől napjainkig

A trend európai továbbgyűrűzésének hatására 2007-ben hazánkban is megjelenő attrakció lehetővé tette, hogy a gasztronómia ezen ágának szerelmesei Budapesten is hódolhassanak szenvedélyüknek. Sajnos szinte lehetetlen feltérképezni a teljes hazai kínálatot, hiszen a termék első számú vonzereje, titokzatossága ebből a szempontból igen jelentős akadályt gördít elénk (Balázs 2009). Jelenleg az internet segítségével is fellelhető éttermek száma 40-50-re becsülhető, ami a 2007-es becslések szerinti mindössze kettő lakásétteremhez képest igen jelentős növekedést jelent. A *„Fűszer és lélek”* című internetes napló szerint már 2008-ban is több lakásétterem működött Budapesten, de vidékiről még nem számolt be a blog álnéven publikáló szerzője, Fűszeres Eszter (Balázs 2009). Az első két, némi nyilvánosságot is vállalt fővárosi lakásétteremhez, Sulyok Miklós gasztronómiai klubjához, valamint a három lelkes amatőr szakács *„Lakásétterem”* néven nyitott underground étterméhez köthetjük a trend megjelenését hazánkban.

5. ábra
A budapesti lakáséttermek gyűjtőoldalon való megjelenítése

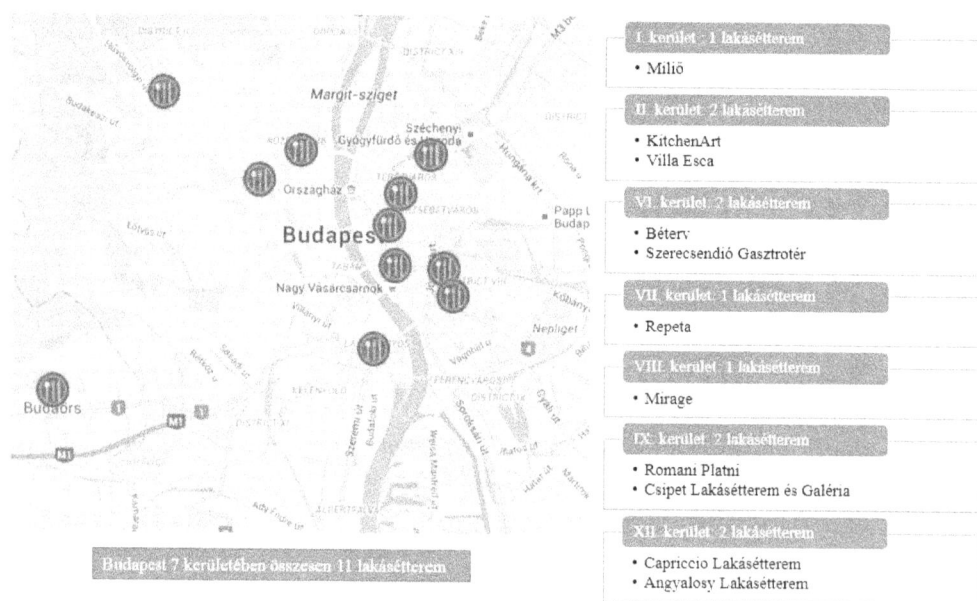

Forrás: saját szerkesztés a www.lakasetterembudapest.hu alapján (letöltve 2016.04.08.)

Magyarországnak még sok téren szükséges fejlődnie a nemzetközi gasztrotrendekhez képest, azonban folyamatosan zárkózik fel; 2016-ban hazánkban került megrendezésre a világ egyik legrangosabb szakácsversenye, a Bocuse d'Or európai döntője, továbbá ebben az évben a Michelin csillagos éttermek száma is ötre gyarapodott. A hazai 40-50 lakásétterem legtöbbje Budapesten üzemel, azonban vidéken (Szeged, Debrecen és Pécs városában) is megjelentek már. Meglepő tény azonban, hogy ha az interneten vagy közösségi oldalakon utánajárunk, alig találunk tucatnyit belőlük, amelyik saját honlappal rendelkezne. Ennek több oka is van: egyrészről a zártkörűség és a titkos bűvölet megőrzése, amely őket körülveszi, másrészről pedig néhány ilyen étterem feltételezhetően illegálisan működik.

2014 óta érhető el egy hazai gyűjtőoldal, amely Budapest hét kerületében összesen 11 budapesti lakáséttermet számlál (a felsorolás meglehetősen hiányos, és csak magyar nyelven érhető el) (5. ábra).

2.1.1. Lakáséttermek Budapesten

A következőkben a listázott éttermek közül néhány jellegzetes kerül bemutatásra, betekintést nyújtva a budapesti piac kínálatába.

A spanyol konyhaművészet hatására vágott bele a szakmába, s annak kitanulásába Baló Edina, a *Kitchen Art* lakásétterem megalkotója. A 2012 óta működő titkos vacsorázó hely remek példája a professzionális séfek vendégszerepléseinek különböző lakáséttermekben, hiszen a Kitchen Art elsősorban a klasszikus francia konyhára épülő ízeit a világ legtöbb Michelin-csillagával rendelkező londoni étteremben dolgozó Bernáth László, valamint a budapesti Nobu japán étterem konyhafőnöke, Schreiner Gábor varázsolják a vendégek elé, a negyedévente meghirdetett rendezvényeken (Kocsi 2012).

3. kép

A Béterv lakásétterem logója és a megfőzött illatjegyek szemléltetése

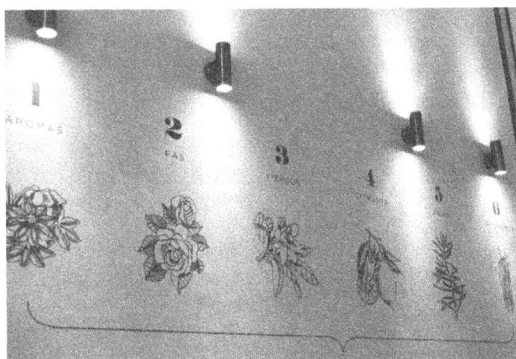

Forrás: saját szerkesztés a www.beterv.hu alapján (letöltve 2016.04.08.)

2012 novembere óta havonta egy-két különleges illatok köré szervezett lakomával várja vendégeit a *Béterv* parfümséfje, Bíró Botond Boldizsár. Ez a lakásétterem már az érzékszervi marketing eszközeit is segítségül hívja a vendégei számára a különleges élmény teremtésében. A séf ugyanis az ízek és az illatok szerelmesének vallja magát, különböző illatjegyekkel komponált vacsorái során izgalmasabbnál izgalmasabb kompozíciókkal varázsolja el vendégeit. A főzés nála nem hivatás, hanem szenvedély, 15 éves kora óta mozog otthonosan a konyhában, vezetett már delikátbolt-hálózatot, jelenleg egy natúrkozmetikumokkal foglalkozó üzletet irányít. Nem követi a recepteket, mert úgy gondolja, hogy a főzésben nincsenek törvények, csak ízek, illatok, színek és érzések dominálnak (3. kép). Egyik külföldi útja során ismerkedett meg közelebbről a parfümök összetevőit adó illóolajokkal, amelyeket általában növényekből, gyantákból és fűszerekből vízgőz desztillációval nyernek ki. Mivel ezen alapillatok jelentős része egyben fűszer is, elhatározta, hogy az illatokat fogja a középpontba helyezni[135]. Minden vacsorát a szezonális illatok ihletnek, de arra is van példa, hogy egyetlen illat köré építi az egész menüsort.

    Szintén külföldi, méghozzá németországi ihletésre született meg az *Angyalosy* lakásétterem[136] gondolata, melyet gyönyörű mediterrán hatást idéző környezetben, Budaörsön valósított meg Angyalosy Katalin, 2012 februárjában (Kocsi 2012). A maximum tizenkét főre kalibrált rendezvények azóta mindig telt házzal zajlanak, nyaranta a ház teraszán, téli estéken pedig a kandalló elé húzódva[137]. A WeLoveBudapest turisztikai ajánló portálnak a Top 5 Lakásétterem című írása közé került a *Capriccio* lakásétterem is – méghozzá gourmet-knak[138] címszóval –, melyet a Vörösmarty térnél, a Palazzo Dorottya épületében, a két jó nevű séf, Magos Zoltán és Jenei Tamás üzemeltet[139]. Az étterem rendkívüli sikerét a profi séfek fennkölt ételei, illetve a gyönyörű és egyúttal családias hangulatú környezet mellett a vendéglátók szórakoztató gasztroshow-ja, az ételek és italsorok precíz ismertetése, valamint a konyha teljes nyitottsága adja (Kocsi 2012). A főváros aktuális kínálatból való szemezgetést a rejtélyes, kicsit nehezebben lenyomozható *Partizán Dinner* lakásétteremmel zárnánk, melynek titokzatossága a klub belső terének designjában is megmutatkozik: „(…) *ezen a helyen félhomály és vörös fény adja a sajátos hangulatot, az egyik sarokban pedig egyszer csak egy jazzénekesnő kezd el énekelni nekünk, diszkréten a háttérben maradva*" (Boros R. 2011). Csűri Róbert különleges étterme eleinte csak heti egyszer várta az érdeklődőket, de később a szolgáltatás kiegészült privát party-k adásával is, egy-két fix baráti társaság számára, valamint specialitásként, szombat esténként úgynevezett „*Swiss secret*" estét tartanak, mely két svájci fiatal szervezésében kerül megrendezésre. Az étterem alapjaiban képviseli a bio- és ökotáplálkozás trendjét, a tulajdonos rendkívül nagy hangsúlyt fektet az élelmiszerek minőségére és eredetére. Ezen underground vacsoraklubban példáját láthatjuk annak a szokásnak, amikor (sztár)séfek kerülnek meghívásra egy-egy lakásétterem szakács posztjára. A Partizán Dinner séfje első ízben Christophe Deparday francia konyhaművész lett, majd őt, miután visszatért hazájába, Kósa Gergő rendkívül tehetséges, Michelin csillagos éttermi tapasztalattal rendelkező séf váltotta fel. Csűri Róbert, a tulajdonos, egy interjúban arra a kérdésre, melyet

---

[135] www.gusto.hu/gusto/eheto-illatok-illatvacsora-a-beterv-lakasetteremben (letöltve: 2016.05.12.)
[136] www.lakasetterem.uw.hu (letöltve: 2016.05.12.)
[137] www.welovebudapest.com (letöltve: 2016.05.12.)
[138] www.welovebudapest.com (letöltve: 2016.05.12.)
[139] www.budapesti-lakasetterem.hu (letöltve: 2016.05.12.)

már sokan feltettek, hogy *„Mi is ez? Üzlet, avagy szerelem?"*, egyértelműen válaszolt: *„Semmiképpen nem üzlet, ez szerelem"* (Horváth 2011).

2.1.2. Vidéki lakáséttermek Magyarországon

Vidéken elsőként a 2010-es évben, az Európa Kulturális Fővárosa címnek örvendő Pécs állt elő egy lakásétteremmel, mely mind minőségében, mind ismertségében tökéletesen illeszkedik budapesti társainak sorába. Magalapítói az olaszos, illetve a nemzetközi csengésű irányvonalat követve *Flatorante* névre keresztelték éttermüket, ahol alkalmanként tíz-tizenkét főt látnak meghitt hangulatban vendégül. Séfjei amatőr műkedvelők, akik ezt vallják többek között a kötetlen, intim légkör egyik fontos összetevőjének (PC 2011). Ezt a laza és fesztelen hangulatot kívánják sugallni szlogenjükben is: *„Flatorante, a hely ahol nem gáz, ha kézzel eszel..."*[140].

A budapesti *Romani Platnihoz* hasonlóan Pécs is büszkélkedik egy roma ételeket kínáló lakásétteremmel. 2015-ös nyitása után rövid idő alatt országos hírnévre tett szert a cigány lakásétterem, a *Kóstolda*. Hetekkel előre megtelt a naptáruk, mert a szélrózsa minden irányából, a fővárosból, Somogyból, Tolnából és Vas megyéből is folyamatosan érkeztek vendégek[141]. A kezdeményezés célja, hogy egy olyan találkozási pont jöhessen létre, ahol a nem cigány lakosság megismerheti a cigány lakosság szokásait, értékeit és nem utolsó sorban az ételeit. A tapasztalatok pedig azt mutatják, hogy az alapító Színes Gyöngyök Egyesületnek sikerült elérnie a célját a cigány lakásétteremmel. A Kóstoldát az ország számos megyéjéből keresik, sőt, a határokon kívülről is vendégeltek már meg baráti társaságokat.

A 2013-ban nyitott a *Kulinárium* 2016 márciusában bezárta kapuit. Pécs belvárosában egy régi műemlék épületben található lakásétterem helyszíne egy vízimalom volt egykor, melyet az utcán csörgedező Tettye patak hajtott. A malom alagsorában volt egy kocsma, tulajdonképpen egy igazi közösségi tér, ahol a munkások elbeszélgettek, elborozgattak, múlatták az időt, amíg a liszt elkészült. Pontosan itt rendezték be eredeti berendezési tárgyakkal a hívogató kapualj mögött felbukkanó éttermet, amely nem csak gourmet vacsorákkal csábította az ínyenceket.

Számos lakásétterem tiszavirág-életű, viszont egy meglehetősen okos üzleti megoldás, ha valamilyen kiegészítő különleges szolgáltatással jelenik meg a szolgáltatás. Egy példa erre a 2013 óta Debrecenben működő *Randevuzó lakásétterem és randiclub,* amely a belvárosban, az egykori Petőfi házban található. A történelem tisztelete vezette a tulajdonosokat, amikor felújították a belső tereket, egyedivé téve a kornak megfelelő antik berendezéssel. A ház évszázados gerendái

---

[140] www.facebook.com/apecsilakasetterem.flatorante (letöltve: 2016.05.12.)

[141] www.pecsma.hu/pecs-aktual/new-yorkbol-is-jonnek-a-pecsi-lakasetterembe/ (letöltve: 2016.04.08.)

alatt sikerült kialakítani 10-12 fő kényelmes vendéglátására azt a kellemes teret, ahol egy jó társaság *„otthonos, a múltat idéző, a jövőbe vetett hitet tápláló gondolatokat"* tud cserélni, miközben felszolgálják részükre a nap ételmeglepetését. Konyhájukban válogatott friss alapanyagok kerülnek feldolgozásra, házias magyaros ízekkel és ötletekkel, de szívesen kalandoznak a nemzetközi konyhaművészet területére is[142]. A barátságos, intim szféra jó lehetőséget nyújt egymás megismerésére, találkozások megszervezésére. A ház keretein belül nyitotta meg kapuit a Randevuz6 Társkereső Club is, ahová korosztálytól függetlenül várják az érdeklődők jelentkezését.

2012-ben Kecskemét lakóinak gasztronómiai és egyben kulturális élete is felpezsdült, ugyanis megkezdte működését a *Hírös Gasztroszínház*, ahol a kulináris és színházi élmények társításával egy különleges, minden érzékre ható közösségi élmény részesévé válik a néző. A gasztroszínházban keveredik egymással íz, illat, hang, mozdulat és vizualitás, miközben testközelből lehet belekóstolni a színész jelenlétébe, egy finom falatba vagy egy kiváló borba. Repertoárjukban egyaránt található olyan előadás, mely elsősorban az étkezésre koncentrál, illetve olyan, amelyet a kulturált borfogyasztás mellé kínálnak, és olyan is, amelyet kötetlenebb italozásokhoz, asztalon táncolós mulatságok elé, a hangulat felfűtéséhez ajánlanak. A színházi társulat számos partnerének köszönhetően az ország több pontján is fel-felbukkan egy-egy előadás alkalmával.

Ha már említésre került a változó helyszínek kérdése, nem szabad megfeledkeznünk a különleges helyeken ideiglenesen megjelenő pop-up éttermekről sem. A *Konyhakör* két éve kezdett el tematikus vacsorákat szervezni a város különleges helyszínein, amelyek nem csak egyszerű étkezések, hanem közösségépítő, kulturális események is egyben[143]. Különleges, gyakran meghökkentő tereket konstruálnak, ahol az adott tematikához illő séf fogásait szolgálják fel egy nagy, közösségi asztalnál. Hasonló vacsorákat szervez Magyarországon a *Globalista Konyha*, a különbség az, hogy ők külföldről hívnak meg séfeket azzal a céllal, hogy hazai éttermekben főzzenek egy-egy alkalommal.

Megállapítható, hogy nem csak külföldön, de immár hazánkban is igen színes a választék, és az érdeklődők kedvükre válogathatnak a különböző hangulatot, minőséget és árfekvést képviselő underground éttermek közül. Egy-két kivétellel mind a nyugati mintát, a csúcsgasztronómiát, az öko-, bioétkezést előnyben részesítő lakáséttermekhez hasonlítanak, ahogy abban is, hogy gasztronómiai szolgáltatásuk minden esetben egyedi és sokszor egészül ki egyéb, nem minden esetben szorosan a gasztronómiához kötődő extra tevékenységgel. 2007-ben jelent meg hazánkban az első lakásétterem, az attrakció 2010-2012 közötti időszakában lezajlott rohamos bővülésének és népszerűsödésének tekintetében elmondható, hogy a trend hazánkban is teret nyert, hódít a

---

[142] www.randevuz6.hu/ (letöltve: 2016.04.08.)
[143] www.diningguide.hu/az-osszes-erzekszervet-igenybe-kell-venni-a-konyhakor/ (letöltve: 2016.04.08.)

gasztronómia iparágában, nem kis fejtörést okozva ezzel a hagyományos típusú vendéglátó üzlettel rendelkező vállalkozóknak, valamint a Kereskedők és Vendéglátók Országos Érdekképviseleti Szervezetének (Magyar Nemzet 2012).

3. Következtetések

Habár a kiindulópont ugyan Kubába tehető, a lakáséttermek, félig-meddig illegális, leggyakrabban családi étkezdék az 1990-es évektől gombamód kezdtek szaporodni. A sorba beállt Spanyolország, New York és 2007-ben nagy örömünkre Budapest is[144]. A cél mindegyikben közös: elegáns, modern vagy antik és polgári lakásban, profi séfek vagy a főzés szerelmeseinek tálalásában, barátságos, meghitt hangulatban gasztronómiai élményt nyújtani másoknak.

A kutatás célja a lakásétterem mint attrakció helyzetének bemutatása és a jövőbeni szerepvállalásának feltárása, azaz a már kiaknázott és a még benne szunnyadó lehetőségek vizsgálata volt. A kínált szolgáltatás egyedisége valóban kiolthatatlan, ahogy piaca is végeláthatatlan. Sokszínűségével és a világ jelenlegi gasztronómiai és turisztikai trendjeibe való tökéletes illeszkedésével a termék olyan bő fogyasztói körrel számolhat, mely kizárólag pozitív jövőképet enged sejtetni. *„El kell fogadni, hogy nem csak ételt, hanem a szolgáltatással együtt élményt is nyújthatnak az étkezések. A fogyasztói szokások átalakultak: van, aki nem költ, van, aki időben szűkíti le a lehetőségeit, és van, aki többet akar, mint eddig, de valami mást és természetesen ezért többet is áldoz – ha van hol. A fogyasztónak az a fontos, hogy hol kapja meg trend-érték arányban a legtöbbet”* (Miklós 2010:20-21). A lakásétterem pedig nagyon is trendi napjainkban és a legtöbb esetben nagyon jó ár-, illetve trend-érték arányt képvisel. Hogy mitől is trendi? Attól, hogy a trend nemzeti szinten való értelmezésében – az elmúlt években jelentős bővülésével, az attrakciószám minimum öt-hatszorosára növekedésével – valóban lehetőséget nyújthat a magyar gasztronómia újszerű felkínálására, a magyar vendégszeretet valódi családias hangulatban történő átadására, hazai és nemzetközi vendégek számára egyaránt. A társas étkezésekre, a bensőséges hangulatra, a szorosabb vendég-vendéglátó kapcsolatra nagy igény mutatkozott az elmúlt évek során. Az attrakció ezen tulajdonságokban bővelkedve tökéletes lehetőségként szolgálhat az imént említett, világszinten jelen levő szükséglet kielégítésére. Fontos esszenciája lehet a turizmusnak a lakásétterem, a jövő európai turistáinak szempontjából is. *„A globalizáció és mobilitás korszakában csak az a célország vagy régió számíthat sikerre, amely képes kiválni a tömegből, amely megőrzi és felmutatja egyediségét”* (TTrend 2008:22-23). Ugyanez mondható el az egyes turisztikai termékekről is, így a lakásétterem, akár a desztinációval kooperációban működve, akár önálló, egyedi termékként, de a siker egyik *„üdvöskéje”* is lehet megfelelő hasznosítás mellett. A termék ár-érték viszonylatban is jónak mondható, valamint széles skálán mozgó árfekvése is erősíti a vonzerőt, hiszen ezzel fogyasztói rétegét növeli. A célcsoport

---

[144] welovebudapest.com/kavezok.ettermek/top.5.lakasetterem.budapesten (letöltve: 2016.04.08.)

kiszélesedését segíti a lakáséttermek azon tulajdonsága is, mellyel majd ötven százalékuk rendelkezik: gasztronómiai szolgáltatásuk mellett egyéb kulturális, művészeti tevékenységet is kínálnak a vendégek számára, így a fogyasztók köre rendkívül színes, sok helyről érkező lesz, ami az amúgy kissé nehézkes (marketing)kommunikációt pozitív irányba mozdíthatja elő. A szájról szájra terjedő hírek, ajánlások így nem ragadnak meg az egy bizonyos érdeklődésű – például a gasztronómia iránt elkötelezett – emberek között, hanem a sok különböző ágon minden, az újdonságok iránt egy kicsit is nyitott embert megtalálhatnak. A gyengeségek között tárgyalandó a lakáséttermek magas árfekvése, mely az alacsony jövedelmű rétegeket kiszorítja a kereslet oldaláról, és amit valóban érdemes mérlegelni az attrakció sikerességének szempontjából, mégis azt mondhatjuk, a fenti példákat látva, hogy a szolgáltatás – igaz, csak kis számban – az alacsony bevétellel rendelkező érdeklődők felé is kezd utat törni. A 2009-ben gyengeségként említett szűk célcsoport megcélozására a kutatás rácáfolt, megmutatta, hogy a termék végeláthatatlan egyediségével és kínálatának sokszínű palettájával szinte mindenkihez szól. Átúszva a veszélyek színterére megállapítható, hogy a titokzatosságából és az illegalitásából fakadó kommunikációs nehézségek, valamint a marketing tevékenység gyengeségének a problematikája továbbra sem változott. Ám az az ambivalencia sem, hogy pontosan ez a titokzatosság és nehezen felderíthetőség adja meg az attrakció igazi báját és különlegességét, azt az érzést kölcsönözve, hogy egyedi, személyre szóló, amit kapunk, és kiváltságosnak számít az, akinek sikerül bejutnia egy-egy rejtett kulináris estre. Az éttermek részéről viszont sajnos a titkolózás mögött nem csak az egyedi arculat húzódik. *„Az óvatosságra nem pusztán a szigorú közegészségügyi ellenőrök adhatnak okot. A lakáséttermek fenntartói – természetesen – nem ingyen etetik meg a barátaik ismerőseinek az ismerőseit, viszont a bevételből nemigen adóznak. Általában nem ebből kívánnak meggazdagodni, de az adóhivatalt aligha győzi meg, hogy a hozzájárulás nem azonos a piaci árral, hanem csupán a költségeit fedezi a nem ritkán különleges, kiváló alapanyagokból készült, patinás borokkal megbolondított menüsoroknak"* (Balázs 2009:32-33), olvashatjuk már egy 2009-es, lakáséttermekkel foglalkozó HVG-cikkben. És mindez sajnos így is van. Sőt ezt tetőzi, hogy nem is egy esetben a vállalkozások, sikerességük folytán, kezdik kinőni *„hobby"* kereteiket és egyre inkább magukon viselik az üzletszerű vendéglátói tevékenység jegyeit. *„A Kereskedők és Vendéglátók Országos Érdek-képviseleti Szövetségének ügyvezető elnöke a Piac & Profit Magazinnak leszögezte, hogy a lakásétterem hátrányt okoz azoknak a vállalkozásoknak, akik minden szabályozást betartva a hivatalos vendéglátás keretei között próbálnak boldogulni. [...] Az érdekképviselet felkérte az adóhatóságot, a munkaügyi és fogyasztó védelmi hivatalokat, hogy foglaljanak állást a lakáséttermek működésével kapcsolatban"* (Magyar Nemzet 2012:11). Batka szintén felhozza a problémát, ám nem kezeli ennyire radikálisan a kérdést, Jenei Tamást segítségül hívva az ellenkező oldal igazságainak bemutatására is hangsúlyt fektet. Megtudhatjuk, hogy bizony nem lehet összehasonlítani a két vendéglátói formát (Batka 2012:17).

„A lakásétterem működtetése is élelmiszeripari vállalkozásnak minősül, vezetőjének ismernie kell a jogszabályi előírásokat, a tevékenységre vonatkozó szakmai szabályokat" – tájékoztat honlapján a NÉBIH[145]. A lakásétterem üzemeltetése is csak külön engedéllyel történhet. 2014 februárjában elkészült a vendéglátás és étkeztetés nemzeti Jó Higiéniai Gyakorlat Útmutatója (GHP), amely tartalmazza a lakáséttermekre vonatkozó követelményeket is. A vállalkozás elindításához a szervezőnek be kell jelentkeznie a helyi önkormányzatnál, és egyszerre mindössze 14 vendéget fogadhat, de szakmai végzettséget nem ír elő az útmutató. A GHP leírja, hogy kivételes esetekben a vállalkozó – a hatóság előzetes beleegyezésével – eltérhet a leírt javaslatoktól, ha írásos élelmiszerbiztonsági tervet készít a felmerülő kockázatokról és azok kezeléséről (HACCP), és ennek betartása lesz számára a kötelező. A lakásétterem személyzetének is meg kell felelnie a vendéglátó dolgozókra vonatkozó higiéniai szabályoknak, tilos ételt kiszállítani, vagy külső helyszínen rendezvényt tartani.

Amint a lakásétterem mint egyfajta vendéglátói forma bejegyzésre kerül az üzletszerű tevékenységet folytató vendéglátó ipari vállalkozások közé, a veszélyek között többé nem az étterem illegalitása, hanem a legalitása fog szerepelni. Értve ez alatt azt a csapást, hogy legalizálásukkal veszélybe kerül az a titokzatos mivoltuk, melyben egyediségük, különlegességük rejlett. Vonzerejüknek az a sajátos izgalma forog kockán, amit csak egy „tiltott gyümölcs" rejthet magában. Tehát jelen helyzetben vizsgálódva veszélyt jelent működésükre az illegális vendéglátás, az anyagi hozzájárulások számla nélküli elfogadása, mely hatósági ellenőrzés során akár végleges bezárást vonhat maga után, valamint a jövőben várható legalizálásuk is végzetes lehet, csak az egy másik, lassabb lefolyású kiveszést sejtet a piacról.

Havas Dóráról, a Street Kitchen szakácsáról, gasztrobloggerről, bizonyára kevesen tudják, hogy egy másik bloggerrel, Fűszeres Eszterrel közösen működtetett korábban egy lakáséttermet. Úgy véli, hogy lehet ezt vállalkozásként csinálni, de akkor elveszti a báját, a voyeur-élményt, ahogy az ember bepillantást nyer valakinek a lakásába, intim életterébe, és megkóstolhatja a főztjét. „Mi két évig fogadtunk vendégeket a lakásunkban, gyereknevelés mellett, és akkor még tényleg csak páran voltak, akik havonta egyszer étteremmé alakították lakásukat", mondja a gasztroblogger[146]. „Nálunk becsületkassza volt, általában csak az étel ára jött vissza", teszi hozzá. Véleménye szerint a trend várhatóan elül a következő években és visszaszorul a lakáséttermek száma. Ma már egyébként az számít igazi különlegességnek, amikor egy tematikus gasztronómiai program kulturális élményhez kapcsolódik, és ennek nem egy nyilvános tér ad otthont.

Aktuális problémát jelenthet a trend túlnövekedése, mely szintén az attrakció vonzerején, egyediségén ejthet csorbát, ezzel csökkentve a fogyasztói kedvet. Túlrajzása esetén a termék mindenki által való ismertsége és elérhetősége

---

[145] www.nebih.gov.hu/data/cms/143/221/9.1._Lakasetterem.pdf (letöltve: 2016.04.08.)
[146] hvg.hu/kkv/20130418_Lakasetterem_vallakozas_vagy_hobbi (letöltve: 2016.04.08.)

tönkreteheti annak kiváló imázsát. Természetesen a termék még további fejlődésre növekedésre képes, tehát a szolgáltatás nem vesztette el aktualitását napjainkra sem. Ehhez hasonlóan a magyar gasztronómia mint kulturális érték megőrzésében és terjesztésében is a remények szerint teljesít az attrakció, és a turizmus ágazatán keresztül hozzájárul a magyar gasztronómia értékesítéséhez. Ahogy az várható volt, a meghitt közös étkezések világszinten felmerülő igényével párhuzamosan a lakásétterem könnyen hozzá tudott és tud segíteni a társas étkezések megvalósulásához, újra megszerettetéséhez a társadalomban. További egyértelmű lehetőség a jelenlegi fejlődési intenzitást megtartva terjeszkedni, behálózni az egész világot, így a még ezen a téren egyelőre gyerekcipőben járó Keletet is. Az attrakció módot kínál az idegenforgalom piacán való tudatos hasznosításra, illetve kulturális nagykövetként is alternatíva rejlik a termékben a XXI. század globalizált társadalmának számára. Összekötő kapcsot jelenthet egymástól távol eső kultúrák, valamint azonos kultúrájú, ám hazájuktól messze került emberek között. Fontos szerepe lehet általános kulturális értékek megőrzése és támogatása szempontjából is a lakásétteremeknek. Extra szolgáltatásaikkal, melyek szinte kivétel nélkül kultúrához vagy művészetekhez kötődnek, egy új modernkori mecénási rendszer kialakításában lehet döntő szerepük. Utat nyithatnak a kortárs művészeteknek a nagyközönség felé a gasztronómia hídján keresztül. Olyan futótűzként terjedő interperszonális hálózatot van módjuk kialakítani a társas étkezések során, mely segíthet a polgári és a művészi világ közötti szakadék áthidalásában. Azonban mindezen nemes célokra csak akkor van lehetőség, ha sikerül kiutat találni mind az illegalitás, mind a legalitás problematikája alól. Természetesen az attrakció ennek lehetőségét is magában hordozza, csupán gondos odafigyeléssel a megfelelő út választása a fontos. Részben megoldást jelenthet a problémára a közösségi gazdaság fejlődése és az online közösségek térhódítása, ugyanis várható, hogy a hivatalosan is üzletszerűen működő lakásétermek egyre nagyobb számban jelennek majd meg ezeken a gyűjtőoldalakon.

De legyen ez a jövő zenéje, a lakásétermek titkos tánca, amit mi a kulisszák mögül figyelünk és drukkolunk, hogy teljes közönségsikert arathasson ez a csodálatos, új műfaj.

Felhasznált irodalom

- Bakos, F. (1976): *Idegen szavak és kifejezések szótára*. Akadémia Kiadó, Budapest.
- Balázs, Zs. (2009): Zárt első osztály. *HVG*, 2009(40):32-33.
- Batka, Z. (2012): Főzés fehéren-feketén. *Népszabadság*, 2012.09.27, p.17.
- Bernáth, L. – Révész, Gy. (2002): *A pszichológia alapjai*. Teritrea Kiadó, Budapest.
- Boros, A. (2011): Roma lakásétterem nyílt a pesti Ferencváros szívében. Hogy főzzünk bodogot, muzsgyejt, gáncát, zsurmót vagy maruncit? *Vendég & Hotel*

2011.06. www.turizmusonline.hu/friss/cikk/hogy_fozzunk_bodogot__ muzsgyejt__gancat__zsurmot_vagy_maruncit (letöltve: 2016.09.17.)

- Boros, R. (2011): Anarcho-eklektikus fine dinning. *Gasztrobizarr Gasztroblog* gasztrobizarr.blog.hu/2011/02/12/anarcho_eklektikus_fine_dining (letöltve: 2015.10.29.)

- Csíki, S. (2009): TV-Lakásétterem (Zsófi/Tomi/Marci). *Food & Wine Szubjektív Gasztronómiai Körkép*, www.foodandwine.hu/2009/09/17/tv-lakasetterem-zsofitomimarci/ (letöltve: 2016.03.6.)

- Glover, A. (2008): World's Best Secret Dining Clubs. *Travel and Leisure* www.travelandleisure.com/articles/worlds-best-secret-dining-clubs (letöltve: 2016.03.6.)

- Horváth, A. (2011): Titkos élvezet a Kodály Köröndnél – Partizán Dinner. *Ziher – Tuti netes kultúrtipp.* www.ziher.info/konyha/item/112-titkos-%C3%A9lvezet -a-kod%C3%A1ly-k%C3%B6r%C3%B6ndn%C3%A9l-|-partizan-diner.html (letöltve: 2016.01.29.)

- Kocsi, M. (2012): Üzlet vagy szerelem? *Manager Magazin* 2012. szeptember, pp. 50-53.

- Magyar Nemzet (2012): Csábító lakáséttermek. *Magyar Nemzet* 2012.10.01., p. 11.

- Michalkó, G. (2007): *A turizmuselmélet alapjai.* Kodolányi János Főiskola, Székesfehérvár.

- Miklós, I. (2010): "The show must go on". *Vendég & Hotel*, 2010. június, pp. 20-21.

- Puczkó, L. – Rátz, T. (2011): *Az attrakciótól az élményig – A látogatómenedzsment módszerei, 2. átdolgozott kiadás.* Akadémiai Kiadó, Budapest.

- Rátz, T. (1999): *A turizmus társadalmi-kulturális hatásai. PhD disszertáció.* Budapesti Közgazdaságtudományi Egyetem, Budapest.

- TTrend (2008): A jövő európai turistái. *TTrend*, 2008.01-02, pp. 22-23.

www.ingramcontent.com/pod-product-compliance
Lightning Source LLC
Chambersburg PA
CBHW051336200326

41519CB00026B/7442